中國學術思想 研究輯刊

三一編
林慶彰 主編

第 1 冊

《三一編》總目
編輯部 編

《周易》禁忌思維研究
劉幸瑜 著

花木蘭文化事業有限公司

國家圖書館出版品預行編目資料

《周易》禁忌思維研究／劉幸瑜 著 ― 初版 ― 新北市：花木蘭
文化事業有限公司，2020〔民 109〕
目 4+218 面；19×26 公分
（中國學術思想研究輯刊 三一編：第 1 冊）
ISBN 978-986-485-991-7（精裝）
1. 易經 2. 研究考訂
030.8   109000215

中國學術思想研究輯刊
三一編 第 一 冊   ISBN：978-986-485-991-7

《周易》禁忌思維研究

作   者 劉幸瑜
主   編 林慶彰
總 編 輯 杜潔祥
副總編輯 楊嘉樂
編   輯 許郁翎、張雅淋 美術編輯 陳逸婷
出   版 花木蘭文化事業有限公司
發 行 人 高小娟
聯絡地址 235 新北市中和區中安街七二號十三樓
         電話：02-2923-1455／傳真：02-2923-1452
網   址 http://www.huamulan.tw 信箱 hml 810518@gmail.com
印   刷 普羅文化出版廣告事業
封面設計 劉開工作室
初   版 2020 年 3 月
全書字數 186378 字
定   價 三一編 25 冊（精裝）新台幣 50,000 元   版權所有・請勿翻印

《三一編》總目

編輯部 編

《中國學術思想研究輯刊》三一編 書目

《中國學術思想研究輯刊》三一編
各書作者簡介・提要・目次

第一冊 《周易》禁忌思維研究

作者簡介

　　劉幸瑜，女，1987 年生於臺北市，現居新北市。國立臺灣大學中國文學系學士，國立臺灣師範大學國文學系碩士、博士。研究領域為《周易》、三禮、經學。曾擔任林素英教授國科會專題研究計畫 NSC99-2410-H-003-087-MY2「結合傳世與出土文獻以探究二戴《禮記》「哀公問」相關篇章之形成與流傳——兼論儒家政治思想之發展」之研究助理。著作有碩士論文《《易經》古禮考論》、博士論文《《周易》禁忌思維研究》，以及〈王肅經學的創新與復古：以緣情制禮及二重證據法為討論核心〉、〈《周易》中的女性外交〉、〈《尚書・洪範》中的卜筮從逆吉凶問題〉等單篇論文。

提　要

　　本論文援用人類學的禁忌概念，來解析《周易》透過筮卦吉凶指出的危險力量所在，及其背後運作的思維模式，並追蹤這些思維模式在後世的發展。《周易》文本中包含的禁忌，主要屬於禁忌體系下的預知系統，一般是將並非常態的人、事、物預設為禁忌對象，再藉由實施禁忌來降低風險；其中的自然禁忌反映了天人感應、萬物一體的宇宙觀，而人事禁忌則反映了標榜誠信的人際觀。而《周易》禁忌思維在後世的發展趨勢有二：一是與公眾領域相關的禁忌傾向消失，或轉化為禮儀、法律，相關思維中的神秘性質消退，轉以人文需求為主，少數禁忌的神秘性質增加且朝系統化理論發展，轉化為

宗教；二是與私人領域相關的禁忌，儘管實際操作方式會隨時代、地域而調整，其核心思維仍保持一貫，如對個人未來的不確定感，與對超越人類力量事物的崇拜，依然在當代社會中持續不輟。

目　次

第二冊　周易〈彖〉〈象〉體例及思想研究

作者簡介

　　曹行，1952 年出生於臺北。先後曾就讀臺灣科技大學及交通大學計算機工程研究所，主要研究領域為人工智能及影像識別。並應輔仁大學之聘，於資訊管理學系任教十餘年。其後辭去教職自行創業，經營資訊系統商業應用業務。2011 年因醉心中國先秦經典，乃重拾書本，入學臺灣大學哲學研究所碩、博士班。取得博士學位，並赴河南逢其原書院講學。在學術研究方面，以易經文獻及先秦儒學為主，尤其注重儒學的生活日用。

提　要

　　周易《彖傳》《大象傳》及《小象傳》都是解釋周易古經之作。本論文首要目標在針對此三傳，探究其解經的方法、規則、文體、及慣例，並將之說

清楚，講明白。先求能對三傳釋經體例有清楚的認識及解說，其次才是對三傳思想的客觀剖析與比較。

為了讓上述的研究工作能有一個好的起始點，本論文從二擱置及一假設開始。二擱置指擱置傳統易學的二個信念，即（1）周易與天地準；（2）周易成書人更三聖。一假設指本論文假設《彖傳》《大象傳》及《小象傳》為三份各自獨立的文本。第一項擱置旨在暫時解除易經神秘的面紗，第二項擱置旨在降低非必要的學術限制，一項假設的目的在避免《經》與《傳》之間，《傳》與《傳》之間的彼此糾纏。

在二擱置及一假設的前提下，本研究對三傳解釋卦畫及解釋卦爻辭的方法，作了全面性的整理、分析及比較，並從其易例及文例中，研判《大象傳》與《小象傳》相差甚遠，不能是同一時期或同一著作。《彖傳》與《小象傳》則近似處甚多，有可能同源，甚或是同一著作。此外，亦依研究所現之事證對三傳提出一些新觀點：三傳未必是源於儒家，亦有可能源自王官。尤其《大象傳》，應成書於《彖傳》及《小象傳》之前，並可能在孔子之前。

目 次

第三冊　胡一桂《周易啓蒙翼傳‧外篇》研究——以卜筮、丹道類六部典籍爲探討對象

作者簡介

陳詠琳，高雄人，天主教輔仁大學統計資訊系學士，後轉入中文學界發展，應屆考上國立高雄師範大學經學研究所，在黃忠天教授的指導下，完成碩士論文《姚配中〈周易姚氏學〉研究》。而後進入國立成功大學中國文學研究所攻讀博士班，在林朝成教授的指導下，完成博士論文《胡一桂〈周易啓蒙翼傳‧外篇〉研究——以卜筮、丹道類六部典籍爲探討對象》。本論文獲得106年科技部「獎勵人文與社會科學領域博士候選人撰寫博士論文」獎項，特此感謝。

提　要

南宋術數學說蔚爲風潮，甚至出現讀書人編寫占卜書籍的現象，加上圖書易學家對部分術數學的汲取，造成宋代象數易學被術數學說所滲入。元代易學家胡一桂承襲朱熹《易學啓蒙》與《周易本義》，撰有《周易啓蒙翼傳》與《周易本義附錄纂註》。其中，《周易啓蒙翼傳》分爲〈上篇〉、〈中篇〉、〈下篇〉、〈外篇〉四個部分，前面三篇發揚朱熹易學，〈外篇〉闡釋十二部「非易學類」典籍。本論文從《周易啓蒙翼傳》〈外篇〉切入，探討書中記載的《易緯》、《焦氏易林》、《京氏易傳》、《周易參同契》、《龍虎經》、《郭氏洞林》、《衛氏元包》，上述典籍皆援用《周易》卦畫符號，卻脫離易學體系，被後人歸入「術數類」。本論文依循《周易啓蒙翼傳‧外篇》之論述，逐一探討上述「非易學類」典籍與「易學」之間的關係。本論文分爲九個章節，第一章〈緒論〉、第九章〈結論〉，第二章對〈外篇〉典籍的文獻狀況進行檢視，其他章節分別探討〈外篇〉七部典籍，藉此分析每部典籍與「易學」之間的關聯。上述「非易學類」典籍對於《周易》的襲取，表面上僅爲卦畫符號，但眞正成爲諸多術數學說主軸的應當是陰陽二元的演化體系。而後，上述「非易學類」典籍又回頭影響易學史的發展與脈動，尤其反映在宋代圖書易學系統中。

目 次

第四冊　《禮記》喪祭理論研究

作者簡介

　　劉躍，女，1981 年生於河北樂亭，2000 年考入北京師範大學哲學系，因對中國哲學懷有濃厚興趣，後師從李景林老師研讀儒家哲學，2010 年博士畢業，現居北京，從事教育工作。

提　要

　　本文是圍繞《禮記》中的喪祭理論做出的研究，喪祭禮關切生死，儒家對喪祭禮的解讀呈現出儒家對生命的理解。全文以曾子「慎終追遠，民德歸厚矣」之語貫穿，共四章。第一章探討《禮記》對禮文創制的理解及喪祭禮佔據的重要地位。《禮記》認為，禮文的根源在於天道，禮是承天道以治人情的，在人間社會發揮著全面作用。第二章論述喪禮。首先闡發《禮記》中對

生命的理解，《禮記》認爲死亡是和生者生命一體性的斷裂。喪禮之設乃「稱
情而立文」，一方面傳達對親人的思慕，凝聚親情；另一方面則借由喪服和宗
法昭孝合族。第三章論述祭禮。通過追溯商周祭祀觀念的轉變，完成了對儒
家思想的溯源。繼而以天子之祭爲代表展開論述：祭祀天神是最大的「報本
反始」，是向生命本原的回歸；祭祀地祇則酬報物質生養之功；祭祀人鬼則追
養繼孝，教民相愛。第四章借助儒家對喪祭禮的論述確證儒家的內在超越之
路。指出：儒家對喪祭禮的思考體現出人文自覺，誠敬之情凝聚方可通於神
明之德，繼而即情言心性修養，以達到「內盡於己，外順於道」。由此可見，
儒家將人視作生命整體，這個生命整體向內可在心性修養中涵泳德性，實現
自我；向外則可誠明無礙，與天地萬物一體相通，此即儒家的內在超越之路。

目　次

第五冊　當代儒學關於《論語》詮釋之典範轉移
——規則倫理學、德性倫理學還是角色倫理學

作者簡介

　　廖怡嘉，淡江大學中國文學學系研究所文學博士、碩士，中央大學中國文學系學士。現任淡江大學、馬偕護專、健行科技大學兼任講師。研究領域

為先秦儒道思想、漢學研究、中西比較哲學、詮釋學。著有〈郭象對莊子逍遙義之不同的理解——從「調適而上遂」到「獨化於玄冥」〉、〈我們該如何理解與學習論語中的聖人〉、〈周敦頤《通書》義理之重新詮釋〉、〈爲什麼「仁者樂山，知者樂水」〉、〈論儒者之風範〉等論文。

提　要

　　本文主要以反省主體性哲學爲主的儒學之規則倫理學，是否切合、適用於當今的《論語》詮釋，並討論近幾年來，學界對亞里斯多德德性倫理學的關注。進一步，從德性倫理學與安樂哲提出的儒家角色倫理學兩者解讀《論語》與規則倫理學三者之間展開對比。

　　規則倫理學詮釋的儒學強調反求諸己，逆覺體證，回歸主體性的自由無限心，此即爲每個人內在的道德良知本心。然而，德性倫理學反對理論化詮釋儒學，認爲要回歸古典哲學中亞里斯多德的德性倫理學，運用實踐智慧的義，方能夠更貼近情境化的靈活處變。而且贊同用德性倫理學詮釋儒學，一方面詮釋《論語》中的「仁」爲理性與情感兼備，另一方面認爲還需要加入後天的習慣養成，才能培養一個人完整而全面的美德、德性。

　　安樂哲提出角色倫理學更是以反基礎主義、本質主義的立場，來批判規則倫理學與德性倫理學在詮釋儒家時，對儒家思想的窄化以及不相應之處，並強調人與人之間的分位關係。

　　藉由比較三個系統並進行主題式分析，嘗試爲《論語》在後現代語境的詮釋下，尋找一更開放、更兼容並蓄的論述脈絡，更貼近中國哲學的實踐特色，使經典意義得以釋放，成爲我們現當代文明困境的資糧與滋養。

目　次

第六冊　《論語》、《孟子》的德行涵養──以仁、義爲進路

作者簡介

　　楊子昇，男，1989 年生，現居臺灣新北市，先後於天主教輔仁大學哲學系取得學士、碩士及博士學位，主要研究領域：倫理學、中國哲學、儒家哲學。現職爲耕莘健康管理專科學校講師，並曾獲中華民國斐陶斐榮譽學會 100、103、108 年榮譽會員、方東美國學獎學金、財團法人鄭茂根文教基金會研讀原文原著獎助金、輔仁書卷獎（97、98、99 學年度）及教學評量績優獎等。

提　要

　　以「讀經」（或言「經典閱讀」）作爲一種教育途徑或德育方法，此乃是人類自古即有的行爲表現，然而對於「讀經」的價值與問題爭辯，至今不僅仍未有所定論，且在王財貴所提倡的讀經運動、老實讀經當中，亦存在啓人疑竇之處，而筆者認爲，以「義理」爲向度的經典閱讀，應能較爲完善的建立起古籍文獻和個人及社會間之連結，並對「讀經」一事，提供另番思考進路。而就《論語》、《孟子》之思想內容來說，以義理爲主的閱讀活動，方才能避免讀者陷入邏輯謬誤，產生相關的誤讀、誤行、誤信等舉止活動，而在結構上，其所論之有德者，其成就／達致不僅須倚靠人的後天作爲，且又以「（立）志」爲關鍵要素，因爲「志」乃關係著自我對於生命的覺察和決定，影響並引導著人之能力與作爲。故在「讀經」層面上，讀者當「爲己立志」，思考自身與所讀之物的關係爲何，從中釐清自我定位之問題，而欲使讀經成爲德育之法，此亦即是其所不容忽視之課題；另在《論》、《孟》的學說層次上，其不僅標示著「人」擁有獨特的精神生命，且具有能變、可變等能力／可能，因此強調爲人者應當以「內省」作爲首要之人生態度，思考在此種「無法自存於世」的存在條件下，「自己當成爲什麼樣的人？」。

目　次

第七冊　《孟子》「志氣論」的道德哲學

作者簡介

　　林怡玲，輔仁大學哲學博士。任高職國文教師近三十年，教職退休隨即進入輔仁大學哲學系博士班就讀。任教期間，有感於學校落實生命教育的重要性，有志於退休歲月，專注中西哲學的學習與思考，期望以自身實際教學經驗爲基礎，關懷全民生命教育應有的發展方向。全民生命教育相關資料的匯集與寫作，則是個人退休後的生涯規劃，也是持續做社會貢獻的安身立命之處。

提　要

　　《孟子》「志氣論」，是《孟子》的道德哲學，也是《孟子》的生命哲學。「志壹則動氣，氣壹則動志也。」（《孟子‧公孫丑上 2》）是孟子談身心問題的核心概念，是生命發展的哲學。「行有不慊於心，則餒矣。」（《孟子‧公孫丑上 2》）闡明「道德實踐」的關鍵性，與「道德內在」的決定性。「道德」必須發自內心，才能具有真正的價值，「道德」必須真誠實踐，才能發揮真正的意義。「存養擴

充」、「盡心知性」、「求其放心」都是《孟子》的道德實踐工夫，透過努力，生命狀態可以不斷提升，最終而「達之於其所忍」，成為「安於仁心」、「不愧不怍」的君子，這是《孟子》生命幸福的哲學。《孟子》「志氣論」，將「道德」與「幸福」無縫接軌，緊密地聯繫起來。《孟子》「志氣論」，以「悅」做為道德產生，開啓生命幸福能量的金鑰匙，這是《孟子》「志氣論」的「悅樂」內涵。當「浩然之氣」產生，則生命中蘊含豐富的內在道德，將被完整地由內而外在生命中表達與運用，這是《孟子》「志氣論」的「形色」內涵。「悅樂」是對於內在的開發，「形色」是對於外在的呈顯，這是道德生命的一個創造過程，是《孟子》「志氣論」的「創生」內涵。「實踐」與「內涵」構成完整的《孟子》「志氣論」理論架構，可以「德心」→「德行」→「德性」的進程來表述。

目　次

第八、九冊　道家療癒學──道家、當代新道家與李白詩歌之視域融合

作者簡介

　　李欣霖，籍貫台灣高雄市人，於一○六年畢業於國立彰化大學國文學系博士班，博士論文為《道家療癒詩學──道家、當代新道家與李白詩歌之視域融合》。因為喜好思想及研究的關係，故先後修了二個博士暨二個碩士學

位，孜孜不怠、篤志勵學，在學術領域上有著多元的涵養。投稿有多篇論文，亦獲得多項獎學金，如〈普賢行與藥師法門的會通〉、〈咒音與療癒──論首愚法師「準提咒」的教示〉等分別獲得「華嚴蓮社獎學金」、「信徹蓮池功德會獎學金」，以及南華大學的「般若獎學金」等，實是學習之範示。對於經學方面，如易經、春秋、四書等於民間的講學也十分嫻熟；文學方面，常能以詩詞與心理學對話，頗具特色，通俗作品也寫了三十多本，其中「儒家治療學」、「四配傳」、「十哲傳」等都頗獲好評。具豐碩的儒釋道文化涵養與西方哲學的邏輯基底，可謂三教合一、中西合璧與雅俗共通的學者。未來研究方向乃要結合三教思想，做爲本土型療癒的學術而努力。

提　要

　　道家以「無」與「無爲」爲本體之存有論，其以「致虛守靜」、「道法自然」、「逍遙無待」等之宗旨，教人復歸於常「道」，轉化人心所執定的主宰性，讓人復歸於道的本眞。道的特性乃是有無的體用關係謂「玄」，以「無」乃隨時有徼，而「有」隨時趨向無，人可依此根據爲自我超越與實踐關懷，以及對現象與物自身的掌握，這渾圓一體觀──「玄」，就是「道」在人世間之展現詩性的創生作用。道家以有爲造作來理解周文疲弊的現實，對於這一切外在的有爲造作，乃是執著個體的矯情，想要主宰控制一切，這就成爲世間一切病難的起源。對於病症的治療，現代心理治療亦多所發展，本論文嘗試以直覺療法、存在心理治療、意義治療與閱讀療法等，讓道家觀照療癒與其互相對話，並充分展開道家療癒的新視野。又依當代新儒家牟宗三先生所展開之「智的直覺」、「主觀境界」、「作用保存」、「詭辭爲用」等面向爲考察，探論其對道家的關懷與療癒之道。牟先生跳離西方思辨形上學的視域，回歸傳統人間實踐形上學的本位，其道家體相用的美學觀點，一方面提出實踐形上學的特色，一方面論述境界形上學的理論，走向存有論與美學的整合道路，其理論有超越前人視域的典範，代表道家發展的一種階段性的進程。本論亦輔以李白詩的省察與療癒爲例，讓道與詩結合，開顯生命的深度，詮釋人們的自由意志，並釋放人類共有的潛在訊息，這種訊息是人在「道」中的生活常態，人要在道中安頓生命與調適情志，而李白詩歌也成爲「道」的療癒最佳例證。道、詩歌、療癒的結合功能，從而使主體不斷超越現存狀態，以意、言與境爲道的存在提供意義，從而開發出各種療癒的面向，是爲道家療癒詩學的研究。

目　次

上　冊

第十、十一、十二冊　七子視界──先秦哲學研究（修訂版）

作者簡介

　　魏義霞，哲學博士、二級教授、博士生導師。獨立發表學術論文 400 餘篇，收入中國知網 300 餘篇，收入 CSSCI 近 200 篇，獨立出版學術著作 20 部。目前，獨立發表的學術論文和出版的學術著作字數累計 1000 萬字。《中國近

代國學研究》（生活・讀書・新知三聯書店，2013 年）獲得包括黑龍江省優秀社科成果一等獎在內的 4 個一等獎，其他著作多次獲得黑龍江省高校人文、黑龍江省國學學會或黑龍江大學優秀科成果一等獎。The Chinese Philosophy of Fate 在德國的 Springer 出版（2017 年），《譚嗣同哲學思想研究》（入選國家社科基金成果文庫，2016 年）。

提 要

本書以孔子、老子、墨子、孟子、莊子、荀子和韓非組成的先秦七子爲研究對象，由微觀到中觀再到宏觀一步步由淺入深展開對先秦哲學的研究。全書共 30 章，由 30 個相對獨立的學術論題組成，從個案發微、深度比較和宏觀透視三個不同維度對先秦哲學進行研究：第一，個案研究。作爲本書的第一部分，是對先秦七子的具體研究，涵蓋了本體哲學、認識哲學、生態哲學、人性哲學、人生哲學、道德哲學和政治哲學等諸多領域。第二，比較研究。這構成了本書的第二部分，側重對先秦七子以及諸子百家的比較研究，包括同一學派中單個人物與單個人物之間、不同學派的單個人物與單個人物之間、同一學派的多個人物之間以及不同學派的單個人物之間的比較。在比較過程中，透過概念的比較、命題的比較、人物的比較到學派的比較等多維視角，本著透視同中之異和異中之同的原則，全面挖掘異同背後的思維方式和價值意趣。第三，宏觀研究。這是本書的第三部分，在對先秦七子代表的人物研究和主要學派逐一進行個案研究合比較研究的基礎上，進而梳理先秦七子以及各個學派的思路脈絡，以此整合先秦哲學的共性和一致性，概括先秦哲學的總體特徵，對先秦哲學的本體哲學、語言哲學、人性哲學、道德哲學、人生哲學、歷史哲學和法哲學進行宏觀透視。

目 次

上 冊

第十三冊　郭象《莊子注》義理重詮

作者簡介

　　呂學遠，臺灣桃園市人。淡江大學中國文學學系研究所文學博士。曾任中學教師、馬偕護理管理專科學校兼任講師、聖約翰科技大學兼任講師等職務，現任桃園市振聲高中國文教師。研究領域爲先秦儒家、先秦道家與魏晉

玄學。著有〈《中庸》天道性命相貫通義理之重衡〉、〈「性」、「命」、「理」玄合——郭象「自然」義之重衡〉、〈從「適性逍遙」到「無爲而治」——郭象逍遙觀之重衡〉等論文。

提　要

　　本文立基於前輩豐厚研究成果之上，以探索基源問題、力求詮釋系統性、一致性與反省當代研究之方法，從三面向——「存有論」、「逍遙觀」和「自然與名教」——重新檢視郭象玄學體系。

　　於郭象「自然獨化」的「存有論」，作者重新整飭「性」、「命」、「理」之關係，並發現郭象「自然」，應具自爾生發、意義根源與體道境界三義。而郭象刊落「道」、「無」諸「本體論」名相，實因「道」無不在，每一命行事變，無一不是生發意義之造化流行，生命須擁抱屬我境遇，方能「獨化於玄冥之境」。

　　關於郭象別異《莊子》，創構「適性逍遙」說，吾人認爲，其目的在擘畫履位襲情，和諧共生的政治藍圖，開拓莊學之外王道；然郭象過度重視「適性」、受限氣稟、承認「成心」，遺忘《莊子》之「逍遙」，是在邀請每一生命，皆能遣欲蕩執，重臻無待之境，齊歸自然之場，而非自行其是，發揮本眞價值而已。故其雖建立了道家外王學，但在「內聖」的實踐進路上，實有所虧歉，甚且，亦連帶影響「齊物」理論，雖有裨益《莊》書處，終歧出《莊子》義理。

　　對於會通「自然」與「名教」議題，我們發現，郭象並非雜揉儒家仁義，強行收納於道家「自然」中，而是歸本《莊》書的仁義意涵：以忘化兼愛曰「仁」，隨宜通達言「義」，順應自然說「禮」。聖人之治術，亦非同儒家，依道德意識建立倫常；反之，其更重視感通應機、體貼物情之「觀照」，從而輔導萬物安命正位，與物無傷地改革社會、實現價值，屬一「曲成」治道型態。

　　郭象注《莊》，歷經千年，評價依舊紛紜。本文期望，能運用較周延的詮釋方法，爲郭注尋獲一合宜且透發現代意義的義理定位。

目　次

第十四冊　嵇康與魏晉莊學風潮的興起

作者簡介

吳惠齡，輔仁大學哲學系學士、東吳大學大學哲學研究所碩士、國立中央大學哲學研究所博士、國立臺灣大學哲學系博士後研究員。現任輔仁大學哲學系專案助理教授。

作者的碩士、博士論文主要關注道家思想的研究，分別以先秦道家思想、魏晉玄學為研究主題；在博士後研究階段，以先秦的思維方法為研究的為主軸，先後發表多篇關於老子、莊子、縱橫家等學術論文。目前的研究方向，主要以探討先秦道家之名辯思維與玄理的研究。

提　要

由於，有些魏晉玄學史以王弼注《老》到郭象注《莊》作為發展脈絡；進而，以竹林七賢或向秀、郭象註解的《莊子》作為魏晉莊學興起的主要原因。因而引發本論文的研究動機，本論文企圖重探嵇康思想與魏晉莊學興起的關係。關於嵇康繼承《莊子》思想在學界中已形成共識，許多學者皆以不同的研究進路探討二者的聯繫關係。接續著各種學術思想的並陳發展，本論文由對個體生命實存的關懷，提供關於嵇康承繼《莊子》思想新的研究進路，用以連結嵇康思想與《莊子》文本的繼承關係，並且可以更好的詮釋嵇康思想與魏晉莊學興起的關聯性。本論文以四個章節進行論述：首章探討「越名教而任自然」的時代意義，突出自然與名教之爭的顯題化；第二章，由嵇康承繼《莊子》思考個體生命如何安頓的問題，說明嵇康如何發展出具有魏晉玄學特色的「釋私任心」的人生觀；第三章，由嵇康繼承《莊子》養生觀並同時加入魏晉時期的養生風氣，說明嵇康養生論的特色，以及其思想與魏晉莊學興起的關係；第四章，說明嵇康如何繼承《莊子》音樂觀，並且由對傳統音樂觀的反思，提出「聲無哀樂」、「感天地之和」的論點。綜合以上的論述，說明嵇康思想與魏晉莊學興起的關係。

目　次

第十五冊 《五經正義》政治道德思想研究

作者簡介

　　王貞，女，河北辛集人，2000 年畢業於河北師範大學，獲學士學位；2003年畢業於南開大學歷史學院，獲碩士學位，研究方向為近現代世界史，同年

任職天津社會科學院《天津社會科學》雜志社歷史學編輯；2012 年畢業於南開大學歷史學院，獲博士學位，研究方向爲中國政治思想史。現爲《天津社會科學》雜誌社副編審。主持或參與國家級、省部級、院課題若干項，並在《中國史研究動態》《社會科學戰線》《江海學刊》等報刊發表學術論文若干篇。

提　要

　　《五經正義》政治道德理論涉及政治哲學、政治原則、政治關係、爲政之道、君德、臣道、民規等。天立君、道義立君、自然法則立君的思想以及君、家、國三位一體的國家觀，對君、臣、民三大政治等級政治道德觀念的形成起著基礎性主導作用，是各種政治道德論說之源；君權至上論極力弘揚君爲政本的觀念，強調君主在政治生活中的主宰和中樞地位，這決定了君權至上是政治道德之本，在整個政治道德體系中起著決定性制導作用，各種政治調節理論是君權至上論的派生物；在君民關係、君臣關係、臣民關係理論基礎上，《五經正義》提出了極具適用性和實用性的維持政治體系並使之正常運轉的政治道德原則與規範。而這一範疇的政治道德則是第二位的，從屬於君權至上的政治道德規範；在君主專制制度下，爲君之道亦即治國之道，故君道又稱「治道」，有力地調整著君、臣、民三者之間的關係張力，其根本目的在於完善和強化帝王權力。《五經正義》注重實踐運用，強調致用思想，成爲貞觀君臣一致認同的政治意識、執政理念，在一定意義上造就了貞觀治世。縱觀《五經正義》政治道德理論體系，明顯具有綜合性、系統性、實踐性、典範性特徵，體現了傳統政治思維的特質和特點，蘊涵著若干超越時代的政治價值和普遍意義。

目　次

第十六冊　李華古文創作與盛唐儒學覺醒研究

作者簡介

　　張曉芝，山東蓬萊人，文學博士，四川外國語大學副教授，中國古代文學碩士研究生導師，南開大學文學院在站博士後。兼任重慶市古代文學學會秘書長，《貴州文史叢刊》特約研究員等。先後師從黃大宏、何宗美、沈立岩三位先生。主要從事中國古代文學研究，在《光明日報（理論版）》《讀書》《文化中國（加拿大）》《古籍整理研究學刊》等發表論文三十餘篇，出版專著一部，合作著作兩部。主持國家社科基金項目，教育部後期資助項目、貴州省哲學社會科學規劃國學單列課題、重慶市社科規劃項目、博士後面上基金項目、重慶市教委社科項目等十二項。

提　要

　　李華作爲盛唐古文運動的先驅，同時也是盛唐儒學的傳播者、發揚者。李華存世古文一百零八篇，其作品表現出對儒學的極度崇敬。他大力推行復古思想，與陳子昂遙相呼應，但側重不同，頗能顯示出古文創新與改革思想。李華通過復古手段，對古文創作的手法、內容、題材等進行革新。李華在進行古文創作的同時，也是唐代儒學思想覺醒的時期，其作品體現出超越同時代諸多文學家的儒學思想因子。他把古文創作主張與儒學思想緊密結合起來。李華絕大部分時間身處社會上、下層的中間狀態，而早期與上層社會交往甚密，晚年則又屬於社會下層的代表，所以李華身上有社會各個階層的影子。而從其古文中，我們能夠看到更多關於儒學覺醒的起伏跌宕。李華的古文創作不是抽象地進行哲學思辨或枯燥地討論政治、人生問題，而是在文章中表現出鮮明的個性，帶著濃鬱的情感，具有很高的文學價值。不僅如此，他尊崇儒家思想，行文中處處維護儒家思想體系。這不僅與個人有關，而且與盛唐時期崇重儒學也有關係。儒學發展到盛唐階段，漸漸建立起一種機制（體系），以儒學思想的復興爲己任，上至高層統治階級，下至文人百姓，都對儒學有所推崇。盛唐的尊儒崇經成爲一種社會風氣，這就開啓了宋代理學的先聲。

目　次

第十七、十八冊　北宋《論語》學研究——從注疏之學到義理之學

作者簡介

　　陳雅玲，女，臺北市人。國立臺灣師範大學國文學系畢業，國立臺灣師範大學國文研究所碩士，淡江大學中國文學學系博士。發表作品有《唐代妓女研究》、〈南宋遺民謝枋得詩文初探〉、〈錢穆先生的《左傳》學初探〉、〈試由《劉向歆父子年譜》論錢穆的疑古與考古〉、〈《左傳》的「叛」文化初探〉等。

提　要

　　本論文探討北宋時期《論語》學研究成果。將此一階段分三大派論述：注疏派、古文派及理學派。同時試圖建立一條從注疏之學發展到義理之學的脈絡，冀能清晰表述北宋時期的《論語》學發展面貌，有助於對此一階段學術實況的理解。

　　注疏派以探討邢昺《論語注疏》為主，首先將邢書與何晏《論語集解》、皇侃《論語集解義疏》並觀論列，以見其狀況。另又透過與唐寫本《論語鄭氏注》比照，可以很明白的呈現《論語注疏》的最大特點就是精於訓詁名物制度，詳賅豐富，此已臻《論語》注疏學的頂點，亦是保持著傳統儒者的守經精神。

　　在古文家的《論語》學中，本文探究了劉敞《論語小傳》、蘇軾《論語說》、蘇轍的《論語拾遺》。此三人在詮解《論語》時，都以古文家寫作的手法，多方引書為證，這種模式與注疏之學其實相差不大，是可視為注疏學之延續，但他們引書為證的目的並不在於解釋舊說，而是為自己立論，此又為義理說

經的精神。可見古文家扮演了承上啓下的角色。

　　理學派的部分，依時間先後介紹胡瑗、孫復、周敦頤、張載、二程。胡瑗的《論語》學是實踐的學問。孫復引用《論語》之言，在《春秋尊王發微》中極力的闡發「尊王」與「尊聖」的觀點。周敦頤由誠談聖，極力抬升孔子的地位，同時也注意到顏回，爲日後理學之範疇立下規模。張載與周敦頤的《論語》學有許多相同之處。到了二程，對於「仁」有更深的體會與創發。並在周、張的基礎上，進一步敬重與推闡顏回；另外弟子曾子、子夏，亦被二程稱譽。從整個理學派的情況來看，《論語》是成德成聖的依歸，《論語》學已從實際經術變成性理之學。

　　從邢昺的注疏之學到二程的義理之學，其中的異同、消長，構成了北宋《論語》學的面貌，顯示出《論語》學的重點偏移。同時這些探求的成就也正是朱熹《論語》學的基礎，四書學的基礎，甚至是日後理學的基礎。要了解儒學的復興，要了解理學數百年的發展脈絡，一定要先了解《論語》學的發展，而北宋《論語》學的重要性即在此。

目　次

上　冊

第十九冊　朱熹帝學思想研究

作者簡介

　　王琦，女，1976 年生，湖南邵陽人，長沙理工大學設計藝術學院哲學教

授、碩士研究生導師。1994 至 2001 年，就讀於湖南師範大學文學院，先後獲文學學士、文學碩士學位。2013 至 2017 年，就讀於湖南大學嶽麓書院，獲中國哲學博士學位。主要從事儒家哲學、藝術哲學與中國傳統文化研究。國家社科基金《宋代〈四書〉經筵講義研究》專案主持人，在《北京大學學報》《中國哲學史》《社會科學》《光明日報》等期刊與報紙發表論文 30 多篇。著有《論語探微》《梁啓超與近代中國學術師承》等著作。

提　要

　　宋代文治治國導向，促進了士大夫階層的崛起與經筵制度的定型，帝學應運而生，成爲了宋代儒學發展的新動向。宋代士大夫以經筵爲平臺，紛紛致力於學術思想體系的撰述與建構，通過經典詮釋的優先權，影響帝王及其政治實踐。與之相適應，一種以崇尚義理爲特徵的新經學體例──「經筵講義」逐漸產生，成爲了儒家士大夫建構帝王之學的重要載體。它既是宋代學術由傳統章句訓詁之學向義理之學轉型的結果，又是經筵制度發展與完善的產物，爲理學思想發展與帝學形成的重要環節。

　　自范祖禹首倡帝王之學謂之「大學」以來，《大學》在帝學建構中的作用日益凸顯，逐漸形成了以儒家正學引導帝王，以君德養成爲根本，以道統規範治統的新帝學意識，並與宋之前重在功利權謀、駕驅臣民等帝王術相區別，體現出內聖之「學」的特徵。帝學理論發展與豐富的過程，實質就是帝王理想「角色」不斷被士大夫「期待」與「塑造」的過程。朱熹作爲宋代理學的集大成者，平生精力盡在《大學》。關於朱熹對《大學》的詮釋，學界多關注其《大學章句》與四書及理學關係等研究，而對其帝學著作《經筵講義》則少有涉及，更沒有將其放在宋代帝學興起、發展的脈絡下，審視朱熹在宋代帝學建構中的重要作用。

　　本文以朱熹《經筵講義》爲中心，結合其所處的時代背景，從政治史、思想史、社會史、文化史等多重視野，首次對朱熹帝學思想進行了全面而系統的研究，探尋其如何以《大學》爲架構，以理學思想爲內涵，通過創造性的經典詮釋，解答帝王學什麼、爲什麼學、如何學等問題，爲帝王學爲聖王提供理論依據與論證，從而寄寓其致君堯舜，以道統規範治統，重構政治社會秩序，道濟天下的王道理想，第一次完成了理學化的帝學理論建構。以理學建構帝學，這既是朱熹對范祖禹以來帝學理念的繼承與發展，又爲眞德秀

以《大學》爲間架，進一步理論化、系統化帝學提供了邏輯思路與理論框架，展現了宋代帝王之學興起、發展、演變的邏輯線索，揭示了經筵講義與帝學、理學之間的內在關係，體現學術、思想與政治之間的互動，豐富和拓展了朱熹思想與宋代儒學研究。

目　次

第二十、二一冊　王船山禮學衍義研究

作者簡介

　　楊錦富，1951 生，國立高雄師範大學文學博士。之前爲美和科大專任教授，今於屏東大學；美和科大兼任，亦印尼普禾格多儒教大學籌備委員。學重儒術，仍不偏道釋，深體儒釋道三者匯歸，華夏文化乃能淵源流長。著阮元經學研究、夏炘學記，及本書王船山禮學衍義研究，得有用心。

提　要

　　王船山即王夫之，船山是夫之的稱號，本書以「船山」禮記命題，蓋取其稱名。而名爲《王船山禮學衍義》，就著述說，兼有二義，一是申敘義理，一是闡明故訓；前者講理義，重本體，後者云事相，講發用，體用合一，是船山禮學的要旨，也是本書義涵之所在。

　　其次，就船山禮學說，它不但著意於哲學層面，更著意於人生儀節，以船山學脈的宏闊與哲思的幽邃，他的《章句》之注，當不僅止於禮學視界的詮釋，而是天道、人事融合相銜的統貫之道。

　　再者，本書既以《衍義》爲論，架構體系即按《禮記》篇章依類伸義，歸結就在理則與儀則的接連互暢，是而章節布局即依此二者作爲編列，概如：第一章〈緒論〉，第二章〈船山禮學淵源〉，第三章〈船山禮學誠道思想〉，第四章《禮記章句》理義旨要論，第五章《禮記章句》禮儀旨要論，第六章《禮記章句》禮儀通則論，第七章《禮記章句》名物通則說，第八章則爲〈船山

禮學總結〉。

要之，哲人雖已遠，但典型在夙昔，他的高山景行，也必如江流的不息、山嶽的長在，讓後輩永遠追懷欽慕。

目　次

上　冊

序　言

第二二、二三冊　「九江學派」研究

作者簡介

　　張紋華（1974～），女，廣東南海人，廣東石油化工學院副教授、文學博士，中國史博士後。碩士、博士都畢業於華南師範大學。

　　主要從事近代廣東經學、廣東文學研究，已經出版《朱次琦研究》《簡朝亮研究》2 本專著，發表學術論文 60 多篇。

提　要

　　本著作主要簡介了近代廣東著名的儒家學派——「九江學派」，由建立、發展、嬗變到消亡的近 80 年歷程，包括五大塊內容：一是探討「九江學派」三大學術群體的學術人生與著述遺傳；二是分析朱次琦建立「九江學派」的地緣、學緣與學術思想的內容、特點與學術史地位；三是探討簡朝亮以學術生涯、專題文章與學術專著壯大「九江學派」的三種途徑的具體內容；四是分析康有爲、梁啓超、黃節、鄧實嬗變「九江學派」的五個階段與一條主線，包括康、梁、黃、鄧援西入儒、以西化儒、儒西並尊等幾個過程；五是探討「九江學派」是廣東實學、理學與經學近代轉型的縮影。研究「九江學派」的發展歷程及其學術思想，對於弄清近代廣東經學、近代廣東儒家學派具有十分重要的意義。

目　次

上　冊

第二四、二五冊　經歷特殊年代的高僧——淨慧法師及其生活禪研究

作者簡介

　　王佳（1984～），女，漢族，遼寧瀋陽人，宗教學博士（中國人民大學），黑龍江省社會科學院民族研究所副研究員。主要從事佛教研究，專著《東北藏傳佛教歷史源流和發展現狀研究》《黑龍江藏傳佛教史》《倓虛大師年譜》，主編《中國佛教和慈善公益事業》《倓虛法師文集》《倓虛法師研究》，在《世界宗教研究》《世界宗教文化》《宗教學研究》《黑龍江民族叢刊》等刊物發表研究論文 30 餘篇。

提　要

　　王佳《經歷特殊年代的高僧——淨慧法師及其生活禪研究》（博士論文原題目《生活禪：淨慧法師對漢傳佛教現代轉型的探索和實踐》），選擇淨慧法師作爲當代佛教人物研究的典型個案，從他具體的人生經歷中，反思生活禪興起和發展的歷史時代背景及主客觀原因，釐清他與歷史時代、社會政治的關係。進而，將人物個體作爲歷史的連續體，來呈現當代佛教復興過程中一位活生生的「人」。

　　淨慧法師是新舊交替、承上起下的一代僧人，他的經歷是佛教、社會和時代的一個縮影。淨慧法師是大陸佛教眞正自覺繼承和推展現代人間佛教運動的主要開拓者之一，他所倡導的生活禪更是迄今大陸唯一具有體系化思想的實踐模式。

　　生活禪不僅是淨慧法師個人強烈的自覺意識和擔當精神，它更代表了大陸改革開放以來佛教復興背景下的一種現代性路徑選擇和積極的主體性實踐。生活禪模式，對當代大陸佛教具有重要價值。淨慧法師爲漢傳佛教現代轉型發展、處理佛教與政治的複雜關係，特別是從禪宗角度落實人間佛教、形塑佛教主體性，提供了一種可能。

　　本文共分爲七個部分：

　　導論部分，主要闡述選題緣由、研究意義、研究方法，以及相關研究成果等。筆者除了利用已公開的文獻資料以及田野調查資料之外，也注重利用未公開的稀見資料，包括柏林寺藏「淨慧長老文史檔案資料」數據庫、中國佛教協會部分教務檔案，以及筆者收集的上海金剛道場資料和遼寧省佛教協會智悲法師檔案等。此外，也注意利用已有的訪談、採訪、演講視頻、音頻和文字資料。

　　第一章「淨慧法師對佛教傳統的繼承」，主要以淨慧法師早年在傳統叢林的學修經歷——尤其是從虛雲老和尚受戒、得法，傳承禪宗五家法脈，闡發他對禪宗、對佛教傳統的繼承。1949 年以後，大陸佛教命運坎坷，佛教人才也出現斷層，淨慧法師正是改革開放以後佛教恢復發展的關鍵一代。而虛雲老和尚在寺院管理、禪宗修持乃至弘法使命方面，對淨慧法師影響深遠，使他一生始終對佛教命運心懷憂患意識、對禪宗振興和佛教發展自覺擔當，既繼承傳統，又開拓創新。

　　第二章「政治與宗教張力下的抉擇」，主要以淨慧法師親身經歷的「雲門事變」「反右」等政治運動為例，考察身處其中的佛教、國家和個體——一方面呈現 50 年代中期至改革開放以前佛教的曲折坎坷歷程，一方面剖析政教關係張力中作為個體的淨慧法師的心理衝突和身份抉擇。20 世紀 80 年代以前，淨慧法師雖然接下禪宗五家法脈，又成為第一批中國佛學院本科生，但他那時尚未成為佛教領袖或高僧，因而他那時的所思所想和所作所為，只能是被動地服從與國家政策和政治安排。這段經歷，也造就了後來他對政治、對時代、對現實、對眾生深切的關懷。特別是他後來對佛教與政治始終能夠保持清醒的認識、秉持佛教信仰本位和主體性，對自己宗教身份定位非常準確。這雖然是個體的經歷，同時也是社會和時代的縮影，是 1949 年中華人民共和國成立之後，佛教與社會主義社會不斷調適的一個「陣痛」過程。這一過程直至十一屆三中全會，之後宗教政策開始逐步落實。

　　第三章「生活禪與人間佛教傳統的接續」，主要分析大陸 80 年代重提人間佛教、重新樹立太虛大師和人間佛教旗幟，並將人間佛教確立為中國佛教發展方向的具體經過，以及在此背景下淨慧法師生活禪對人間佛教理論和實踐層面的探索。這一時期，大陸佛教主體性開始逐漸覺醒，堅持信仰為中心，與氣功等剝離，與政府進行對話訴求合法權益。在趙樸初身邊的成長和在中國佛教協會主編《法音》的經歷，使淨慧法師尤為關注佛教現實和時代責任，

並且也充分鍛鍊出他對政治政策的把握能力。而外出訪問交流的經歷，則增長了他對世界佛教發展態勢的眼界，使他更能結合中國漢傳佛教自身特點探索出一條發展道路。淨慧法師極其尊崇太虛大師，他對生活禪和人間佛教關係的理解，具體地表現爲以禪宗方式落實並推動了人間佛教的學修實踐。

第四章「生活禪提出的思想背景及其基本內容」，主要剖析了生活禪對安祥禪的模仿和超越，以及對當代佛教弘法理念的揀擇、吸收和融攝。生活禪的蘊育、提出和不斷完善，這一過程至今仍在持續進行，淨慧法師的門人弟子自覺承擔起弘揚和發展生活禪的使命。生活禪理念，在社會上逐漸形成一種超越佛教信仰的普世主義理念，被大眾接受並內化爲一種日常生活價值和行爲方式。

第五章「生活禪實踐與現代佛教主體性建設」，著重界定了宗教主體性、佛教主體性、佛教社會主體性、佛教文化主體性、佛教信仰主體性的內涵，以及生活禪實踐在佛教主體性建設方面的意義。佛教主體性是佛教僧尼信眾從自身角度自覺秉持佛教信仰，發揚大乘精神，參與社會，服務國家，利益人群，是一種明確的角色定位和身份選擇。佛教主體性，使佛教之所以能夠成爲佛教，這是其自身的本質屬性，也是佛教存在的內在合法性依據。佛教主體性建設，要求佛教和佛教徒應當與社會文化建立起良性互動的聯繫，不是被動地滿足政治的要求、功能定位，而是要有自覺的宗教身份意識和主動的擔當精神，實現神聖性、文化性和社會性的統一。生活禪的實踐，是淨慧法師探索在社會主義政教關係的具體國情下，堅持漢傳佛教信仰和修證原則、傳承佛教宗風、引導信眾正信正行、提升佛教和僧尼社會形象乃至提升整個社會的道德的嘗試。生活禪，不僅僅是他在人間佛教框架下的努力，更是致力於整個佛教的發展，尤其是漢傳佛教的現代轉型以及禪宗的振興。

結語部分指出，淨慧法師從一個幼小棄嬰成長爲一代高僧的歷程，是以微觀的角度連貫地展現當代佛教復興和發展的進程。淨慧法師在歷經政治運動之後，意識到作爲宗教的佛教，必須堅持信仰的超越性，要從政治身份重新歸回到宗教身份，確立佛教的主體性，積極自覺踐行大乘佛法菩薩精神。因此，他在落實人間佛教的背景下不失時機地提出生活禪，用現代化的語言文字和思維方式來推動禪在社會文化層面的傳播。生活禪，是他對漢傳佛教現代轉型整體思考和探索實踐的努力。

此外，附錄部分還附有《淨慧法師年譜簡編》《淨慧法師文章著述》《1958年淨慧法師與虛雲老和尚有關資料》《趙州柏林禪寺法脈源流圖》《慧法師傳法弟子簡表》《生活禪主要道場簡表》等。

目　次

上　冊

《周易》禁忌思維研究

劉幸瑜　著

作者簡介

劉幸瑜，女，1987 年生於臺北市，現居新北市。國立臺灣大學中國文學系學士，國立臺灣師範大學國文學系碩士、博士。研究領域為《周易》、三禮、經學。曾擔任林素英教授國科會專題研究計畫 NSC 99-2410-H-003-087-MY2「結合傳世與出土文獻以探究二戴《禮記》「哀公問」相關篇章之形成與流傳——兼論儒家政治思想之發展」之研究助理。著作有碩士論文《《易經》古禮考論》、博士論文《《周易》禁忌思維研究》，以及〈王肅經學的創新與復古：以緣情制禮及二重證據法為討論核心〉、〈《周易》中的女性外交〉、〈《尚書·洪範》中的卜筮從逆吉凶問題〉等單篇論文。

提　要

　　本論文援用人類學的禁忌概念，來解析《周易》透過筮卦吉凶指出的危險力量所在，及其背後運作的思維模式，並追蹤這些思維模式在後世的發展。《周易》文本中包含的禁忌，主要屬於禁忌體系下的預知系統，一般是將並非常態的人、事、物預設為禁忌對象，再藉由實施禁忌來降低風險；其中的自然禁忌反映了天人感應、萬物一體的宇宙觀，而人事禁忌則反映了標榜誠信的人際觀。而《周易》禁忌思維在後世的發展趨勢有二：一是與公眾領域相關的禁忌傾向消失，或轉化為禮儀、法律，相關思維中的神秘性質消退，轉以人文需求為主，少數禁忌的神秘性質增加且朝系統化理論發展，轉化為宗教；二是與私人領域相關的禁忌，儘管實際操作方式會隨時代、地域而調整，其核心思維仍保持一貫，如對個人未來的不確定感，與對超越人類力量事物的崇拜，依然在當代社會中持續不輟。

目次

表目次

第一章　緒　論

　　《周易》一書，其內容主體就是抽象的六十四卦系統，以及配合這些卦爻的吉凶占斷，《易傳》則申述這套系統與占斷的意義。對於《周易》判斷某事為吉、某事為凶的理由，傳統上或由卦爻符號的陰陽變化與象徵事物來分析，或由為人處事哲理來分析，或由殷商時代的歷史掌故來分析，每一種說法都能言之成理，自成一套完整體系。

　　不過，《周易》原本的功能即為替人預測未來禍福，以便趨吉避凶，如果從這點著眼，那麼在這些吉凶休咎的占斷之下，應當有一套觀察預兆並連結到未來事物的準則，尤其在關於「凶」與「不利」的部分，很可能蘊含著禁忌，以及主觀認定何種人、事、物具有危險性的思維。這種思維方式也不一定只局限在《周易》文本裡面，或許它還充斥在古今人們的生活之中，這便構成本論文的研究課題——《周易》禁忌思維。

第一節　研究動機與目的

　　在成長過程中，經常可聽到長輩們交代某些危險的事情絕對不能做，但這些禁令並非每一條都像「颱風天不要出門，以免遭遇意外事故」那樣邏輯清晰，建立在直接明確的因果關係上，反而有許多禁令乍聽之下相當荒謬，像是筆者母親與外祖母所說的這幾種：

　　　　不要把筷子插在飯上，那樣看起來像拜死人的腳尾飯。

　　　　不准用手指月亮，以免被月亮割耳朵。

　　　　路上看到東西不要隨便撿回來，以免把衰運帶回家。

諸如此類容易讓人懷疑「爲什麼不行？」的禁令，實際上就是禁忌，它所禁止的事項和指涉的危險，兩者之間並沒有必然關係。如果禁止的事項和指涉的危險之間有明確的因果關係，那麼它就是一種根據人生經驗而建立的預防措施，而非禁忌。我們可以說，禁忌是人們主觀認定某種人、事、物會帶來危險，進而消極地避開這些人、事、物，來保護自己。

　　而在筆者研讀《周易》時，也曾在《周易》文本中見到與此類似的現象，例如以下這幾條卦爻辭：

〈離・九三〉：日昃之離，不鼓缶而歌，則大耋之嗟，凶。〔註1〕

〈姤・九二〉：包有魚，无咎，不利賓。〔註2〕

〈小過〉：亨，利貞。可小事，不可大事。飛鳥遺之音，不宜上，宜下，大吉。〔註3〕

〈離〉九三爻辭以爲「日昃之離」這種天象出現時，若不擊缶歌唱，就會有凶禍降臨；〈姤〉九二爻辭以爲有魚便無災咎，但不利賓客；〈小過〉卦辭則以爲飛鳥的鳴叫聲會指示出不宜向上，而適宜向下的訊息。這些卦爻辭前面敘述的事項，和後面揭示的吉凶占斷，乍看之下並沒有必然的關係，尤其在「凶」、「不利」、「不可」、「不宜」等負面占辭背後，似乎是將特定事物主觀地賦予危險意涵，這一現象便與禁忌相通，因而產生研究《周易》禁忌思維的動機。

　　《周易》作爲傳世至今最早的卜筮之書，其主旨便是教人趨吉避凶，這點與禁忌的目的一致。在《周易》各種吉凶占斷背後所隱藏的思維模式，前人已嘗試從巫術、宗教、思想、歷史等方面進行論述，由於卜筮本身即爲一種巫術活動，因此《周易》與巫術的關係已廣爲人知，而在此基礎上又衍生出上古神道設教、人文思想萌芽及商周社會變遷等議題。然而，過去有關《周易》巫術文化的研究，尚未觸及到「禁忌」這塊領域。《周易》中所蘊含的禁忌思維，就筆者所見尚未有任何論文專門以此爲研究主題，故可算是一門全新的領域，也是當前《周易》研究的突破點。

〔註1〕〔魏〕王弼注，〔晉〕韓康伯注，〔唐〕孔穎達正義：《周易正義》（臺北：藝文印書館，2015年），卷3，頁74。本論文所使用的《周易》文本爲藝文印書館《十三經注疏》本，標點斷句主要參考大安出版社《周易二種》，與《周易二種》不同處爲筆者依文義自行標點。

〔註2〕《周易正義》，卷5，頁105。

〔註3〕《周易正義》，卷6，頁134。

　　巫術與禁忌均立足於同樣的思想背景，即相信人、事、物之間會以某種超自然的方式互相影響，兩者實為一體兩面。所不同者在於，巫術傾向用積極的手段來「趨吉」，人們需要採取動作，利用這種超自然的力量來幫助達成目的；而禁忌傾向用消極的手段來「避凶」，亦即藉由不做某些事情來阻止這種超自然的力量運作，以避開潛在的危險。探討《周易》中的禁忌思維，有助於理解先民對未知事物的恐懼，以及由此形成並流傳至後世的普遍心理。由這個觀點出發，便能形成如下的問題意識：

　　第一，《周易》文本中包含有哪些禁忌？而在這些禁忌背後又是以何種思維模式在運作？

　　第二，這些思維模式在後世如何發展？對當代社會有何影響？

　　以上兩類問題便構成本論文的研究方向。透過此一研究，可望能初步釐清自《周易》以來便持續支配著人們的禁忌思維，有助於我們理解某些習焉不察的禁忌究竟所為何來。

第二節　文獻回顧與評述

　　《周易》與禁忌的關係，在過去從未成為一個專門研究課題，而是放在巫術、宗教的系統下來討論，而與禁忌這一概念本身相關的研究也分散在眾多不同學科。因此，與《周易》禁忌思維相關的論著，主要可分為兩大類別，一類是將禁忌劃入巫術或宗教範疇，探討《周易》中的巫術或宗教文化；另一類則是專門研究禁忌的人類學、民俗學與心理學著作。

一、《周易》所含巫術或宗教概念相關研究

　　由於「禁忌」在不同的詮釋架構下，也常被視為一種消極巫術或某種宗教體系，因此這一主題與巫術、宗教相關，若要研究《周易》中的禁忌思維，可先從《周易》中的巫術、宗教等相關研究著手，而這些研究尚可再細分為三類：第一類是直接探討《周易》與巫術的關係，第二類則是探討《周易》從巫術思維誕生的宗教觀念，第三類是指出《周易》由巫術思維中萌發的人文思想。此處整理為表 1-1，以輔助說明。

表 1-1：《周易》所含巫術或宗教概念相關研究一覽表

類別	作者	書名／篇名
《周易》巫術	王振復	《巫術——《周易》的文化智慧》
	陳建國	〈《周易》是上古巫覡文化的產物——《周易》源於巫術探討（一）〉
		〈《周易》是巫術活動的記錄——《周易》源於巫術探討（二）〉
	王准	〈論周代戰爭中的巫術〉
	劉保貞	〈《周易・无妄・六三》爻辭與古人的轉移巫術〉
《周易》宗教	李丕顯	〈周易占筮底蘊〉
	司馬朝軍	〈元亨利貞考——兼論《易經》研究的文化人類學視角〉
	沈志權	〈《周易》祭祀與神道設教〉
	逢禮文	〈《易經・井》卦新解——〈井〉卦與宗教祭祀文化〉
	蕭小穗	〈修辭建構的「天意」：《易傳》的擬天手法分析〉
《周易》人文	黃鳴	〈試論殷周之際由巫到史轉變中《易》的作用〉
	王錕	〈從巫儀文化到實踐理性——以《周易》和「三禮」爲視鏡〉
	張志祥	〈《周易》與巫術文化〉
	坦普爾	《神諭——東西方《易》卜術揭秘》
	張鳳武 雷霆 王瀟	〈《周易》：從巫術宗教神性思維到經驗哲學人性思維——關於《周易》的文化人類學透析〉
	黃忠天	〈從「絕地天通」到「天人合一」——周易人文化成的意義及其價值〉

（一）《周易》巫術相關研究

在《周易》巫術相關研究中，首先以《周易》巫術爲研究主題的著作，爲王振復的《巫術——《周易》的文化智慧》〔註4〕。此書主要分爲四個部分，第一部分稱《周易》爲東方神秘主義的代表之作，揭示《周易》起源與巫術占筮的關係；第二部分探討《周易》的卦爻符號象徵，如陰爻、陽爻是否象徵男女生殖器，八卦與數學魔方的關係，以及六十四卦系統所呈現的宇宙秩序；第三部分解說《周易》的巫術占筮操作系統，說明《周易》基本的「十

〔註 4〕王振復：《巫術——《周易》的文化智慧》（杭州：浙江古籍出版社，1990 年）。

八變」占筮方法；第四部分論及巫術文化智慧的揚棄與超越，認為今人應設法超越《周易》所代表的「前科學」巫術智慧。全書屬於泛論性質，從《周易》的起源與內容，到《周易》巫術與科學、宗教、倫理、美學等主題之間的關係，都約略提及，但在每個領域都未能更進一步深入研究分析。

在此之後，則有陳建國的〈《周易》是上古巫覡文化的產物──《周易》源於巫術探討（一）〉〔註 5〕、〈《周易》是巫術活動的記錄──《周易》源於巫術探討（二）〉〔註 6〕兩篇論文，專從上古巫覡文化、巫術活動來探討《周易》的起源。在第一篇論文中，陳建國主張《周易》源於巫術，是上古巫覡文化的產物，而所謂「上古」時代的下限是商周之際，當時的知識分子源自於巫師，《周易》是他們的集體創作。而在第二篇論文中，則主張《周易》是卜筮後的紀錄，卦爻辭為巫師對答筮問的言詞，並在此基礎上孕育出誠信、吉凶、陰陽、尚中等思想觀念。這兩篇論文主要在追尋《周易》誕生的上古巫術背景，對《周易》內容本身較少著墨。

而從特定領域來談《周易》巫術的，則有王准〈論周代戰爭中的巫術〉〔註 7〕。該文以戰爭巫術為主軸，將周代戰爭巫術劃分為四類：祭禱之術、告獻之術、預測之術，以及厭勝之術。《周易》即屬於「預測之術」的類別，用於貞問戰爭本身的吉凶。越接近中原地區，戰爭巫術受周禮影響便越深，儀式也越規整；而進入戰國時代後，戰爭中的巫術痕跡便越來越淡，逐漸退出歷史舞臺。這篇論文不直接談論《周易》，而是將它放在戰爭巫術的歷史脈絡下來討論，對於分析《周易》戰爭巫術在歷史上的演變，具有啟發意義。

至於劉保貞的〈《周易‧无妄‧六三》爻辭與古人的轉移巫術〉〔註 8〕，則是從民俗學的觀點來分析特定卦爻辭所記載的嫁禍轉移巫術。該文首先列出古注稱〈无妄‧六三〉以陰爻居陽位而導致災禍的說法，並用《周易》整體爻位吉凶統計結果加以批駁。隨後則從民俗中的轉移巫術出發，認為〈无

〔註 5〕陳建國：〈《周易》是上古巫覡文化的產物──《周易》源於巫術探討（一）〉，《西南民族大學學報‧人文社科版》第 25 卷第 4 期（2004 年 4 月），頁 396～398。

〔註 6〕陳建國：〈《周易》是巫術活動的記錄──《周易》源於巫術探討（二）〉，《西南民族大學學報‧人文社科版》第 26 卷（2005 年 11 月），頁 222～226。

〔註 7〕王准：〈論周代戰爭中的巫術〉，《求索》2008 年第 1 期（2008 年 1 月），頁 201～205。

〔註 8〕劉保貞：〈《周易‧无妄‧六三》爻辭與古人的轉移巫術〉，《管子學刊》2008 年第 1 期（2008 年 2 月），頁 92～95。

妄・六三〉爻辭的意義，可能和民間流傳的轉移巫術類似，乃將自己身上的災禍或疾病，藉由巫術儀式轉嫁到一隻動物或一件東西上面，再間接把禍害傳到第一個接觸到它的人。這篇論文雖只談及《周易》中的轉移巫術，但提示了由民俗來分析《周易》的方向，尚可就此持續探索。

（二）《周易》宗教相關研究

在《周易》宗教相關研究中，有李丕顯的〈周易占筮底蘊〉〔註9〕，由《周易》中充斥的萬物有靈觀念出發，談到後世中國源遠流長的「泛神準教」傳統。該文分為四個部分，第一部分從古文、考古、民俗與尊坤意識推斷，《易經》占筮為原始巫風遺存；第二部分從卦爻辭以各種物象及人事為貞兆，以為《易經》充斥著萬物有靈、天人相應的原始思維；第三部分主張《易經》是中國形成泛神準教傳統的一個重要關節點，此一傳統延續至今，使中國沒有嚴格意義上的宗教，卻有大量崇拜與禁忌；第四部份則批判歷史上對於占筮採取「心誠則靈」的態度。整篇論文均屬泛論性質，但已大略點出《周易》與巫術、宗教及禁忌的關係。

司馬朝軍的〈元亨利貞考——兼論《易經》研究的文化人類學視角〉〔註10〕，則是從《易經》中最重要的術語「元亨利貞」出發，探討其中的宗教意義。司馬朝軍從「亨」、「享」為一字異體的概念說起，認為「亨」的本義是享祀、祭祀，再由享祭溝通神靈而引申到「亨通」，據此則《易經》卦爻辭可分為兩類，一為祭祀辭，二為占筮辭；而在祭祀辭中，又根據祭祀對象、祭祀的輕重、祭祀的地點不同再做詳細分類。祭祀為原始宗教的核心，占筮則是為祭祀服務，結合兩者的《易經》即為原始宗教的經典。此一觀點指出《易經》的源頭與宗教有關，可供參考，但有將其宗教成分過度放大的問題。

沈志權的〈《周易》祭祀與神道設教〉〔註11〕，結合經史文獻與甲骨卜辭，探討《周易》多條卦爻辭中關於祭祀的史料。該文第一部分認為《周易》卦爻辭時代的祭祀主體既有一國之君，也有諸侯和平民百姓，祭祀對象包括天

〔註 9〕 李丕顯：〈周易占筮底蘊〉，《齊魯學刊》1993 年第 1 期（1993 年 3 月），頁 97
～102。

〔註10〕 司馬朝軍：〈元亨利貞考——兼論《易經》研究的文化人類學視角〉，《船山學刊》1998 年第 1 期（1998 年 6 月），頁 105～107+104。

〔註11〕 沈志權：〈《周易》祭祀與神道設教〉，《求索》2011 年第 3 期（2011 年 3 月），頁 118～119+71。

神、地祇和人鬼，但祭祀的規模、對象則有嚴格的等級區分；第二部分認為《周易》卦爻辭時代的祭祀不用人牲，但祭品可用牛、羊、豬等大型牲畜，也可用簡單的蔬菜，關鍵在祭祀者的虔誠與敬意；第三部分則主張祭祀在祈求天地鬼神護佑賜福之外，還具有開發民智、教化民眾的功能，這一精神體現在〈觀〉、〈萃〉等卦辭中，並在春秋時期進一步發揚光大。該文篇幅有限，卻已點出《周易》宗教文化講求誠意的核心精神。

逄禮文的〈《易經·井》卦新解——〈井〉卦與宗教祭祀文化〉〔註12〕，則專門鎖定一卦，逐一分析該卦從卦辭到爻辭所敘述的殷周時期宗教墓祭文化。〈井〉卦的「井」字，一般都解釋成「水井」，逄禮文則主張「井」字的本義為洞穴，引申為墓穴；〈井〉的卦形為「䷮」，上為「坎」（☵）、下為「巽」（☴），二爻到五爻互卦則可得出「䷥」，上為「離」（☲）、下為「兌」（☱），而〈坎〉、〈巽〉、〈離〉、〈兌〉四卦都與古代祭祀有關，整個〈井〉卦的卦爻辭就是在敘述修墓祭祀、祈求福佑的過程。此一觀點頗為新穎，但從「井」到「墓穴」的解說實嫌牽強，將八卦中的四卦都與古代祭祀掛勾也太過寬泛，可備一說但不足為訓。

在經文解讀之外，還有蕭小穗的〈修辭建構的「天意」：《易傳》的擬天手法分析〉〔註13〕，從宗教傳播技術層面切入，分析《易傳》如何使用擬天修辭手法建構出「易與天地準」的神話，進而達成說服受眾的目的。蕭小穗以《易傳》記載的筮占方法為重心，認為筮占的擬天過程包含「著算」、「立卦」、「明義」三個階段：在用著草演算的程式中代入一組所謂的天地數字，以比附天地演化的幾個重要階段，例如天地二分、天地人三分、四時、閏月等；接著把著算獲得的數字組合，轉換成八卦的圖像形式，讓它可以陰陽相推，象徵宇宙的變化；最後讓所有的解釋都指向某個道德準則，每個卦爻都有特別的德行，彼此的互動也承載著道德使命，以效法天地化生的機制。在統合以上各種擬天效應以後，便成功建立了「易與天地準」的神話。這一觀點完全拆解了《周易》本身的結構，但有助於揭開《周易》神秘的面紗，釐清它的宗教話術。

〔註12〕 逄禮文：〈《易經·井》卦新解——〈井〉卦與宗教祭祀文化〉，《中華文化論壇》2012年第5期（2012年9月），頁98～100。

〔註13〕 蕭小穗：〈修辭建構的「天意」：《易傳》的擬天手法分析〉，《傳播與社會學刊》第14期（2010年），頁103～130。

（三）《周易》人文相關研究

在《周易》由巫術思維轉向人文思想的相關研究中，有黃鳴的〈試論殷周之際由巫到史轉變中《易》的作用〉〔註 14〕，從歷史角度論述，指出《周易》的發展促進了殷周之際巫卜職能向史官演變。晚商時代的甲骨卜辭大爲減少，顯示卜人勢力正在消退之中，政治的世俗性逐漸超過神性；而在同一時期，《周易》的筮法已經形成，解讀筮數需要足夠的背景知識和理性思維，這使得巫卜必須向史官轉化，而卦爻辭的成文化也使占卜者在解讀卦象時有規範可循，不致偏離常識。整個由巫卜之官轉化到記事之史的歷史過程，到春秋時代基本完成。該文從考古材料談起，指出《周易》的發展提升了卜官的知識與理性，有其積極意義。

王錕的〈從巫儀文化到實踐理性──以《周易》和「三禮」爲視鏡〉〔註 15〕，將《周易》與「三禮」並觀，以爲此兩者均具有從上古巫儀文化向周代實踐理性過渡的特色。王錕以爲《周易》和《儀禮》、《禮記》中的周代宗教崇拜可分爲祭天地、祭祖、祭山川自然諸神三類，這些神靈崇拜源於五帝殷商時期的巫儀傳統；《周易》和「三禮」表現出周代敬天和順天的思想，並按照按照天的自然法則，進行政治、倫理、社會層面的實踐活動，建造倫理與政治相整合的禮儀社會，而這種以禮爲主幹的情理結構，對後來的思想家也有深刻的影響。該文把握了《周易》和「三禮」的精神，但以單篇論文探討此一龐大主題，只能偏向泛論，難以仔細梳理任一文本的內容。

張志祥的〈《周易》與巫術文化〉〔註 16〕，則站在從人類學解讀巫術的觀點，以爲《周易》占筮中蘊含的理性因素較龜卜更強，自覺地賦予人主觀能動性。該文從人類學「萬物有靈」的觀點談起，認爲易卦與巫術的起源有相同之處，巫術是早期人類的「科學」，《周易》則是巫術文化高度發展的結果，它的理性因素比龜卜更強，使先民的目光逐漸從天數轉到人自身。該文偏重討論巫術文化，對《周易》本身的分析較少，且集中在陰陽與八卦符號。

〔註14〕 黃鳴：〈試論殷周之際由巫到史轉變中《易》的作用〉，《雲南師範大學學報（哲學社會科學版）》第 40 卷第 3 期（2008 年 5 月），頁 93～98。

〔註15〕 王錕：〈從巫儀文化到實踐理性──以《周易》和「三禮」爲視鏡〉，《人文雜誌》2002 年第 1 期（2002 年 1 月），頁 33～38。

〔註16〕 張志祥：〈《周易》與巫術文化〉，《重慶與世界》第 28 卷第 2 期（2011 年 2 月），頁 97～99。

　　英國的坦普爾（Robert Kyle Grenville Temple）在《神諭——東西方《易》卜術揭秘》〔註 17〕一書中，專門考察占卜和預言，包括西方的神諭和內臟占卜，以及中國的甲骨占卜和《易經》。該書題名為「神諭」，內容卻著重由占卜、預言所開展出來的哲學與文化。在探討《易經》的章節中，坦普爾討論了卦爻辭所蘊含的民間文化，六十四卦的數學符號體系，還有它與《尚書》相通的憂患意識、唯變所適的精神。該書說明了《易經》在歷史、科學與哲學上承先啓後的地位，但以一章的篇幅要談論《易經》與多種領域學術的關係，同樣只能點到爲止。

　　張鳳武等人的〈《周易》：從巫術宗教神性思維到經驗哲學人性思維——關於《周易》的文化人類學透析〉〔註 18〕，主張從《易經》到《易傳》，完成了從原始巫術宗教神性思維到世俗經驗哲學人性思維的嬗變。該文借用人類學的圖騰崇拜概念，認爲華夏先民的圖騰崇拜包含了日月崇拜、水火山林雷風崇拜、宗廟社稷崇拜、動物圖騰崇拜、星辰崇拜，《易經》即保留了這些崇拜的遺跡，而《易傳》則以儒家思想爲基幹，集先秦諸子百家的社會文化思想之大成，擺脫了原始巫術的思維模式和議題中心。該文注意到《易經》至《易傳》之間的思想轉變，但卻誤解了圖騰的意義，將一切崇拜等同於圖騰崇拜，且在談論《易經》的思想背景時絕少引用卦爻辭本身，反而大量引用《易傳》、《周禮》、《禮記》、《史記》等文獻對宗教鬼神的記述來佐證，使整個論證過程出現偏差。

　　黃忠天的〈從「絕地天通」到「天人合一」——周易人文化成的意義及其價值〉〔註 19〕，則由《周易》文本出發，分析出《周易》正處於人文思想由原始宗教中誕生的過程。同樣談論《易經》至《易傳》之間的思想演變，黃忠天選擇從《周易》文本中的類宗教用語來觀察，發現《易經》未見「神」字且罕言「鬼」字，所出現「天」字通常指大自然，而其中的宗廟祭祀用語，則主要是藉宗廟之莊敬肅穆，以論述人事的道理；而在《易傳》中，宗廟祭

〔註 17〕〔英〕坦普爾（Temple, R. K. G.）著，徐俊培譯：《神諭——東西方《易》卜術揭秘》（上海：上海科技教育出版社，2008 年）。

〔註 18〕張鳳武、雷霆、王瀟：〈《周易》：從巫術宗教神性思維到經驗哲學人性思維——關於《周易》的文化人類學透析〉，《河南理工大學學報（社會科學版）》第 9 卷第 2 期（2008 年 4 月），頁 236～244。

〔註 19〕黃忠天：〈從「絕地天通」到「天人合一」——周易人文化成的意義及其價值〉，《經學研究集刊》第 17 期（2014 年 11 月），頁 31～46。

祀用語和《易經》出現頻率相同,「天」字也同樣以自然天為主,鬼神相關詞彙增加,但多半用來表達神奇奧妙之意。從《易經》到《易傳》,其思想乃一脈相承,強調道德的主體性、形塑天人合一的思想,並救贖了原始宗教的陷溺,顯現筮者的理性自覺。該文回歸《周易》文本來探討其中的思想,信而有徵,也提示了從詞彙類別及頻率來分析文本的方法。

以上這三類《周易》研究中,第一類從以往被視為「迷信」的巫術入手,明確標舉出《周易》與巫術的關係,提示了一條重要的研究途徑。但這類著作大多偏向泛論或探討《周易》的上古起源,與當代社會的關聯性較弱。其中劉保貞用民俗觀點重新分析《周易》文本,是一大突破,但受限於單篇論文的形式,僅能探討一卦一爻,其他部分仍有待進一步發掘。

第二類研究由於對宗教的觀點各不相同,因而內容取向歧異度極高,其中李丕顯與沈志權對宗教的定義包含巫術成分,與本論文的主題較為接近,但因前者為泛論、後者偏重上古史料,尚有向下發展的空間;而司馬朝軍過度放大《周易》的宗教面向,逄禮文對《周易》文本的詮釋與一般認知不同,蕭小穗則專注在分析《易傳》說服受眾的修辭手法,與本論文的關係均較為淡薄。

第三類研究主要呈現《周易》在由巫術思維轉變到人文理性之間所扮演的關鍵角色,對於觀察《周易》禁忌思維在歷史上的演變過程頗具啟發意義,不過由於這些研究大多是單篇論文,即使在專書裡也只占一個章節,對於《周易》的思維演變僅能提供大方向指引,至於演變過程中的相關細節,例如某些思維成分是消失、弱化、強化還是遭到置換,都還有待進一步釐清。

二、禁忌相關研究

有關禁忌的研究,可謂汗牛充棟,且分散在諸多不同的學科。由於針對禁忌的研究始自人類學,禁忌的定義與重要理論均出於此,而禁忌在當代社會的遺留則須由民間習俗觀察,因此本論文主要從人類學和民俗學領域的禁忌研究來尋求理論根據與實際例證。另外,由於本論文的研究主題是《周易》禁忌思維,這與心理學有關,而禁忌在歷史上有往宗教、禮儀或道德等方向演變的趨勢,則與歷史、宗教、哲學有關,因此本論文也參考了心理學、歷史學、宗教學乃至哲學領域的禁忌研究。此處便針對這些領域的代表作加以評述,並將相關資料整理為表1-2,來輔助說明。

表 1-2：禁忌相關研究一覽表

領域	作者	書名／篇名
人類學	弗雷澤	《金枝》
	拉德克利夫・布朗	〈禁忌〉
	列維・布留爾	《原始思維》
	道格拉斯	《潔淨與危險》
民俗學	林明峪	《臺灣民間禁忌》
	陳來生	《中國禁忌》
	任騁	《中國民間禁忌》
	萬建中	《禁忌與中國文化》
		《中國民間禁忌風俗》
宗教學	董芳苑	《原始宗教》
	金澤	《禁忌探秘》
哲學	卡西勒	《人論：人類文化哲學導引》
	鄭志明	〈禁忌文化的哲學省思〉
心理學	佛洛伊德	《圖騰與禁忌》
歷史學	張寅成	《戰國秦漢時代的禁忌——以時日禁忌為中心》

（一）人類學的禁忌相關研究

　　在人類學的領域，原本是將禁忌放在巫術的範疇之下來論述。在這方面，英國的弗雷澤（James George Frazer，1854～1941）首先對禁忌進行系統性的考察，於《金枝》〔註 20〕一書中主張禁忌是交感巫術的消極應用方式，目的在於避免靈魂遭受危害，並以以四章的篇幅，專門討論禁忌的行為、禁忌的人、禁忌的物，以及禁忌的詞彙，同時解釋這些禁忌的用意與運作原理。弗雷澤針對巫術與禁忌提出了一體適用的理論，且注意到不同文化背景也可能產生類似的禁忌，有助於理解禁忌思維的運作模式，並提供跨文化的思考，但他明確區隔巫術與宗教，認為兩者互斥，便非所有文化共通的現象，不能放諸於四海而皆準。

〔註20〕　〔英〕弗雷澤（Frazer, J. G.）著，徐育新、汪培基、張澤石譯：《金枝》（北京：
　　　　　中國民間文藝出版社，1987 年）。

拉德克利夫‧布朗（Alfred Reginald Radcliffe-Brown，1881～1955）則在紀念弗雷澤的演講〈禁忌〉﹝註21﹞中，重新檢討禁忌的分類。西方人類學界常將被列爲禁忌的人、事、物劃分爲「神聖的」和「不潔的」兩類，但在許多社會中並沒有如此明確的劃分，故該文主張用「儀式價值」來指稱禁忌對象所具備的特質，原始人的消極和積極的儀式（即禁忌與巫術）之所以存在和延續，是因爲它們能夠建立某些基本的社會價值，並維繫社會秩序，而這就是巫術與宗教信仰的根本功能和終極原因。此一論點注意到禁忌的分類問題與社會功能，提示了不同的研究思路，但選擇性忽略禁忌實施者所敘述的行爲目的，也造成另一種偏頗。

法國的列維‧布留爾（Lucién Lévy-Brühl，1857～1939），則於《原始思維》﹝註22﹞中主張「靈魂」是較晚出的概念，在原始人的思維中，各種巫術、禁忌是受互滲律支配，人與物之間會以某種神祕作用互相影響。列維—布留爾詳細地探討了巫術與禁忌背後運作的思維模式，並提出原邏輯思維與互滲律的理論，是其貢獻；但他將歐洲文明與其他文明的思維一刀兩斷地劃分爲「邏輯思維」與「原邏輯思維」，前者講究分析與經驗，後者講究綜合與神秘因素，忽略了歐洲文明同樣包含迷信成分，其他文明同樣包含理性成分，則是一大謬誤。

英國的道格拉斯（Mary Douglas，1921～2007）則專從禁忌的產生由來著手，於《潔淨與危險》﹝註23﹞一書中主張，任何人、事、物只要打破社會上既有的分類與秩序，就會被視爲「不潔」且具有危險性，而這也就是禁忌的根源。道格拉斯注意到，宗教上的潔淨並不完全等同於醫學上的衛生，人們是先有一種系統的秩序觀念，才將屬性模糊或反常的人、事、物定義爲汙穢，但這種混亂無序的狀態也會產生強大的力量，對他人造成危險。道格拉斯的理論解釋了禁忌爲何兼具神聖與不潔這兩種看似衝突的面向，減少禁忌研究的矛盾，不過此書較爲偏重飲食、性別、排泄物之類的禁忌，該理論是否能

﹝註21﹞ 〔英〕拉德克利夫‧布朗（Radcliffe-Brown, A. R.）著，金澤譯：〈禁忌〉，史宗主編：《20世紀西方宗教人類學文選》（上海：生活‧讀書‧新知上海三聯書店，1995年），頁100～120。

﹝註22﹞ 〔法〕列維‧布留爾（Lévy-Brühl, L.）著，丁由譯：《原始思維》（臺北：臺灣商務印書館股份有限公司，2001年）。

﹝註23﹞ 〔英〕道格拉斯（Douglas, M.）著，黃劍波、柳博贇、盧忱譯：《潔淨與危險》（北京：民族出版社，2008年）。

類推到其他禁忌，仍有疑問。

（二）民俗學的禁忌相關研究

在民俗學的領域，以林明峪的《臺灣民間禁忌》〔註24〕首先搜羅臺灣民間漢人社會現存的禁忌，並嘗試爲這些禁忌的由來提出語言、科學或社會方面的解釋。該書共分爲十二篇，從婚嫁、房事、孕婦、產婦等與性別有關的禁忌說起，接著是嬰兒、兒童、居家、行業、動物、節令、喪葬、祭祀等禁忌，整體排列順序是從生到死，由內而外。該書對於臺灣民間禁忌的記錄與研究，有首創之功，且已具備歷史溯源的概念，但受限於當時前人研究缺乏、作者單打獨鬥，因此僅能觸及臺灣漢人社會的禁忌，且以閩南族群爲主，客家族群與原住民族則付之闕如。

陳來生的《中國禁忌》〔註25〕，則是初步蒐集中國古今與各民族的禁忌，並從歷史典故、巫術信仰等方面來解釋這些禁忌的起源。該書將中國禁忌分爲歲時、人生、飲食起居、社會、生產、動物等六個類別來討論，先從現行的民間習俗找到各種禁忌，再從古籍中尋找這些禁忌的歷史源頭，用人類學的巫術信仰概念來解讀禁忌背後的思維。該書對中國禁忌做了初步的記錄與解讀，但可能受限於文獻不足，對一部分禁忌的起源僅能推測，難以多作說明。

任騁的《中國民間禁忌》〔註26〕，則致力於搜羅中國民間各地、各族的禁忌，並據此建立了中國民間禁忌體系。該書將中國民間禁忌的信仰體系分爲三個部分：預知系統、禁忌系統、禳解系統，首先在預知系統中透過觀察偶然徵兆或占卜來預測吉凶，然後在禁忌系統中以消極的無行爲表現的方式來趨吉避凶，最終在禳解系統中用破法來解決無法避免或違犯禁忌的問題。而在民俗實例上，則透過田野調查大量蒐集中國各個地區、各種族群的禁忌材料，再分爲人事篇、物事篇、鬼事篇、禳解篇四個部分，逐一論述各項禁忌的內容與由來。該書蒐集的民間禁忌材料相當豐富，且具備自身的理論系統，但有部分禁忌如歲時、鬼魅之類，可能作者還不確定其由來，僅將材料逐條列出而未詳細論述，尚待完足。

〔註24〕林明峪：《臺灣民間禁忌》（臺北：聯亞出版社，1983年）。
〔註25〕陳來生：《中國禁忌》（臺北：萬象圖書有限公司，1991年）。
〔註26〕任騁：《中國民間禁忌》（北京：中國社會科學出版社，2004年）。任騁另有《中國民俗通志【禁忌志】》、《民間圖騰禁忌》兩部著作，内容均與《中國民間禁忌》雷同，此處不另作評述。

萬建中的《禁忌與中國文化》〔註27〕和《中國民間禁忌風俗》〔註28〕，同樣搜羅民間禁忌，研究方法卻有所不同，加入了口傳文學的背景。《禁忌與中國文化》的理論性較強，該書在探討禁忌的起源時，便從中國觀點重新檢討西方的禁忌理論，並主張口頭敘事文學是禁忌傳播的媒介；而在介紹各項禁忌時，也常引用文學作品以爲佐證。至於《中國民間禁忌風俗》，則專門記錄並討論民俗中的禁忌，收錄的禁忌材料和《禁忌與中國文化》有所重疊但更形豐富，相關理論則大幅減少。這兩部書對於反省西方禁忌理論有所啓發，也提示了以文學印證禁忌的方法。

（三）宗教學的禁忌相關研究

在宗教學的領域，是將禁忌視爲某種宗教信仰，或是宗教文化的一部分。董芳苑的《原始宗教》〔註29〕，便認爲禁忌指宗教上的一切禁制，世界上任何一種宗教都具備禁忌系統，用來界定「聖」與「俗」的範圍，阻止各種生活上的沖犯，可分爲人、地、物、時、事五類，既是原始宗教的信仰特徵之一，也是法律的原型。而在臺灣原住民族的信仰中，則有針對死亡、性別等一般性的禁忌，以及祭典期間與出草（獵人頭）時的禁忌。該書將禁忌放在原始宗教的背景下來談論，內容簡略，卻也提供了一種比較文化的觀點，可供參考。

金澤的《禁忌探秘》〔註30〕，則是一部泛論性著作，卻特別著重禁忌的神聖性，視禁忌爲一種宗教行爲。該書共分爲四個部分，第一部分介紹禁忌的基本概念，並將禁忌視爲無形的宗教信仰；第二部分探討萬物有靈與神秘交感，即禁忌的運作原理；第三部分從社會、情感與心理分析的層面切入，考察宗教禁忌的權威性從何而來；第四部分談神聖的空間、神聖的時間、不潔與治療儀式，以追尋宗教禁忌背後的宇宙觀。該書主要是簡介有關禁忌的前人理論，其中觀點均非作者原創，但對掌握禁忌的背景知識頗有助益。

（四）哲學的禁忌相關研究

在哲學的領域，是同時從宗教和道德這兩個面向來看待禁忌。德國的卡西勒（Ernst Alfred Cassirer，1874～1945）在《人論：人類文化哲學導引》〔註31〕

〔註27〕萬建中：《禁忌與中國文化》（北京：人民出版社，2001年）。
〔註28〕萬建中：《中國民間禁忌風俗》（北京：中國電影出版社，2005年）。
〔註29〕董芳苑：《原始宗教》（臺北：久大文化股份有限公司，1991年）。
〔註30〕金澤：《禁忌探秘》（臺北：臺灣珠海出版有限公司，1994年）。
〔註31〕〔德〕卡西勒（Cassirer, E. A.）著，甘陽譯：《人論：人類文化哲學導引》（臺北：桂冠圖書股份有限公司，2005年）。

一書中主張，在人類文明的初級階段，禁忌就包括了宗教和道德的全部領域。禁忌體系是社會約束和義務的體系，原本由恐懼所支配，純屬消極的禁令，爾後才由各個宗教導師重新詮釋，賦予其積極意義。這一觀點指出禁忌是社會秩序的基石，以及它的消極層面，並肯定了後人重新詮釋禁忌所帶來的思想變革，不過這種從禁忌到宗教的演變途徑，只適用於具有神聖性質的禁忌，並非所有禁忌的演變方向。

鄭志明的〈禁忌文化的哲學省思〉〔註 32〕一文，則主張禁忌是從原始社會流傳下來的精神原則。該文先比較中西文化對禁忌的論述，再談到禁忌的神聖功能，以及禁忌的道德主體。鄭志明與卡西勒同樣從宗教和道德這兩個面向切入，不同的是，卡西勒更偏向宗教，鄭志明則更偏向道德，主張禁忌是人性的文化本能，是人類在超自然的神聖追求下，確立生命存在的道德價值。此一觀點加入中國文化與哲學的視角，補充了從禁忌到禮儀的演變途徑，對禁忌的發展論述較為完整。

（五）心理學的禁忌相關研究

在心理學領域的禁忌研究，以奧地利的佛洛伊德（Sigismund Schlomo Freud，1856～1939）所著《圖騰與禁忌》〔註 33〕為代表。該書從精神分析的角度，討論兩類常見的禁忌，一是亂倫禁忌，二是針對敵人、統治者、死人的禁忌。佛洛伊德利用戀母仇父的伊底帕斯情結來解釋亂倫禁忌，並以矛盾情感與投射作用來解釋針對敵人、統治者、死人的禁忌，可備一說，但他太過強調仇視父親的情結，又將禁忌思維與心理疾病中的強迫性禁制掛鉤，則有待商榷。

（六）歷史學的禁忌相關研究

在歷史學的領域，則有張寅成的《戰國秦漢時代的禁忌——以時日禁忌為中心》〔註 34〕，選擇特定的歷史年代，結合出土資料及傳統史料，探討時日禁忌的內容、觀念基礎、原理與其意義。該書先論述戰國秦漢時代的時日禁忌內容，包含生命禮俗、食衣住行、醫療、經濟活動、軍政等方面，然後

〔註 32〕 鄭志明：〈禁忌文化的哲學省思〉，《文明探索》第 40 卷（2005 年 1 月），頁 31～50。
〔註 33〕 〔奧地利〕佛洛伊德（Freud, S. S.）著，楊庸一譯：《圖騰與禁忌》（臺北：志文出版社，1992 年）。
〔註 34〕 張寅成：《戰國秦漢時代的禁忌——以時日禁忌為中心》（臺北：國立臺灣大學歷史研究所博士論文，指導教授：韓復智，1992 年 1 月）。

再解說時日禁忌的觀念基礎及其原理，最後談論禁忌與社會整合的問題。該書對時日禁忌的史料掌握頗為充分，解讀清晰，但在禁忌的思維論述上則稍嫌不足。

以上這六類禁忌研究中，人類學與心理學方面的禁忌研究，都對禁忌的產生背景及思維運作模式有所啓發，但如要對應到《周易》的禁忌思維，便有某些文化差異的問題，須經過重新消化，尤其佛洛伊德的觀點太過注重心理病態及仇視父親的情結，與《周易》代表的中華文化背景大相逕庭，不可完全生搬硬套。而在民俗學方面的禁忌研究，因有豐富的田野調查實證，可據以考察當代社會現存的禁忌，但這些現存禁忌與《周易》的關係尚須經過一番梳理與論述，才能說明彼此是否為一脈相承。宗教學與哲學方面的禁忌研究，則提示了一部分禁忌的演變途徑，以及禁忌所呈現出來的社會秩序和宇宙觀念，不過這兩類研究較為偏重禁忌的神聖性質，而具有神聖性質的禁忌僅占《周易》中的一小部分，因此可供參考的地方並不多。至於歷史學方面的禁忌研究，張寅成所論述戰國秦漢時代的禁忌，其中與月令及陰陽五行相關的部分，和《易傳》時代相當且思想相通，可與《易傳》中的某些禁忌互相比對，其餘部分則和本論文的主題沒有直接關聯，可以略過。

第三節　研究方法與架構

本節介紹本論文所使用的研究方法，以及整部論文的架構。

一、研究方法

本論文所使用的研究方法主要包括文獻分析、歸納演繹、科際整合及歷史研究等方法，以下逐一介紹並解釋其使用方式。

（一）文獻分析法

文獻分析法（Document Analysis）又名「內容分析法」，從使用材料來說，即是運用現有資料、檔案、文書等進行研究的方法；而從研究內容來說，是以文獻為主要對象的研究方法，指任何以系統、客觀的方法來確認文獻資料特性的方法。〔註35〕以本論文而言，使用此種方法研究分析的主要對象即為

〔註35〕葉乃嘉：《研究方法的第一本書：從知識管理進入研究工作的遊戲規則》（臺北：五南圖書公司，2008年），頁200。

《周易》，以及與之相關的前人研究。

　　文獻分析法是本論文的基礎研究方法，主要運用在本論文的第二章，以及第三章和第四章。在第二章中，首先透過有關禁忌的文獻，說明禁忌的含義與產生背景；其次透過有關巫術的文獻和字書，釐清巫術、占卜與禁忌三者的定義與關聯；最後則從《易傳》的內容字詞來分析它包含的禁忌之名，再從卦爻辭的筮卦吉凶來探討它所蘊含的禁忌之實。而在第三章和第四章中，則專門分析《周易》經傳文本所包含的禁忌，由於《周易》形成年代久遠，因此在經典詮釋方面，主要採用本義，並參考出土文獻資料來作輔助說明，以求貼合《周易》時代原貌，符合歷史事實，而通行的引申義也會一併列出，以供討論。

（二）歸納法與演繹法

　　歸納法（Induction）是由局部的個別事項，去推論全體的普遍原則；而演繹法（Deduction）則是根據普遍的原則，來推知局部性事理。用歸納法獲得的結果，宜透過演繹法類推至同類別或同性質的事物，以驗證其是否正確；而演繹法應用時，係依據事理，從已知推論未知，並以是否契合事實來驗證結果。〔註36〕這兩種方法彼此相對，而又相輔相成，因此可合併運用。

　　歸納法與演繹法，是本論文用以統整資料、闡述內容思維的方法。在歸納法方面，以本論文的第三章和第四章來說，由於《周易》文本中的禁忌內容較為繁雜，因此須使用歸納法，將《周易》經傳中的禁忌項目整理出來，逐一歸類，並統整出《周易》禁忌背後共通的思維模式；而以第五章和第六章來說，由於各種《周易》禁忌及其思維在後世的發展相當分歧，因此同樣使用歸納法，將它們依照其核心精神的「變」與「不變」歸為兩大類來探討。

　　而在演繹法方面，以本論文的第三章和第四章來說，由於禁忌是普遍存在於各種人類社會的文化現象，《周易》文本中的禁忌亦在其列，因此可使用演繹法，從人類施行禁忌的普遍心理，推知各種《周易》禁忌背後的思維模式；而以第五章和第六章來說，由於各種人類社會中的禁忌往往有類似的發展軌跡，因此同樣可使用演繹法，來追尋《周易》禁忌思維的各種發展途徑。

〔註36〕杜松柏：《國學治學方法》（臺北：五南圖書出版有限公司，1998年），頁207～213。

（三）科際整合法

科際整合法（Interdisciplinary Approach）是當代最有影響力的研究模式，乃借用其他學科的知識，以增進對本身學科的了解。這種研究模式講求不同學科之間的相互溝通與整合，目的在打破知識的專門化，避免只知部分而不了解整體。在第二次世界大戰前，隨著知識的分化與發展，各學科的專門化導致溝通困難，因而引起一股學術反動風潮，由歐洲的維也納學圈倡導科際整合，並把這種取向帶到美國，隨後持續發展至今。〔註 37〕科際整合法並不等於「多種學科研究」，因爲「多種學科研究」是從掌握全面知識入手，用兩個以上的學科解決單一學科無法解決的問題；而科際整合法是強調以本身學科爲中心，僅借用其他學科的方法，對與本身學科完全無關的問題則不予討論。〔註 38〕以本論文來說，即是以《周易》文本爲中心，借用其他學科的方法與概念，來解決《周易》本身的問題。

「禁忌」原本是人類學的概念，本論文援用禁忌概念來研究《周易》，即是以科際整合法貫串了整部論文，爲本論文最重要的研究方法。本論文有三個部分即以科際整合法爲骨幹，其一是在第二章，此處結合人類學、心理學來解釋禁忌的基本概念，說明它與《周易》的關聯；其二是在第三章和第四章，此處結合人類學、民俗學等相關理論，來探討《周易》禁忌背後蘊含的思維模式；其三則是在第六章，根據社會統計資料與現存民俗相關紀錄，分析《周易》禁忌思維在當代社會的遺留成分。

（四）歷史研究法

歷史研究法（Historical Method）指有系統的蒐集及客觀的評鑑與過去發生之事件有關的資料，以考驗那些事件的因、果或趨勢，俾提出準確的描述與解釋，進而有助於解釋現況以及預測未來的一種歷程。〔註 39〕歷史研究法應用到《易》學上，可以考察《周易》文本詮釋與《易》學思想在不同時代的縱向發展與演變趨勢，而以本論文來說，則是用來追蹤《周易》禁忌思維在後世的流衍變化。

〔註 37〕國立編譯館主編：《教育大辭書》（臺北：文景書局有限公司，2000 年），頁383。

〔註 38〕劉介民：《比較文學方法論》（臺北：時報文化出版企業有限公司，1990 年），頁 209。

〔註 39〕王文科、王智弘：《教育研究法（增訂八版）》（臺北：五南圖書出版股份有限公司，2004 年），頁 248。

　　歷史研究法主要運用在本論文的第五章，由於各種《周易》禁忌思維的演變途徑並不相同，須配合其間差異尋求不同類型的史料來做考察，因此本論文所採用的史料來源包含三類，其一是先秦經典與正史書志目錄等傳世文獻，其二是甲骨、題壁、簡牘、宮室建築等遺物或遺跡，其三則是現存的宗教科儀活動。而在時代範圍上，由於《周易》從經文形成到傳文寫定的時間，跨越了先秦以至漢代，這段時期整個社會環境與學術思想都經歷了許多重大變革，因此在探索《周易》禁忌思維的演變時是以先秦兩漢這段時期爲主，後續朝代爲輔，在此一歷史背景之下，逐一梳理各種《周易》禁忌的消失過程與轉化途徑，最後總結出《周易》禁忌思維的演變趨勢。

二、論文架構

　　本論文除了在第一章〈緒論〉說明整部論文的撰作背景、第七章〈結論〉總結整部論文的研究成果之外，第二章到第六章爲本論文的主要內容，按照其架構可分爲三個部分，各部分之間的關係如下：

　　第一部分即爲第二章〈禁忌視角與《周易》〉，第一節先說明禁忌的基本概念，包括它的名義、性質、產生背景，以及它在不同文化下的解讀；第二節分別解釋巫術與占卜的定義，以及它們與禁忌的關係；第三節則闡述禁忌與《周易》的關係，解釋《周易》中的「禁」與「忌」，並說明本論文爲何採取禁忌視角來研究《周易》，以及適用於此一研究的理論，爲後面的第二部分研究鋪路。

　　第二部分爲「《周易》中的自然與人事禁忌」，包含本論文的第三章和第四章。第三章〈《周易》中的自然禁忌〉探討《周易》中的天象、地理、動物、植物等自然禁忌，第四章〈《周易》中的人事禁忌〉則探討《周易》中的人類身體、性別婚姻、祭祀、軍事等人事禁忌，在各類別之下先介紹各種禁忌的內容，再說明這些禁忌透過何種思維模式運作，及其反映的宇宙觀念與人際互動觀念。

　　第三部分爲「《周易》禁忌思維在後世的發展」，乃承襲上一部分研究而來，包含本論文的第五章和第六章。這一部分可分爲兩個面向來談：在第五章〈《周易》禁忌思維的演變與轉化〉，探討《周易》禁忌思維在後世中「變」的部分，並以先秦兩漢這段時期的變化爲主，觀察有哪些《周易》禁忌隨著社會環境變遷、時代思想轉變而消失，而哪些又被賦予了新的思維內涵，進

而轉化爲禮儀、宗教、法律，以不同面貌流傳下去。在第六章〈《周易》禁忌思維在現代的遺留〉，則探討《周易》禁忌思維在後世中「不變」的部分，觀察它對當代社會婚喪風俗、術數雜占所造成的影響。

　　另外，爲了讓讀者在後續章節探討卦爻辭及其卦象時，能順利掌握每一卦的卦名、卦圖及卦序，此處附上表 1-3 以供參考。

表 1-3：六十四卦便查表

上卦 下卦	乾	兌	離	震	巽	坎	艮	坤
乾	1 乾	43 夬	14 大有	34 大壯	9 小畜	5 需	26 大畜	11 泰
兌	10 履	58 兌	38 睽	54 歸妹	61 中孚	60 節	41 損	19 臨
離	12 同人	49 革	30 離	55 豐	37 家人	63 既濟	22 賁	36 明夷
震	25 无妄	17 隨	21 噬嗑	51 震	42 益	3 屯	27 頤	24 復
巽	44 姤	28 大過	50 鼎	32 恆	57 巽	48 井	18 蠱	46 升
坎	6 訟	47 困	64 未濟	40 解	59 渙	29 習坎	4 蒙	7 師
艮	33 遯	31 咸	56 旅	62 小過	53 漸	39 蹇	52 艮	15 謙
坤	12 否	45 萃	35 晉	16 豫	20 觀	8 比	23 剝	2 坤

第二章 禁忌視角與《周易》

　　《周易・繫辭下》云：「《易》之興也，其當殷之末世，周之盛德邪？當文王與紂之事邪？是故其辭危，危者使平，易者使傾。其道甚大，百物不廢。懼以終始，其要无咎，此之謂《易》之道也。」〔註1〕〈繫辭傳〉作者揣摩《周易》撰著的精神，認爲《周易》的興起可能在殷末周初，以周文王（前 1152～前 1056）與商紂王（？～前 1046）的事跡爲鑑，因而文辭中充滿憂患意識，陳述常懷憂患者可得平順、耽於安樂者反招致傾覆的規律。《周易》的道理甚爲廣大，無所不包，但大體而言，就是希望人始終保持戒愼恐懼之心，注意潛伏的危機，才能達到「无咎」，也就是沒有災殃的狀態。這幾句話便概括了《周易》的精神所在。

　　如果用人類學的觀點來看待這些話，便會發現它和禁忌的起源有相似之處，因爲禁忌亦是源於人類的憂患意識，試圖以消極的不作爲來避開潛藏的危險，好預防災禍發生，用文言文來說同樣也是「懼以終始，其要无咎」。在這一方面，《周易》與禁忌的精神正好互相呼應，因此本論文選擇由禁忌的視角來研究《周易》。本章先解釋禁忌的基本概念，以及它與《周易》的關係。

第一節　禁忌的含義與產生背景

　　禁忌是普遍存在於各種人類社會的文化現象，不管在任何時代、任何地點，都能觀察到人類有意識地替自己的行爲施加各種限制，但實施這些限制

〔註1〕〔魏〕王弼注，〔晉〕韓康伯注，〔唐〕孔穎達正義：《周易正義》（臺北：藝文印書館，2015 年），卷 8，頁 175～176。

的人，卻不見得清楚它們的理由和來源，只是一味地遵守，並且相信打破這些限制將會帶來危害。爲了釐清這一文化現象的來龍去脈，以下便簡介禁忌的含義，以及它的產生背景。

一、禁忌的含義

所謂「禁忌」，在人類學領域中稱爲「塔布」（Taboo），該詞源自太平洋玻里尼西亞的東加群島詞彙，於 1777 年由英國航海家庫克船長（James Cook, 1728～1779）帶回歐洲，本義是「強烈標示的」，引申爲「神聖的」、「危險的」、「不可接觸的」，與此相反的詞彙則是 noa，意思是「常見的」、「世俗的」、「可接近的」。玻里尼西亞人相信，有一種稱爲「瑪那」（Mana）的神秘力量，會附在人或物品上面，並可藉由接觸而傳遞，帶有極強瑪那的人或物品都不能輕易接觸，以免帶來超自然的危險，而這些帶有強大瑪那的人或物品都可以用塔布來形容。後來在各種學術論著中，塔布的意義由此而擴大衍伸，亦可用來指稱被禁止的詞彙、事物和行爲。〔註2〕

而在中文語境裡，這類文化現象稱爲「禁忌」。「禁」和「忌」起初原本是分別出現的，在先秦至漢初的典籍中，兩者的意義、用法並不完全相同。以「禁」字而言，它有九種含義：第一是禁止、阻止，例如《楚辭・大招》「發政獻行，禁苛暴只」〔註3〕；第二是禁令、法律，如《周禮・秋官司寇》「乃立秋官司寇，使帥其屬而掌邦禁」〔註4〕；第三是禁戒，例如《淮南子・氾論》「是故因鬼神機祥，而爲之立禁」〔註5〕；第四是囚禁、拘押，如《孔叢子・小爾雅・廣言》所釋：「囚、禁，錄也。」〔註6〕；第五是屏障、保衛，例如《周禮・地官・囿人》「掌囿游之獸禁」〔註7〕；第六則是放置酒樽的案形器

〔註2〕 詳見〔奧地利〕佛洛伊德（Freud, S. S.）著，楊庸一譯：《圖騰與禁忌》（臺北：志文出版社，1992 年），頁 31～34；金澤：《禁忌探秘》（臺北：臺灣珠海出版有限公司，1994 年），頁 6～7。

〔註3〕 〔漢〕劉向編集，〔漢〕王逸章句：《楚辭》（北京：中華書局，1985 年），卷 10，頁 117。

〔註4〕 〔漢〕鄭玄注，〔唐〕賈公彥疏：《周禮注疏》（臺北：藝文印書館，2007 年），卷 34，頁 510。

〔註5〕 〔漢〕劉安等撰，〔漢〕高誘注：《淮南子》（上海：上海古籍出版社，1989 年），卷 13，頁 149。

〔註6〕 〔秦〕孔鮒撰，〔宋〕宋咸注：《孔叢子》（臺北：臺灣中華書局，1981 年），卷 3，頁 8。

〔註7〕 《周禮注疏》，卷 16，頁 251。

具，取戒酒之意，例如《儀禮・士冠禮》「尊于房戶之閒，兩甒，有禁」〔註8〕；第七是謹慎，例如《禮記・緇衣》「君子道人以言，而禁人以行」〔註9〕；第八是北方民族的音樂，例如《周禮・春官・鞮鞻氏》注「四夷之樂，東方曰韎，南方曰任，西方曰株離，北方曰禁」〔註10〕；第九則是讀爲「紟」，指連繫衣襟的帶子，例如《荀子・非十二子》「其纓禁緩」〔註11〕。在這九種含義中，第一項的禁止、阻止是本義，從第二項的禁令、法律直到第七項的謹慎都屬於引申義，是從本義禁止延伸而來，而第八項的北方民族音樂以及第九項的襟帶則是假借義，只因發音相同或相近，便寫作「禁」字，與本義毫無關聯。

　　至於「忌」字，則有六種含義：第一是憎惡、怨恨，例如《詩經・大雅・瞻卬》「舍爾介狄，維予胥忌」〔註12〕；第二是畏懼，例如《尚書》中常見的「敬忌」一詞〔註13〕，以及《儀禮・士虞禮・記》「小心畏忌」〔註14〕；第三是禁戒，例如《老子》第五十七章「天下多忌諱，而民彌貧」〔註15〕；第四是人死亡之日，例如《禮記・檀弓上》「忌日不樂」〔註16〕；第五則特指先王死亡之日，如《禮記・王制》「大史典禮，執簡記，奉諱惡」鄭注：「惡，忌日，若子、卯」〔註17〕；第六則是當作語尾助詞使用，沒有特別意義，例如《詩經・鄭風・大叔于田》「叔善射忌，又良御忌」〔註18〕。在這六種含義中，

〔註8〕　〔漢〕鄭玄注，〔唐〕賈公彥疏：《儀禮注疏》（臺北：藝文印書館，2007年），卷3，頁28。

〔註9〕　〔漢〕鄭玄注，〔唐〕孔穎達正義：《禮記正義》（臺北：藝文印書館，2007年），卷55，頁929。

〔註10〕《周禮注疏》，卷24，頁368。

〔註11〕〔唐〕楊倞注，〔清〕王先謙集解：《荀子集解・考證》（臺北：世界書局，2000年），卷3，頁89。

〔註12〕〔漢〕毛亨傳，〔漢〕鄭玄箋，〔唐〕孔穎達正義：《毛詩正義》（臺北：藝文印書館，2007年），卷18-5，頁696。

〔註13〕該詞於〈康誥〉、〈顧命〉、〈呂刑〉三篇中均曾出現，意爲「敬畏」。見屈萬里：《尚書集釋》（臺北：聯經出版事業股份有限公司，2006年），頁154、240、254。

〔註14〕《儀禮注疏》，卷43，頁512。

〔註15〕〔魏〕王弼等：《老子四種》（臺北：大安出版社，2006年），卷下，頁49。

〔註16〕《禮記正義》，卷6，頁112。

〔註17〕《禮記正義》，卷13，頁262。因商紂死於甲子日、夏桀死於乙卯日，故子、卯兩日爲忌日，又名「疾日」，《禮記・檀弓下》「知悼子卒，未葬」條亦有相關記載，詳見《禮記正義》，卷9，頁177。

〔註18〕《毛詩正義》，卷4-2，頁164。

第一項的憎惡、怨恨是本義，從第二項的畏懼到第五項的先王死亡之日均屬於引申義，從本義憎惡延伸而來，第六項則是假借義，與前述義項完全無關。從上述例子可以看出，在當時「禁」和「忌」這兩個字的意義雖有部分重疊，但尚未連用。〔註19〕

　　不過，至遲在東漢，已將這兩個字結合為「禁忌」一詞。此時有兩部具代表性的文獻都提到了這個詞彙，其一是《漢書・藝文志》對陰陽家的評論：

　　　陰陽家者流，蓋出於羲和之官。敬順昊天，歷象日月星辰，敬授民時，此其所長也。及拘者為之，則牽於禁忌，泥於小數，舍人事而任鬼神。〔註20〕

　　其二則是王充（27～約97）的《論衡・難歲》：

　　　俗人險心，好信禁忌；知者亦疑，莫能實定。是以儒雅服從，工伎得勝。吉凶之書，伐經典之義；工伎之說，凌儒雅之論。今略實論，令親覽；總核是非，使世一悟。〔註21〕

《漢書》批評陰陽家末流被各種禁忌束縛，拘泥於曆數占算，放棄人為的努力，聽憑鬼神旨意行事；《論衡》則批評民間普遍相信所謂的吉凶禁忌，違背經典之義，〈難歲〉一篇便是質疑百姓日常生活均須「避太歲」的習俗，認為是虛妄之說。將這兩段文字並列來看，可以得知東漢時的「禁忌」一詞意義與現代相近，指的是人們為防止超自然力量危害而採取的一切消極辦法。若將「禁忌」的詞義與前述的「禁」與「忌」字義對照，則能推測「禁忌」應該是擷取了「禁」的禁戒之意，以及「忌」的忌諱、禁戒之意，兩相結合成為一個同義複詞，既加強禁戒的含義，又帶有超自然的意味。

　　探討過「禁」、「忌」與「禁忌」三者的意義之後，再來看看《說文解字》的說法。《說文解字》對「禁」與「忌」的解釋如下：

　　　禁：吉凶之忌也。从示林聲。〔註22〕

〔註19〕　「禁」與「忌」在古籍中的所有字義，詳見〔清〕阮元：《經籍纂詁》（臺北：鴻學出版事業有限公司，1989年），卷86，頁860～861、卷63，頁654。為觀察其字義演變，此處僅列出先秦到西漢初年的字義與典籍出處。

〔註20〕　〔漢〕班固撰，〔唐〕顏師古注，〔清〕王先謙補注，〔清〕錢大昕考異：《漢書補注》（臺北：新文豐出版公司，1975年），卷30，頁867。

〔註21〕　〔漢〕王充撰，蕭登福校注：《新編論衡（下）》（臺北：臺灣古籍出版有限公司，2000年），卷24，頁2135。

〔註22〕　〔漢〕許慎撰，〔清〕段玉裁注：《新添古音說文解字注》（臺北：洪葉文化事業有限公司，2005年），1篇上，頁9。

　　　　忌：憎惡也。从心己聲。〔註23〕

《說文解字》對「忌」的解釋是「憎惡也」，取的是「忌」在先秦的第一種含義，承襲古訓；但它對「禁」的解釋卻是「吉凶之忌也」，指人們為了趨吉避凶而實施的各種限制，偏重神祕成分，而未採用更古老且普遍的禁止之義，顯然是在禁忌一詞出現之後，受其影響才將此種解釋當成本義，直接將「禁」等同於禁忌。

　　「禁忌」一詞，在民間口語往往與「忌諱」相通。前面說過「忌諱」的「忌」字，至於「諱」字，原意為禁止直呼人名或鬼神之名。《禮記・曲禮上》言道：

　　　　入竟而問禁，入國而問俗，入門而問諱。〔註24〕

這段話的意思是：進入一個國家的國境之前，就要詢問該國的政教禁令；進入都城之前，就要詢問城中的習俗；進入別人家門之前，就要詢問這個家中避諱提及的名字。一般而言，鬼神、君主及各家中長輩的本名，都不能直接稱呼，也不能說出和其本名相同的字詞，這就是避諱，而避諱的名字也就是禁忌的詞彙。

　　解釋過有關禁忌的字詞名義之後，再來看禁忌的性質。任騁在《中國民間禁忌》中歸納出禁忌具有先驗、消極、迷信這三種性質。〔註25〕英國宗教史學家傑文斯（Frank Byron Jevons，1858～1936）首先在《宗教史引論》中指出，禁忌具有先驗的性質，它起因於人們無須經過任何經驗證實，便認定某些事物是危險的，儘管這些事物實際上未必會帶來什麼有形的危險。〔註26〕英國人類學家弗雷澤則在《金枝》中指出，法術和禁忌同樣建立在交感巫術的規則上，法術是對巫術規則的積極運用，背後思維是「這樣做就會發生什麼事」，目的是要獲得希望的結果；而禁忌則是對巫術規則的消極運用，背後思維是「別這樣做，以免發生什麼事」，目的是要避免不希望的結果。〔註27〕至於禁忌的迷信性質，指的是它經常將不幸事件歸咎於超自然力量，但是，

〔註23〕《新添古音說文解字注》，10篇下，頁515。
〔註24〕〔清〕孫希旦：《禮記集解》（臺北：文史哲出版社，1990年），卷4，頁91。
〔註25〕詳見任騁：《中國民間禁忌》（北京：中國社會科學出版社，2004年），頁27～29。
〔註26〕Jevons, F. B. (1896). *An Introduction to the History of Religion* (pp.86-87). London: Methuen & Co.
〔註27〕〔英〕弗雷澤（Frazer, J. G.）著，徐育新、汪培基、張澤石譯：《金枝》（北京：中國民間文藝出版社，1987年），頁31。

這個性質更精確來說，應該是對因果律的錯誤運用，誤將時間接近的事件聯想在一起，以短期內先發生的特殊事件為因，後發生的不幸事件為果，並把這種偶然巧合當作是必然規律，由此形成了禁忌。〔註28〕

總而言之，禁忌是人們無須驗證便認定某種人、事、物具有危險性，從而在行動上消極地避開這些人、事、物，甚至在言語上也避免提及，藉此防止禍患發生。在中文語境裡，「禁忌」一般與「忌諱」相通，兩者都是透過消極的不作為來避開不吉利的人、事、物，但以字詞本義來說，前者較偏向行為上的禁止，而後者較偏向言語上的避諱。

二、禁忌的產生背景

禁忌的產生背景，就是不確定的環境。波蘭人類學家馬凌諾斯基（Bronislaw Kasper Malinowski，1884～1942）曾在《巫術、科學與宗教》中談到人類對環境的理性控制，據他表示，太平洋美拉尼西亞的超卜連茲群島土著，擁有豐富的農業知識，卻還是會在園藝活動中加入巫術儀式。在他們的觀念裡，園藝活動包含兩個部份：其一是在熟知的條件下，例如植物生長的自然過程，以及可用人力消除的一般蟲害和危險，他們就以知識和工作來處理；其二是面對莫名其妙的不利影響，或意想不到的幸運，例如不可預期的氣候變化，他們就用巫術來應付。

與此類似的觀念區別也體現在捕魚和製作獨木舟上：在礁湖或近海航行、捕魚，海況及漁獲量都很穩定，可以純任知識、技術，而製作用於此處的小獨木舟時也不需使用巫術；但若要航行到外海捕魚，風險及不確定因素大增，這時土著便會使用巫術來祈求平安好運，連製作外海專用的大獨木舟時也不例外。另外，在作戰及醫療方面，也有這種劃分模式，土著憑藉其知識和經驗控制自然因素，而以巫術控制機會和運氣因素。〔註29〕在這裡馬凌諾斯基是將禁忌視為巫術的一部分，亦即某種消極的巫術。綜合歸納起來，巫術和禁忌行使於特殊領域，在風險高、瀰漫著希望與恐懼情緒的場合，便能見到巫術與禁忌；而在可用理性支配的領域，則絕少見到它們。換言之，巫術和禁忌的盛行程度，與不確定性成正比。〔註30〕

〔註28〕萬建中：《禁忌與中國文化》（北京：人民出版社，2001年），頁15～20。
〔註29〕以上詳見〔波蘭〕馬凌諾斯基（Malinowski, B. K.）著，朱岑樓譯：《巫術、科學與宗教》（臺北：協志工業叢書出版股份有限公司，1989年），頁8～18。
〔註30〕金澤：《禁忌探秘》，頁61～62。

這種概念也可在中國古籍裡找到對應。《左傳・桓公十一年》記載，楚國將與貳、軫兩國會盟之前，鄖國卻在蒲騷駐軍，預備聯合隨、絞、州、蓼四國共同攻伐楚國。楚國將軍鬥廉向莫敖屈瑕（？～前699）獻計，要以精銳部隊夜襲鄖國，屈瑕卻打算向楚王請求增援。由於兩人意見不同，屈瑕提議用占卜來抉擇，鬥廉便說：「卜以決疑，不疑何卜？」最終依鬥廉之計，大敗鄖國，完成會盟而歸。〔註31〕

「卜以決疑，不疑何卜？」這句話直接翻譯成白話就是：占卜是用來解決疑惑的，不須疑惑便能決定的事，何必占卜？言下之意便是，可憑人類理智解決的事情，用不著占卜。與此相關的記載還有《尚書・洪範》第七疇「稽疑」：

汝則有大疑，謀及乃心，謀及卿士，謀及庶人，謀及卜筮。〔註32〕

〈洪範〉是藉由殷商遺臣箕子之口，向周武王（前1087～前1043）陳述治國大法。其中在「稽疑」，亦即考察疑惑這個部分，他提到在國政上如果有重大疑慮，君王除了自行謀劃之外，還可以徵詢卿士官員、庶民百姓的意見，並求助於占卜，而占卜還可以依照使用素材再細分為龜卜和筮占兩種。

將《左傳》與《尚書》這兩段記載對比來看，顯然在古人的意識中，也有理性與超自然分流的情況，確定無疑的事，可憑經驗、智慧來解決；前途未明的事，則需要求助於占卜才能做出判斷。占卜一般都被視為一種巫術活動，占卜結果為吉的事項才能施行，而占卜結果為凶的事項則必須停止，不能有所作為，由於後者是以消極方式來避免潛在的凶險，因此其本身即可歸類為禁忌。在這裡我們同樣能見到不確定性所帶來的影響，也印證它是巫術與禁忌誕生的溫床。

在不確定的環境中使用巫術與禁忌，這種行為不僅存在於各種人類社會，甚至存在於動物之間，美國心理學家史金納（Burrhus Frederic Skinner，1904～1990）與朗格（Ellen Jane Langer）均曾透過實驗來探討其中的心理機制。史金納在〈鴿子中的「迷信」〉一文中陳述其實驗過程，首先將鴿子放在一台用按鈕控制的飼料供應機前面，鴿子在嘗試過幾次以後，很快就會發現只要啄一下按鈕，機器就會掉出飼料。接著再將鴿子放進一個每十五秒就會

〔註31〕〔晉〕杜預注，〔唐〕孔穎達正義：《春秋左傳正義》（臺北：藝文印書館，2007年），卷7，頁122。

〔註32〕舊題〔漢〕孔安國傳，〔唐〕孔穎達正義：《尚書正義》（臺北：藝文印書館，2015年），卷12，頁175。

自動掉出飼料的機關箱，鴿子完全無法控制飼料掉出的時間，但牠們仍然相信，自己在飼料掉出來那一瞬間所做的動作，就是獲得飼料的原因，所以牠們會不斷地轉圈、點頭或拍翅膀，好讓飼料掉得更快。〔註33〕朗格則是針對人類的賭博行為來設計實驗，結果發現，人類也會有所謂的「控制錯覺」，以為自己的行為能夠控制局面，但實際上這些行為和輸贏結果並沒有關聯。無論是下注撲克牌、樂透彩還是賽馬，當有可能成功時，人們就會傾向控制競爭與選擇權等因素；當有可能失敗而且會付出代價時，人們就會傾向避免控制任何因素。不過，只要現實迫使人們注意到該情境下的偶然成分，而非原先認定的技術主導一切，控制錯覺就會消散。〔註34〕

　　從以上兩個例子可以發現，人類和動物都會將自己的行為和成敗結果聯想在一起，這種思維方式有助於找出事物規律，建立行為法則，增加存活的機會。但是透過這種思維方式找出的「規律」，未必都是真理，有時候只是奠基於錯誤的聯想之上，將兩件毫不相關的事物當成因與果，而巫術與禁忌，就是在尋找事物規律的過程中出錯，從而建立的錯誤行為法則。

第二節　巫術、占卜與禁忌

　　巫術、占卜、禁忌，這三者之間的關係非常緊密，且服膺於同一套超自然的概念。禁忌的定義前面已說過，它指的是人們無須經過驗證便認定某種人、事、物具有危險性，因而在行動及言語上都消極地避開這些人、事、物，以防止禍患發生。這裡要討論的是巫術與占卜的定義，以及它們和禁忌的關係。

一、巫術與禁忌

　　討論巫術，要從「巫」的字義說起。「巫」字在《說文解字》的解釋如下：

　　巫：巫祝也。女能事無形，以舞降神者也。象人兩褎舞形。與工同
　　意。古者巫咸初作巫。凡巫之屬皆从巫。覡，古文巫。〔註35〕

〔註33〕 Skinner, B. F. (1948). 'Superstition' in the Pigeon. *Journal of Experimental Psychology, 38*(2), 168-172.

〔註34〕 Langer, E. J. (1975). The Illusion of Control. *Journal of Personality and Social Psychology, 32*(2), 311-328.

〔註35〕《新添古音說文解字注》，5篇上，頁203。

「巫」的本義是一種能夠通靈的職業，最早是由能夠事奉無形鬼神，藉由舞蹈請神降臨的女性來擔任。「巫」的字形象一人雙手揮動長袖起舞，中間的「工」是巫者本人，左右兩邊的「人」則是舞動的長袖。巫的職能在《周禮・春官》中有詳細的劃分和介紹：

> 司巫：掌羣巫之政令。若國大旱，則帥巫而舞雩。國有大裁，則帥巫而造巫恒。祭祀，則共匭主及道布及蒩館。凡祭事，守瘞。凡喪事，掌巫降之禮。

> 男巫：掌望祀、望衍，授號，旁招以茅。冬堂贈，無方無算。春招弭，以除疾病。王弔，則與祝前。

> 女巫：掌歲時祓除、釁浴。旱暵則舞雩。若王后弔，則與祝前。凡邦之大裁，歌哭而請。〔註36〕

《周禮》將巫分成男巫和女巫，並設「司巫」一職來統領全部的巫者。司巫負責掌管群巫的政令，當國家發生大旱，就率領群巫舞蹈，舉行雩祭祈雨；當國家發生重大災禍，就率領巫官視察先世巫者的禳災作法，好依照往例行事；舉行祭祀時，則供給安放神主牌的匣子、鋪在供桌上的布巾、盛裝草墊的筐；凡祭祀地祇時，便守著埋藏的犧牲、玉帛；凡遇喪事，便掌管巫者請魂下降之禮。男巫負責在遙祭山川地祇的時候，授予所祭神祇名號，用茅向四方招神；歲終時舉行堂贈之禮，送走不祥及惡夢，所送的方向和距離則不固定；春天招福消禍，以袪除疾病；君王外出弔唁時，就和喪祝一起走在君王前面。女巫負責在每年固定時節到水邊舉行祓祭、用芳香藥草煮水沐浴；發生旱災時則舉行雩祭，舞蹈祈雨；王后外出弔唁時，就和女祝一起走在王后前面；每當國家發生重大災禍時，就哀歌哭泣，請神消災。綜上所述，巫的工作內容雖然複雜，就其功能而言，則不外乎降神、祭祀、祈福、消災、驅邪之類，都是與超自然有關的活動。

　　至於「巫術」一詞，高國藩《中國巫術通史》開篇介紹中國巫術時說：「什麼是中國巫術？中國巫術是我們祖先在東亞這一幅員遼闊的本土，經歷五六千年之久，運用反抗、模仿、交感、蠱道四種巫術方式，實現運用超自然力來控制和改造客觀世界所形成的綜合性的民俗文化，是非物質文化遺產的構成部分。」〔註37〕如果將這段定義裡的中國背景，擴大成舉世通用的原則，「巫

〔註36〕《周禮注疏》，卷26，頁399～400。
〔註37〕高國藩：《中國巫術通史》（南京：鳳凰出版社，2015年），頁1。

術」便可以定義為：運用超自然的力量來控制或改變客觀世界。前面引用《周禮》所述的巫者職能，在試圖透過鬼神等無形力量來進行祈福、消災、驅邪這一部分，即是行使巫術。

巫術的運作原理，主要是建立在錯誤的聯想之上，像是把發生時間相近的兩個事件當成彼此相關，或是誤以為兩樣東西只要外觀相似或是互相接觸過，就能持續互相影響，而後者就是弗雷澤《金枝》所說的「相似律」和「接觸律」。這種運作原理，對巫術與禁忌同樣適用，並可繪成如圖 2-1 的體系。

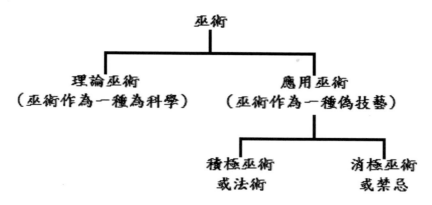

圖 2-1：巫術理論與應用圖〔註38〕

從圖 2-1 可以看出，弗雷澤將禁忌置於巫術體系之下，認為法術與禁忌同樣是巫術原理的應用途徑，法術是積極運用這套原理，透過實施某種行動以獲得想要的結果；禁忌則是消極運用這套原理，透過禁止某種行動來避免不想要的結果。〔註39〕換言之，巫術有廣、狹二義：以廣義來說，只要是運用超自然的力量來控制或改變客觀世界，不論是透過積極或消極的方式，都可稱為巫術，這種定義也將禁忌包含在內；而以狹義來說，就只有積極運用超自然力量來影響世界，才可稱為巫術。本論文之後凡談及「巫術」一詞，主要採用狹義的定義。

二、占卜與禁忌

關於占卜，首先要看「卜」的字義。「卜」字在《說文解字》的解釋如下：

〔註38〕 圖 2-1 取自〔英〕弗雷澤著，徐育新、汪培基、張澤石譯：《金枝》，頁 32。
〔註39〕 〔英〕弗雷澤著，徐育新、汪培基、張澤石譯：《金枝》，頁 20～21、31～32。

卜：灼剝龜也，象灸龜之形。一曰象龜兆之縱衡也。凡卜之屬皆从
卜。〔註40〕

「卜」的本義是燒灼龜甲來占斷吉凶，其字形象燃火灼龜的景象，豎畫「｜」
代表龜甲，篆文中的橫畫「一」在楷書中被寫成一點「、」，象燃起的火焰。
另一種說法則認爲，「卜」的字形象龜兆（燒灼龜甲產生的裂紋）縱橫交錯的
模樣。而在《中華易學大辭典》也補充了一種說法，即「卜」字的發音亦象
灼龜的爆裂之聲。〔註41〕綜合來說，「卜」字原本是形、音、義三者合一的造
字，其字形象燃火灼龜或龜兆裂紋交錯，字音象燒灼龜甲的爆裂聲，而其字
義則專指根據燒灼甲骨所得兆象來占斷吉凶。

　　隨著各種占斷預測之術持續發展，「卜」的字義也有所擴充。例如《廣韻》
對「卜」字的解釋便是：

卜：卜筮。龜曰卜，蓍曰筮。又姓。孔子弟子卜商。博木切十四。
〔註42〕

《廣韻》將「卜」解釋爲「卜筮」，仔細區分起來，使用龜甲占問才叫「卜」，
使用蓍草占問則叫「筮」，但概括來說，單用一個「卜」字即可同時包含兩者。

　　除了透過人爲方式產生龜兆、蓍卦以外，「卜」字還可以涵蓋其他術數。
《周禮・春官・大卜》如此敍述大卜的職能：

大卜：掌三兆之灋，一曰玉兆，二曰瓦兆，三曰原兆。其經兆之體，
皆百有二十，其頌皆千有二百。掌三易之灋，一曰連山，二曰歸藏，
三曰周易。其經卦皆八，其別皆六十有四。掌三夢之灋，一曰致夢，
二曰觭夢，三曰咸陟。其經運十，其別九十。以邦事作龜之八命，
一曰征，二曰象，三曰與，四曰謀，五曰果，六曰至，七曰雨，八
曰瘳。以八命者贊三兆、三易、三夢之占，以觀國家之吉凶，以詔
救政。凡國大貞，卜立君，卜大封，則眂高作龜。大祭祀，則眂高
命龜。凡小事，涖卜。國大遷、大師，則貞龜。凡旅，陳龜。凡喪
事，命龜。〔註43〕

<hr />

〔註40〕　《新添古音說文解字注》，3篇下，頁128。
〔註41〕　《中華易學大辭典》編輯委員會編：《中華易學大辭典》（上海：上海古籍出
　　　　版社，2008年），頁72。
〔註42〕　〔宋〕陳彭年等：《新校宋本廣韻》（臺北：洪葉文化事業有限公司，2007年），
　　　　頁452。
〔註43〕　《周禮注疏》，卷24，頁369～373。

「大卜」這個官職負責占問各種國家大事，以供決策參考，所使用的占問方法包括三兆、三易和三夢。三兆根據龜卜，三易根據蓍卦，三夢則根據夢境，也就是解夢，每種占問方法都有像《周易》卦爻辭一樣具備完整系統的吉凶判讀語彙。在大卜所用的占問方法中，以龜卜最為重要，但蓍卦、解夢也涵蓋在內。夢境內容是偶然產生，不像龜卜和蓍卦都是有意識的產物，「卜」的內容至此拓展到可包含一切占問預測之術，不管占斷吉凶所根據的跡象為何，是有意識抑或無意識的產物，都可歸類為「卜」。

其次來看「占」的字義。「占」字在《說文解字》的解釋如下：

> 占：視兆問也。从卜口。〔註44〕

「占」的本義是觀察徵兆來推測吉凶，特別是龜兆。不過，「占」所觀察的徵兆來源，同樣有從龜兆拓展到其他術數的趨勢，《周禮·春官》所設的占人、占夢兩職即可說明此一現象：

> 占人：掌占龜，以八簭占八頌，以八卦占簭之八故，以眡吉凶。凡卜簭，君占體，大夫占色，史占墨，卜人占坼。凡卜簭，既事，則繫幣以比其命。歲終，則計其占之中否。〔註45〕

> 占夢：掌其歲時，觀天地之會，辨陰陽之氣。以日月星辰占六夢之吉凶，一曰正夢，二曰噩夢，三曰思夢，四曰寤夢，五曰喜夢，六曰懼夢。季冬，聘王夢，獻吉夢于王，王拜而受之。乃舍萌于四方，以贈惡夢，遂令始難歐疫。〔註46〕

占人負責觀察龜兆以及蓍卦的卦象，來判斷吉凶，面對不同身分的問事者，觀察兆象的指標也各不相同，卜簭之後還要將結果記錄下來，繫上禮神用的幣帛，一併收藏入庫，歲終時核對當初的占斷預測是否準確；占夢則配合歲時天象，為君王解夢，季冬時為君王獻上吉夢、驅逐惡夢。綜合兩者來看，「占」的意思仍是觀察徵兆以推測未來吉凶，但所觀察的徵兆內容已經擴充，既可以是人為製造的，如龜兆、卦象之類，也可以是自然隨機產生的，例如夢境。

至於「占卜」一詞，在《中華易學大辭典》的定義及解說則是：

> 龜殼獸骨鑽過孔後，經火一烤，孔的四周立即呈現裂紋，這種裂紋，古人稱為「卜」。最初，人們只把觀察卜兆的形狀，以判定事物吉凶

〔註44〕《新添古音說文解字注》，3篇下，頁128。
〔註45〕《周禮注疏》，卷24，頁375。
〔註46〕《周禮注疏》，卷25，頁381～382。

> 的方法叫「占卜」；到後來，奇門遁甲、「文王課」、六壬、梅花數等
> 方術均稱為占卜。殷代的甲骨文，因大多是占卜的記錄，故有「卜
> 辭」之稱。清代胡煦著有《卜法詳考》，對這種原始的占卜術，考證
> 甚詳。〔註47〕

也就是說，「占卜」一詞和「卜」字的演變過程類似，最初專指觀察甲骨燒灼
裂紋來判定吉凶，後來各種透過人為製造事前徵兆、能用來判斷吉凶的方術，
例如推算地理方向優劣的奇門遁甲、擲錢幣或捻白米來起卦的文王課、用式
盤推算的六壬、觀察萬事萬物來起卦的梅花易數……等等，都能稱為「占卜」。

　　綜合以上關於「占」、「卜」、「占卜」的解說釋義，「占卜」一詞的定義由
窄到寬可分為三類：第一，專指根據燒灼甲骨裂紋來判定吉凶，特別是龜卜；
第二，透過人為方式產生各種徵兆來判定吉凶，但不限定使用什麼方法；第
三，根據徵兆來推知吉凶，而此一徵兆的來源可以是人為創造，也可以是自
然隨機產生。在本論文中，對於「占卜」一詞，主要採用第二種定義，也就
是透過各種人為手法產生徵兆以預測未來，使用方式不限。而在專指燒灼甲
骨占卜的時候，本論文稱為「卜」或「龜卜」；在泛指觀察各種自然或人為徵
兆來判定吉凶的時候，本論文則稱為「占」或「占斷」。

　　占卜和禁忌的關係，主要出現在占得凶兆的時候。占卜得到吉兆，所詢
問的事務就能順利進行；但當占卜得到凶兆時，所詢問的事務就不能進行，
這就符合禁忌以避凶為主的精神。下一節將更詳細論述這種關係，以及它們
的構成體系。

第三節　《周易》與禁忌的關係

　　在未來充滿不確定的情況下，占卜結果吉凶與否，便決定一件帶有冒險
性質的事項能否實行，這種思維方式相當古老且普遍。法國社會學家列維─
布留爾曾在《原始思維》中闡述這種思維方式的運作原則，他主張在原始人
的概念裡，所有人、事、物都會以各種神秘作用互相滲透影響，此一原則可
稱為「互滲律」。以互滲律的觀點來看，會認為在災難發生之前，可能會出現
某些奇異現象，作為災難的預兆，而占卜即是靠人為創造預兆的手段。列維
─布留爾如此論述占卜的起源：

〔註47〕《中華易學大辭典》，頁72。

> 任何奇異現象和以它為朕兆的災難之間是靠一種不能進行邏輯分析
> 的神秘聯繫連結起來的。不過，這些常常起著很難解釋的預兆作用
> 的現象是很少發生的，而原始人所居住的那個世界卻包含著無窮無
> 盡的神秘聯繫和互滲。……假如這些聯繫自己不表現出來，那就有
> 必要迫使它們表現出來。這就是占卜的來源，或者至少是它的主要
> 來源之一。……對原始人來說，占卜乃是附加的知覺。〔註48〕

作為自然預兆的奇異現象既然很少出現，人們卻在許多方面都欠缺掌控能力，需要預兆來指出潛藏的風險，那麼藉由占卜讓預兆浮現，幫助判斷，也是可想而知的事了。前面說過，禁忌是人們主觀認定某種人、事、物具有危險性，進而在言行上避開這些人、事、物，以免除禍患；而占卜的目的是指出潛藏的風險，好決定某件事該做或不該做，因此占卜可以看作禁忌的先導，即先藉由占卜指出危險，再透過禁忌來避免危險發生。

《周易》作為一部卜筮之書，目的同樣在於指出潛藏的風險，可納入占卜與禁忌相連的體系之內，因此本書選擇透過禁忌的視角來研究《周易》。從禁忌的視角出發，可以察知先民如何看待「危險」這一概念，用何種方法避開危險的人、事、物，而這些概念與方法又如何影響後世。以下便先從《周易》的內容字詞和筮卦吉凶這兩方面，來探討它與禁忌之名乃至禁忌之實的關係。

一、《周易》中的「禁」與「忌」

在《周易》文本中，並無「禁忌」一詞，而是「禁」與「忌」兩字分別出現，兩者均見於《易傳》。「禁」字見於〈繫辭下〉：

> 理財正辭，禁民為非，曰義。〔註49〕

唐代孔穎達（574～648）《正義》詮釋此句道：

> 言聖人治理其財，用之有節；正定號令之辭，出之以理；禁約其民
> 為非僻之事，勿使行惡，是謂之義。義，宜也，言以此行之而得其
> 宜也。〔註50〕

用白話來說，〈繫辭下〉這句話指聖人管理財政得當，循正道發號施令，禁止

〔註48〕〔法〕列維‧布留爾（Lévy-Brühl, L.）著，丁由譯：《原始思維》（臺北：臺灣商務印書館股份有限公司，2001年），頁290～291。
〔註49〕《周易正義》，卷8，頁166。
〔註50〕《周易正義》，卷8，頁166。

民眾為非作歹，這樣稱為「義」，也就是合宜的措施。「禁」字在這裡意為「禁止」，是先秦通用的含義。

至於「忌」字則見於〈夬・象傳〉：

〈象〉曰：澤上於天，夬。君子以施祿及下，居德則忌。〔註51〕

這段話前半段是解說〈夬〉的卦形，該卦上半部為「兌」（☱），有澤之象；下半部為「乾」（☰），有天之象。後半段自「君子」以下的含義，則眾說紛紜。三國曹魏王弼（226～249）注解道：

澤上於天，必來下潤，「施祿及下」之義也。夬者，明法而決斷之象也。忌，止也。法明斷嚴，不可以慢，故「居德」以明禁也。施而能嚴，嚴而能施，健而能說，決而能和，美之道也。〔註52〕

這是將〈夬〉卦的澤在天上之象視為水氣，天上的水氣化為雨水落下，潤澤大地，就像君子將福祿廣施下民一樣。而「夬」為「決」的字根，可詮釋為明法決斷，因此「居德則忌」就是君子日常廣施恩德，另一方面則嚴明禁令，禁止邪惡之事，恩威並用。「忌」在這裡訓為「禁止」，衍生意義為「嚴明禁令」，與「禁」相通。

南宋項安世（1129～1208）《周易玩辭》對此則有不同的看法：

祿惡積而喜決，決則及下；德惡決而善積，決則放逸而不為我居矣。是施祿者以決為美，而居德者以決為忌。居訓為積，〔居德猶積〕德也。〔註53〕

這是取「決」字的本義「疏通」來詮釋。福祿如水一般，不宜積累而宜疏通，一旦疏通便廣及下民；德行則不宜疏通而宜積累，一旦疏通便流於放肆。因此廣施福祿之人崇尚「決」，而累積德行之人則忌諱「決」。「忌」在這裡訓為「禁戒」、「不宜」。

清代宋書升（1842～1915）《周易要義》則不依循「夬」通「決」的思路，轉而採用象數方法來解說：

上六在兌體，兌為澤，祿之象。傳主變同人，言上六降二，故言施祿。下為民，指內體。居德，猶言位乎天，德目九五，居上體伏艮

〔註51〕《周易正義》，卷5，頁103。
〔註52〕《周易正義》，卷5，頁103。
〔註53〕〔宋〕項安世：《周易玩辭》（濟南：山東友誼書社，1991年），卷9，頁340。括號內文字據徐志銳《周易大傳新注》所引而補，見徐志銳：《周易大傳新注》（臺北：里仁書局，2003年），卷3，頁368。

之象。忌，畏忌也。巽之象。變同人下互巽，故言居德則忌，蓋以
居天子之位，宜自謹而不忘其敬忌也。〔註54〕

這是說〈夬〉卦的上半部為「兌」（☱），為澤，有福祿之象，當上六爻往下和
九二爻互換，便成為〈同人〉（見圖2-2），就是將福祿廣施下民，與民同心。
而〈夬〉卦九五爻為君位，有天子之德，又包含在「兌」之中，「兌」陰陽全
變後可得「艮」（☶），因此隱含有固定不動之意；〈夬〉變〈同人〉之後，〈同
人〉二至四爻互卦可得「巽」（☴），有畏忌之象，兩者串連起來，則「居德則
忌」便指處於天子之位，應持身謹慎，不忘敬畏行事。「忌」在這裡訓為「畏
懼」。

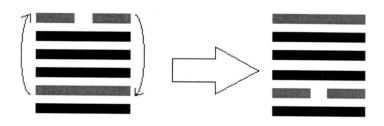

圖2-2：〈夬〉變〈同人〉圖

　　歷代對〈夬・象傳〉的詮釋極多，以上僅就「忌」字含義差別即可找出
三種，依序為：一、嚴明禁令；二、以為禁戒；三、畏忌。如果與同為先秦
時代的典籍互相比較，即可發現第一種解釋有些站不住腳。因為「忌」雖有
忌諱、禁戒之意，「禁」則有禁止及由此衍生的禁令、禁戒之意，兩者在這個
層面上可以相通，但若仔細區分起來，仍然有些差異：「忌」所代表的「忌諱」，
較為通俗化、民間化，不像「禁」所代表的「禁令」，強制性較高。因此，「忌」
在這裡不宜理解為「嚴明禁令」，更何況「嚴明禁令」這一概念在〈噬嗑・象
傳〉「先王以明罰勅法」〔註55〕便已出現過，沒有必要重複。扣除「嚴明禁令」
這一項之後，其他兩種詮釋在這裡都說得通，可以並存。

　　總結《周易》中的「禁」與「忌」，它們在文本中分別有「禁止」及「以
為禁戒／畏忌」的含義，與「禁忌」的概念並不完全相同。所以，若要尋求
《周易》與禁忌的關係，不必侷限在禁忌之名，改由筮卦吉凶這個方向入手，
更能接觸到禁忌之實。

〔註54〕〔清〕宋書升：《周易要義》（濟南：山東友誼書社，1989年），卷3，頁464。
〔註55〕《周易正義》，卷3，頁61。

二、從筮卦吉凶到禁忌

　　任騁《中國民間禁忌》曾提出中國民間禁忌的信仰體系，並繪成示意圖（見圖 2-3）。由圖中可見，整個禁忌體系可分為預知系統、禁忌系統及禳解系統三部分。在預知系統這一部分，先有「象數兆」（在此指自然徵兆）與「卜筮兆」（人為占卜所得徵兆），再透過占驗，也就是對前述徵兆的解讀，才能判定吉凶。在接下來的禁忌系統，則是根據前面的兆示吉凶而形成禁忌，遵守禁忌規範則吉，違犯禁忌則凶。如果不小心違犯了禁忌，就得在災禍降臨前進行禳解，向神祈禱或施法禳災，以求逢凶化吉，這就是禳解系統。〔註56〕

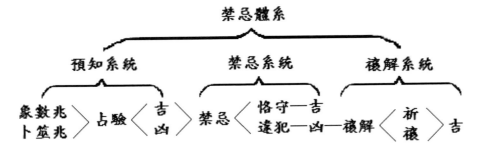

圖 2-3：中國民間禁忌體系圖〔註57〕

　　觀察這個體系可以發現，占驗結果不論吉凶，都與禁忌相連。一般來說，凶兆預示著危險，為了避免危險便產生禁忌，但為什麼吉兆也通向禁忌呢？孔穎達在疏解《周易・繫辭下》「吉凶與民同患」一句時談到：

> 凶者，民之所憂也，上並言吉凶，此獨言同患者，凶雖民之所患，吉亦民之所患也。既得其吉，又患其失。故《老子》云「寵辱若驚」也。〔註58〕

簡單來說，民眾固然對凶兆感到憂慮，但對於吉兆，民眾同樣感到憂慮，因為害怕自己會錯失吉兆所預示的好運，就像《老子》第十三章所說的「寵辱若驚」，獲得榮寵時就跟遇到恥辱時一樣驚恐，因為害怕有朝一日會失去榮寵。為了保證能抓住吉兆所預示的好運，人們同樣制定了種種禁忌，在獲得吉兆後遵守相關的禁忌，以避免失去好運，因而不論徵兆吉凶，都可能伴隨著禁忌。

〔註56〕詳見任騁：《中國民間禁忌》，頁18～26。
〔註57〕圖 2-3 取自任騁：《中國民間禁忌》，頁26。
〔註58〕《周易正義》卷7，頁156。

在這個禁忌體系中,《周易》明顯屬於預知系統。「卜筮兆」的「卜」,指燒灼龜甲、獸骨得兆;「筮」指用蓍草計數得卦,正是《周易》的占卜方法。筮得一卦之後,須參考《周易》卦爻辭來判斷此卦吉凶,《周易》卦爻辭即為輔助判斷的占驗之辭。要實施禁忌,必須先知道危險在何處,才能加以迴避,因此事前的預知系統和執行時的禁忌系統密不可分。《周易》卦爻辭的吉凶判斷,往往便指示了禁忌所在,例如〈小過〉卦的飛鳥是一種動物禁忌,〈離·九三〉的日昃之離是一種天象禁忌,而像「利涉大川/不利涉大川」、「利有攸往/不利有攸往」等占辭,是對人行為的指示,其中「不利」的部分就是禁忌,筮得此卦的人不宜過大河、不宜前往預定地點。從這點看來,《周易》可說是一部禁忌之書。

由於禁忌的目的在於避免危險,以占卜來說,雖然不論得卦吉凶,都隱藏著風險,但以凶卦所預示的危險最為嚴重,其中並不包含任何機運值得冒險一試,僅能採取事先迴避的手段,所以禁忌主要與凶卦有關。故本論文探討《周易》中的禁忌,將以凶卦為主,吉凶參半者居次,吉卦再次;《周易》文本若有針對同一人、事、物的敘述,先全部列出,再透過內容分析比較,將屬於凶象的概念抽出,列為禁忌。在禁忌的認定範圍上,本論文以任騁的中國民間禁忌體系為準,凡《周易》經傳中明確說出禁止事項,或其敘述中帶有靜止、逃離的意涵,即列入禁忌體系中的禁忌系統;透過「凶」、「不利」、「不可」等負面占辭來反對做某件事,便列入禁忌體系中的預知系統;當禁忌事項無法避免,為預防或減輕災禍所採取的補救辦法,則列入禁忌體系中的禳解系統。而在探討這些禁忌的同時,也會分析它們背後運作的思維模式,了解先民為何將某些人、事、物賦予危險的內涵,藉此歸納出先民的宇宙觀念與價值取向。在解讀《周易》的禁忌思維之後,本論文也會論及它在後世的演變發展,以及它如何持續影響著當代社會。

第三章　《周易》中的自然禁忌

　　《周易》中的自然禁忌，顧名思義就是《周易》文本中涉及自然事物的禁忌。而根據上一章所敘述的禁忌體系，這些自然事物可以是預告未來吉凶、提示禁忌所在的自然徵兆，可以是爲了預防無形災難而禁止接觸的危險事物，也可以是在不幸觸犯禁忌後用於消災禳解的輔助媒介或替身。由於《周易》本身性質爲預測未來的卜筮之書，所以書中多數關於自然事物的禁忌，都是以它們爲預測人事吉凶禍福的自然徵兆。《周易·繫辭下》云：

> 古者包犧氏之王天下也，仰則觀象於天，俯則觀法於地，觀鳥獸之
> 文，與地之宜，近取諸身，遠取諸物，於是始作八卦，以通神明之
> 德，以類萬物之情。[註1]

〈繫辭下〉敘述《周易》起源的傳說，認爲在遠古時代，伏羲氏治理天下時，仰頭觀察天文現象，低頭觀察地理法則，又觀察鳥獸的羽毛文采，與不同土地上適宜生長的動物、植物，近則從自己的身體、遠則從外在天地萬物來擷取象徵意涵，於是創造了八卦，用來通達神明的德行，按類區別萬物的情狀。這段文字暗示《周易》的取象範圍廣闊，包含天地萬物與人類自身，不但保留遠古雜占的遺跡，也蘊含大量的自然物象。

　　從〈繫辭下〉的敘述可以看出，《周易》是古人通過觀察個別事物而歸納出的共通原則，整個理論建構的過程都符合理性思維，但考慮到古人的觀察技術較爲原始，推論方法也還不夠嚴謹，據此統整出的原則未必都禁得起反覆檢驗和邏輯辯證，其中純以聯想爲基礎而未經驗證的部分，便摻雜了巫術與禁忌。因此，在《周易》從自然取象，用以預測吉凶的同時，它也主觀認

[註1]　〔魏〕王弼注，〔晉〕韓康伯注，〔唐〕孔穎達正義：《周易正義》（臺北：藝
　　　　文印書館，2015 年），卷 8，頁 166。

定了某些事物隱藏著危險，而這些事物便成為禁忌所在，也是本章所欲探討的主題。

關於《周易》從人類自身取象並形成禁忌的部分，將劃歸下一章「《周易》中的人事禁忌」來分析，而在人類以外，依據天地萬物而形成的禁忌，即是本章研究的範圍，並依照禁忌的對象區分為天象、地理、動物與植物四類。在各類別之下，先從卦爻辭出發，討論其中的禁忌內容，再說明這些禁忌是透過何種思維模式運作，反映了何種宇宙觀念與物我觀念。最後用小結來總結本章的研究成果，統一解釋其思維原理。

第一節　天象禁忌

天象禁忌，源自〈繫辭下〉所說的「仰則觀象於天」，即觀察各種天文現象，並賦予它神秘的性質，以此預測人事吉凶禍福，而其中帶有危險意涵的便成為禁忌。天文現象是自然產生，在工業革命以前受到人類活動影響的程度不大，但它是否預示著危險，則由人類認定，扣除嚴寒酷熱、狂風暴雨、乾旱缺水等會對人類造成實際傷害的狀況，其餘仍被認定具有危險性的天文現象，便屬於禁忌。

古人心目中的天文現象，可區別為兩類，一是日月星辰等天體運行，二是風雨雷電等氣象變化；而《周易》中的天象禁忌也正好包含這兩類，屬於天體運行的有太陽、月相等禁忌，屬於氣象變化的有雷電、雨水等禁忌，反映了當時的禁忌習俗和宇宙觀念。以下依序分別探討。

一、太陽禁忌

在《周易》中，與太陽有關的禁忌分別見於〈復〉、〈離〉、〈豐〉這三卦。

首先是〈復·象傳〉：

〈象〉曰：雷在地中，復。先王以至日閉關，商旅不行，后不省方。

〔註2〕

〈象傳〉首先分析〈復〉的卦形，它上半部為「坤」（☷），有地之象；下半部為「震」（☳），有雷之象。先王效法此卦德行，在至日這天閉關，商人、旅客不出行，君王本人也不出外巡視四方。這條記載實際上已經說出了禁忌的內

〔註2〕《周易正義》，卷3，頁65。

容：在至日這天，禁止出外遠行。至於「至日」是什麼日子，王弼是從「復」的字義來理解：

> 冬至，陰之復也；夏至，陽之復也；故爲復，則至於寂然大靜。先
> 王則天地而行者也，動復則靜，行復則止，事復則无事也。〔註3〕

冬至是陰極復陽的日子，夏至則是陽極復陰的日子，這兩天都是至日，也都符合「復」的含義，也就是物極必反的自然規律。先王仿效這套自然規律，行動至極便靜止下來，到了至日就閉關自省，不執行任何事務。這個禁忌在《禮記・月令》裡面也能找到依據，該篇在仲夏之月提到：

> 是月也，日長至，陰陽爭，死生分。君子齊戒，處必掩身，毋躁，
> 止聲色，毋或進，薄滋味，毋致和，節者欲，定心氣。百官靜事毋
> 刑，以定晏陰之所成。〔註4〕

而在仲冬之月則提到：

> 是月也，日短至，陰陽爭，諸生蕩。君子齊戒，處必掩身，身欲寧，
> 去聲色，禁者慾，安形性，事欲靜，以待陰陽之所定。〔註5〕

將這兩條文字合併來看，夏至這天白晝最長，冬至這天白晝最短，都是陰陽相爭、影響萬物生死的時刻。君子在這兩天都藏身家中，進行齋戒，節制各種聲色娛樂及飲食享受，安定身心，百官也安靜無事、不執行刑罰，以等待陰陽節候改變，穩定下來。

不過，以〈復〉本身卦象而言，它是一陽爻對五陰爻的結構（䷗），相對於夏至是陽極陰生，毋寧更接近冬至這個陰極陽生的節候。《周易集解》引三國東吳虞翻（164～233）解說「至日」一詞便說：「至日，冬至之日。」〔註6〕而南宋朱熹（1130～1200）《周易本義》在〈復・象傳〉這條也如此注解：

> 安靜以養微陽也。《月令》：「是月齋戒掩身，以待陰陽之所定。」
> 〔註7〕

這裡顯然是配合〈復〉的唯一陽爻來說的，他認爲至日閉關不行，是爲了安

〔註3〕 《周易正義》，卷3，頁65。
〔註4〕 〔清〕孫希旦：《禮記集解》（臺北：文史哲出版社，1990年），卷16，頁453。
〔註5〕 〔清〕孫希旦：《禮記集解》，卷17，頁497。
〔註6〕 〔唐〕李鼎祚輯：《周易集解》（臺北：臺灣商務印書館股份有限公司，1996年），卷6，頁131。
〔註7〕 〔宋〕朱熹：《周易本義》，《周易二種》（臺北：大安出版社，2006年），卷1，頁110。

靜保養微弱的陽氣，後面引用〈月令〉的句子是仲冬之月的「以待陰陽之所定」，而非仲夏之月的「以定晏陰之所成」，可見其所指爲冬至，爲陽氣極微之時。

多至諸事不宜的例證還見於《左傳·莊公二十九年》：

> 凡土功，龍見而畢務，戒事也。火見而致用，水昏正而栽，日至而畢。〔註8〕

凡進行土木工事，都要在龍星（角宿、亢宿）清晨出現於東方時，告知民眾，此時相當於現今農曆九月，田間農務已經結束，可以召集民眾做工。到了大火星（心宿二）清晨出現於東方時，相當於農曆十月初，就把各種工具、材料搬到工地；到了水星（營室，即室宿）黃昏出現於天空中央的日子，相當於農曆十月中，就可以樹立牆板；到了多至，就必須結束全部工事。〔註9〕由此可見，多至不僅不宜出外遠行，連工程也不宜持續進行。在此時節，所有人都必須放下工作，在家休養恢復元氣，間接促成闔家團聚過節，就像過年一樣，即所謂「多至大如年」。

其次是〈離〉卦的六二、九三兩條爻辭：

> 六二：黃離，元吉。

> 九三：日昃之離，不鼓缶而歌，則大耋之嗟，凶。〔註10〕

聞一多（1899～1946）《周易義證類纂》將這兩條爻辭列入「妖祥」事類，認爲「離」古同「羅」，爲薄而半透明的絲質布料，凡光線被絲羅遮掩，就會變得朦朧，引申有迷離無光之義；這兩條爻辭指的就是太陽光線變得暗淡朦朧，顏色轉爲紅色或黃色，而以黃色爲吉象。〔註11〕今見馬王堆漢墓帛書《周易》中，「離」字皆作「羅」〔註12〕，可知此說有據。

關於這類特殊的天象，《周禮·春官·眡祲》簡介道：

> 眡祲：掌十輝之灋，以觀妖祥，辨吉凶。一曰祲，二曰象，三曰鑴，四曰監，五曰闇，六曰瞢，七曰彌，八曰敘，九曰隮，十日

〔註 8〕〔晉〕杜預注，〔唐〕孔穎達正義：《春秋左傳正義》（臺北：藝文印書館，2007年），卷10，頁178～179。

〔註 9〕詳見《春秋左傳正義》，卷10，頁178～179。

〔註10〕《周易正義》，卷3，頁74。

〔註11〕詳見聞一多：《周易義證類纂》，《聞一多全集》（臺北：里仁書局，1996年），頁42～44。

〔註12〕鄧球柏：《帛書周易校釋》（長沙：湖南人民出版社，2002年），頁358～360。

想。〔註13〕

「眂祲」這一官職，掌管視察十種自然光學現象的方法，據此觀測妖祥、辨別吉凶。第一種叫做「祲」，為陰陽之氣相侵，指日旁出現紅、黑等異常顏色的雲氣；第二種叫做「象」，指日旁雲氣形狀像成群的赤鳥；第三種叫做「鑴」，指日旁包圍著雲氣，形狀就像眾多用以解結的觿刺向太陽；第四種叫做「監」，指太陽上方出現日珥；第五種叫做「闇」，指日食或月食；第六種叫做「瞢」，指日月光線朦朧不明；第七種叫做「彌」，指白虹彌天或白虹貫日的現象；第八種叫做「敘」，指太陽上方出現有次序如群山的雲氣；第九種叫做「隮」，指上升的雲氣；第十種叫做「想」，指有各種形狀可供聯想的雲氣。〔註14〕

以上十種現象裡頭有八種都和太陽有關，其中第六種「瞢」為日月光線迷離朦朧，正好對應〈離〉卦所指的天象。這類天象從《周易》來看是吉凶參半，日光朦朧發黃是大吉之象，但日昃之時光線朦朧卻是凶象。在殷曆十二時體系中，從中午到日落共可區分為四個時段，依序為日中、日昃、餔時、日入，而「日昃」又稱「昃日」或「昃」。〔註15〕這個時段才剛過中午，太陽略微偏西，按常理而言光線應該還相當明亮，如果此時日光居然朦朧變色，殷紅如血，便是異常天象，古人視為禁忌，如果不敲擊土鼓哀歌，就會帶來凶禍。至於這一凶禍內容為何，依照通行本「則大耋之嗟」，「耋」意為年老，表示對老人不利；若照帛書本「耋」寫作「絰」〔註16〕，「絰」指喪服上用麻布或葛布做的帶子，則表示將有人死亡，這兩種解讀可以並存，也可以互通，理解為將有老人死亡。此外，〈離·九三〉所預示的災禍，也能從太陽象徵帝王的角度來思考，《晉書·天文志·七曜》云：

> 日為太陽之精，主生養恩德，人君之象也。人君有瑕，必露其慝以告示焉。故日月行有道之國則光明，人君吉昌，百姓安寧。人君乘土而王，其政太平，則日五色無主。日變色，有軍，軍破；無軍，喪侯王。其君無德，其臣亂國，則日赤無光。日失色，所臨之國不

〔註13〕〔漢〕鄭玄注，〔唐〕賈公彥疏：《周禮注疏》（臺北：藝文印書館，2007年），卷25，頁382。

〔註14〕以上詮釋參考《周禮注疏》，卷25，頁382～383；韓雲波、郝敬、張莉：《日者觀天錄：《二十四史》中的天象與曆法》（重慶：重慶出版社，2008年），頁133～134。

〔註15〕馮時：《百年來甲骨文天文曆法研究》（北京：中國社會科學出版社，2011年），頁187。

〔註16〕鄧球柏：《帛書周易校釋》，頁360。

昌。日晝昏，行人無影，到暮不止者，上刑急，夏不聊生，不出一年有大水。日晝昏，烏鳥羣鳴，國失政。日中烏見，主不明，爲政亂，國有白衣會，將軍出，旌旗舉。日中有黑子、黑氣、黑雲，乍三乍五，臣廢其主。日蝕，陰侵陽，臣掩君之象，有亡國。〔註17〕

依照《晉書・天文志》的說法，太陽象徵君主，凡君主有過失，太陽便會出現異象示警，每種異象都有對應的災禍。其中與〈離・九三〉相關的日變色有兩種敘述，其一是日變色時，若有戰爭，此役將會大敗；若無戰爭，將有侯王死喪。其二是君主缺乏德行，臣子擾亂國政，太陽就會變色發紅，黯淡無光。若依循這種思路，那麼「大耋之嗟」所預示的死亡還不是降臨在普通的老人身上，而是一國之君，若在戰爭時犧牲的便是本國的軍隊，災禍的規模極爲龐大。

〈離・九三〉的「鼓缶而歌」，指敲擊土鼓哀歌，這是古人應對所有日月災變的方式。《春秋》經文記載莊公二十五年（前 669）夏六月辛未、莊公三十年（前 664）秋九月庚午，以及文公十五年（前 612）夏六月辛丑發生日蝕，人們所採取的對策都相同：「日有食之，鼓，用牲于社。」〔註18〕發生日蝕便擊鼓，並祭祀社神，奉獻犧牲以求庇佑。而在莊公二十五年的《左傳》傳文也提到「非日月之眚，不鼓」〔註19〕，可見凡發生日月災異現象時，都得擊鼓援救。至於擊鼓救日的原因，在《周禮・秋官・庭氏》可以略見端倪：

庭氏：掌射國中之夭鳥。若不見其鳥獸，則以救日之弓與救月之矢

射之。若神也，則以大陰之弓與枉矢射之。〔註20〕

救日月不只依靠擊鼓，也使用弓矢射箭，這是因爲古人相信日月災變是由鳥獸精怪造成的，像是天狗食日、蟾蜍食月之類，必須靠擊鼓或射箭來嚇走牠們，才能救回原本正常的日月。在這裡「日昃之離」既是預兆，也是禁忌，受限於天象不可改變，只能在它對人產生實際危害之前，用擊鼓這種手段來禳解，以爲預防。

其三是〈豐〉卦的六二到九四這三條爻辭：

六二：豐其蔀，日中見斗。往得疑疾，有孚發若，吉。

〔註17〕〔唐〕房玄齡等：《新校本晉書并附編六種》（臺北：鼎文書局，1976 年），卷12，頁317。

〔註18〕《春秋左傳正義》，卷10，頁173、179；同書卷19下，頁336。

〔註19〕《春秋左傳正義》，卷10，頁174。

〔註20〕《周禮注疏》，卷37，頁559。

九三：豐其沛，日中見沫。折其右肱，无咎。

九四：豐其蔀，日中見斗。遇其夷主，吉。〔註21〕

黃玉順《易經古歌考釋》認為〈豐〉卦是一首日食之歌，六二到九四爻辭的「豐其蔀」、「豐其沛」，都有太陽受到遮蔽，極端幽暗的意思；而「日中見斗」、「日中見沫」，指正午時分可見到北斗星，甚至斗杓後的小星，唯有日全食才能見到此等景象。〔註22〕日食屬於上述《周禮・眡祲》所說的「五曰闇」，也是一種自然預兆，在周代以下都被視為凶象，甚至有可能是亡國之兆，但在殷商時代，日食吉凶與否要視占卜結果而定。〔註23〕觀察〈豐〉卦這三條爻辭，可發現它保留了殷商占問日食吉凶的遺緒，並不直接視為凶象，如九四爻說「遇其夷主，吉」，指前往異國作客時，遇到身分與自己相當的在地人，願意提供寄宿〔註24〕，這不僅沒有危險，甚至還是一個好兆頭。另外兩條爻辭則比較耐人尋味，從六二爻的「往得疑疾」與九三爻的「折其右肱」，可知日食若筮得此兩爻，預示出行將得怪病，或折斷右手臂，都會遇到危機，而〈象傳〉也如此解釋九三爻：

〈象〉曰：「豐其沛」，不可大事也。「折其右肱」，終不可用也。

〔註25〕

則是日食發生時不宜做大事，否則將發生意外而導致該事無法繼續執行。從這些敘述看來日食在此似乎該是凶象，但爻辭本身卻下了「吉」或「无咎」的斷辭，認為以上狀況都不嚴重，只要懷抱誠信之心便會有所轉機。六二爻在「往得疑疾」後面便緊接著「有孚發若」，意為有信即可激發志氣，不受幽暗環境影響。在這裡日食原本是禁忌的天象，一旦發生時便不宜出行、不宜做大事，但若以講信修德之法來禳災，則可逢凶化吉，不受原本禁忌束縛。

如果從這些關於太陽的禁忌來分析它們背後的思維模式，第一個可以看出的就是極端與罕見天象比較容易成為禁忌。冬至白晝最短、夏至白晝最長，

〔註21〕《周易正義》，卷6，頁126～127。

〔註22〕黃玉順：《易經古歌考釋》（成都：巴蜀書社，1995年），頁253～254。

〔註23〕張素美：《中國太陽神話傳說研究——遠古的文化、觀念、信仰與崇拜》（高雄：國立高雄師範大學國文學系碩士論文，指導教授：汪志勇，1996年6月），頁607、613～614。

〔註24〕〔清〕王引之：《經義述聞》（南京：江蘇古籍出版社，1985年），卷1，頁5～6。

〔註25〕《周易正義》，卷6，頁127。

是極端天象；日變色或日食，則屬於罕見天象，兩者都是非常狀態。以李豐楙「常與非常」的理論來說，「常」原為下裳，為日常服飾，引申有日常、平常、正常等義；「非常」為非常性的禮服或非工作用的休閒服飾，並由此引申出兩重語意，一是神聖莊重的，二是特異少見的。「非常」作為「常」的反面，具有兩極化的現象，不是非常的好，就是非常的壞，因而產生如違常、反常、異常等義。〔註26〕上一章解釋禁忌的含義時曾提到，「禁忌」在人類學通稱為taboo，本義為「強烈標示的」，引申為「神聖的」、「危險的」、「不可接觸的」；與它相對的詞彙是 noa，意為「常見的」、「世俗的」、「可接近的」。從「常與非常」的思維來看，noa 就是「常」，taboo 則是「非常」，往非常好這方面講，它就有神聖的意思，而往非常壞這方面講，則有危險、不潔的意思。極端、罕見，就是非常，容易給人留下強烈印象，進而認為它帶有強大的力量，需要設下重重禁忌來應對。

第二個就是用巫術或品德禳災的觀念已經出現。〈離·九三〉的「鼓缶而歌」為擊鼓救日，嘗試用敲鑼打鼓的聲響來嚇退想像中的妖魔鬼怪，以避免實際災難降臨到人身上，這是一種巫術行為，屬於事前設防的禁忌禳解。而〈豐·六二〉的「往得疑疾，有孚發若」，要求人在觸犯禁忌惹出怪病時抱持誠信，如此便能振作，逢凶化吉，這是用修身方法來抵禦災難，冀望以正破邪，屬於事後補救的禁忌禳解。〔註27〕禁忌本身雖是消極地不做某些事，以避免災難發生，但先民在面對某些禁忌不可避免時，並不會坐以待斃，而是積極採用各種方法來禳災，無論事前、事後皆然，儘管這些作法未必能對症下藥，但透過人力積極改變命運的觀念已經出現，則殆無疑問。

而以太陽這個禁忌對象而言還可再歸納出第三種思維模式，那就是太陽與生命關係密切，可以互相影響。《莊子·田子方》云：

> 日出東方，而入於西極，萬物莫不比方，有目有趾者，待是而後成
> 功，是出則存，是入則亡。〔註28〕

太陽東昇西落，萬物都追隨著它的運行方向，而人類也依照太陽的運行規律

〔註26〕 李豐楙：《神化與變異：一個「常與非常」的文化思維》（北京：中華書局，2010 年），頁 182～183。

〔註27〕 對以上兩種禳解方法的介紹，詳見任騁：《中國民間禁忌》（北京：中國社會科學出版社，2004 年），頁 599、612。

〔註28〕 〔清〕王先謙：《莊子集解》（臺北：東大圖書股份有限公司，2006 年），卷 5，頁 185。

來安排生活，日出而作，日落而息。太陽對各種生命影響深遠，人類因而爲它賦予神性，又因爲它的運行規律，先民常將它想像成在夜間死去、白晝再生，或者每年到冬至時又復活過來。〔註29〕冬天日照短、萬物衰歇，春夏則日照變長、萬物滋長茁壯，從直觀來看生物的生命週期就像是與太陽同步，這使先民建構出以太陽運行爲秩序的宇宙觀，認爲天地萬物均隨著太陽神的生死變化而同步循環。〔註30〕在舊的生命週期結束，進入新一輪生命週期的過渡期中，人們會借助禁忌來強化「復活」或「再生」的意識。〔註31〕〈復・象傳〉所說的至日閉關，在冬至這天安靜無事，即是透過諸事不宜的禁忌來模擬自然界的休眠狀態，等待白晝變長，以陰陽術語來說是等待一陽復生，而以文化人類學的角度來說則是等待太陽神復活。

如果說〈復・象傳〉的至日閉關，是在反映太陽每年例行的生死循環，那麼針對〈離〉卦太陽變色以及〈豐〉卦日食所設的禁忌禳解方式，就是先民面對太陽意外死亡的應對之道了。太陽變色時機難以預測，而日食發生時間雖有規律可循，但週期比每年的季節循環要長，容易被當成太陽遭遇意外而損傷，基於生命與太陽同步的觀念，先民會設法禳解，以避免自身的生命遭受威脅。用擊鼓救日這種群體巫術來禳災，也是建立在這種同步思維上，即太陽可以影響人類，而人類的行爲也可以反過來影響太陽，人若能挽救太陽的生命，也就能保證人類的生存；相對地，如果採用某種方式來切斷聯繫，也可以避免不利的影響產生，〈豐・六二〉要求人抱持誠信振作，即可逢凶化吉，這其實就是利用修身之法來切斷人與外界的聯繫，如此便能避免受到日食幽暗環境影響，克服邪氣而出現轉機。

二、月相禁忌

與月相有關的敘述，散見於〈小畜〉、〈歸妹〉、〈中孚〉三卦：

〈小畜・上九〉：既雨既處，尚德載，婦貞厲。月幾望，君子征，凶。

〔註32〕

〔註29〕〔加〕弗萊（Frye, H. N.）著，陳慧、袁憲軍、吳偉仁譯：《批評的解剖》（天津：百花文藝出版社，2008年），頁226。

〔註30〕林雪鈴：〈原始生命觀的四個面向及其神話〉，《應華學報》第6期（2010年1月），頁17。

〔註31〕金澤：《禁忌探秘》（臺北：臺灣珠海出版有限公司，1994年），頁126。

〔註32〕《周易正義》，卷2，頁39。

〈歸妹‧六五〉：帝乙歸妹，其君之袂，不如其娣之袂良。月幾望，
吉。〔註33〕

〈中孚‧六四〉：月幾望，馬匹亡，无咎。〔註34〕

三條爻辭都不約而同地指向「月幾望」，也就是將近滿月的時候，爲滿月前一
天。〈小畜‧上九〉後半說在滿月前一天，君子出兵征伐爲凶。〈歸妹‧六五〉
說商王帝乙（？～前 1076）將女兒嫁給周文王，新娘衣飾樸素，不像陪嫁的
妹妹打扮那麼漂亮，而這場婚事在滿月前一天舉行，是個吉日。〔註35〕而〈中
孚‧六四〉則說在滿月前一天，馬匹離群逃走，此事並不嚴重，沒有災殃，
言下之意就是逃走的馬匹將會歸來。綜合這三條爻辭可歸納得知，接近滿月
之時，不宜興兵征伐，但適合結婚，而在畜牧方面也不致有所損失。換言之，
滿月前一天最重要的禁忌，就是禁止出征，即使此役由君子領兵也同樣不利。

「月幾望」這一月相爲何會對不同事項有吉凶差異？徐山認爲「月幾望」
是月亮接近盈滿，爻辭則是從月亮的圓滿狀態聯想到人事的圓滿，如家人團
圓、婚姻美滿等等，君子離家出征就違背了「月幾望」所象徵的團圓之義，
故爲凶；選在此時成婚則切合圓滿之義，故爲吉；馬匹亡失雖然不幸，但在
月亮將圓的美滿氣氛下，仍能无咎。〔註36〕

以上說法雖是從「月圓人團圓」的民俗觀念出發，但其中蘊含人事與月
相連動的宇宙觀，則值得深思。《周易》這套吉凶占斷建立在月相可影響人
間事務的前提上，月亮的盈虧能決定軍事、婚姻、畜牧等多方面的人事成敗。
一般而言，月圓代表著團圓吉慶，接近滿月，意味著蒸蒸日上；月盈轉虧，

〔註33〕《周易正義》，卷 5，頁 119。

〔註34〕《周易正義》，卷 6，頁 133～134。

〔註35〕《左傳‧哀公九年》釋「帝乙」爲微子啓的父親，也就是商紂王的父親。商
代稱呼嫁女爲「歸妹」，「妹」在這裡指少女。「帝乙歸妹」即指商王帝乙將女
兒嫁給周文王。《詩經‧大雅‧大明》：「文王初載，天作之合。在洽之陽，在
渭之涘。文王嘉止，大邦有子。大邦有子，俔天之妹。文定厥祥，親迎于渭。
造舟爲梁，不顯其光。」即是歌詠周文王前往渭水邊境上，親迎商王之女成
婚的景象。帝乙歸妹於周文王的故事，其考證詳見顧頡剛：〈周易卦爻辭中的
故事〉，《古史辨》第 3 冊（臺北：藍燈文化事業股份有限公司，1993 年），頁
1～44。另外，先秦貴族嫁女，常以新娘的妹妹、姪女陪嫁，作爲媵妾，此種
媵婚制度詳見林素娟：《神聖的教化——先秦兩漢婚姻禮俗中的宇宙觀、倫理
觀與政教論述》（臺北：臺灣學生書局有限公司，2011 年），頁 90～93。

〔註36〕徐山：〈釋「月幾望」〉，《長春師範學院學報》第 23 卷第 5 期（2004 年 9 月），
頁 44。

則象徵盛極而衰。在這樣的思維運作下，「月幾望」便成爲吉象，唯獨在軍事方面例外，這是因爲軍事上的吉凶與日常事務相反。《老子》第三十一章言道：

> 君子居則貴左，用兵則貴右。兵者，不祥之器，非君子之器。……
> 吉事尚左，凶事尚右。偏將軍居左，上將軍居右，言以喪禮處之。
> 〔註37〕

君子日常生活以左邊爲貴，用兵時則以右邊爲貴，這是因爲用兵征伐必有死傷，並非吉祥之事。古人吉事崇尚左邊，凶事崇尚右邊，在軍事上是由地位較低的偏將軍居左，主導戰役的上將軍居右，這是仿照喪禮，將用兵當成凶事。〔註38〕這裡是以左右來論述軍事上的貴賤吉凶，但由此也可推斷，從軍事角度看待吉凶之象可能會與日常角度相反，能加強日常福祉的吉象，對軍事而言可能是加強禍害的凶象。從「月幾望」忌征伐，卻宜婚姻、畜牧來看，月圓在古人心目中應該有強化人事力量的作用，因此它在吉事爲吉象，能帶來更多利益；在凶事則爲凶象，因爲它也能擴大傷害。《周易》中關於「月幾望」的禁忌，便是要人們順應天時行動，善用它的強化影響，而不爲其所傷。

三、雷電禁忌

與雷電有關的敘述，集中在〈震〉卦：

〈震〉：亨。震來虩虩，笑言啞啞。震驚百里，不喪匕鬯。

初九：震來虩虩，後笑言啞啞，吉。

六二：震來厲，億喪貝。躋于九陵，勿逐，七日得。

六三：震蘇蘇，震行无眚。

九四：震遂泥。

〔註37〕〔魏〕王弼等：《老子四種》（臺北：大安出版社，2006年），卷上，頁27。
〔註38〕古人日常生活貴左、用兵貴右的原因有二：一是古人宮室建築以坐北朝南爲定格，左爲東方屬陽主生氣，右爲西方屬陰主殺氣；二是多數人慣用右手，在戰爭中右手方便進攻出擊。用兵貴右適用於步兵，戰車兵則貴左，其兵力安排是左弓、右矛、中人御，三人中以「車左」爲首，但爲能隨時應付戰場的變化，「車右」必選勇力之士。以上詳見彭美玲：《古代禮俗左右之辨研究：以三禮爲中心》（臺北：國立臺灣大學中國文學研究所博士論文，指導教授：葉國良，1996年5月），頁221～229；黃聖松：〈《左傳》車右考〉，《文與哲》第9期（2006年12月），頁61～62。

六五：震往來厲，意无喪有事。

上六：震索索，視矍矍，征凶。震不于其躬，于其鄰，无咎。婚媾
有言。〔註39〕

卦辭首先占斷得此卦者運勢亨通，接著敘述當雷電降臨時，人們一開始會感
到恐懼，在確知沒有危害後又談笑自如，即使雷聲之大能使方圓百里之內的
人都感到震驚，主祭者依然鎮定地完成祭祀流程，不會嚇掉手中的匕或打翻
鬯酒。匕在此處指舀酒用的淺匙，鬯則是祭祀中用來澆在地上請神降臨的香
酒，卦辭用這兩樣物品來概括整場祭儀。〔註40〕此卦從卦辭到每條爻辭都包
含了「震」，也就是雷，儘管打雷音量儡人，但它不一定會造成嚴重災害，因
此也決定了此卦的整體寓意是有驚無險。從各條爻辭看來，雷電預示出行無
災、祭祀順利〔註41〕，若遺失財物則不必尋找便能在七日內失而復得，但在
上六爻卻說遇雷電出征為凶，婚事會起口舌爭端，而所謂「无咎」，亦即沒有
災殃，只是因為災害並非降臨在占問者本身，而是發生在鄰居身上。總結來
說，雷電對出行、祭祀、尋回失物是吉象，但對戰爭、婚姻而言卻是凶象，
且災禍可能降臨在占問者以外的人身上，因此雷電發生時禁忌作戰跟結婚。

雷電對特定項目為凶，對其餘項目則無妨礙，究其原因，當是由雷電本
身的特性產生聯想而來。上六爻辭說「震索索，視矍矍，征凶」，指雷聲轟鳴
將人嚇得步履戰慄，眼神驚慌，為怯懦之象，以此行兵則敗，因此於征伐為
凶。〔註42〕這是從被雷聲驚嚇聯想到臨陣怯懦，因而產生雷電來臨時不宜作
戰的禁忌。而「婚媾有言」也同樣是由雷聲聯想而來，打雷時的驚天巨響，
令人聯想到劇烈爭吵的聲音，與婚姻期望的安詳平和相違背，因而禁忌結婚，
以免發生口舌爭端。

除了打雷聲響驚人以外，雷聲與閃電的作用範圍大小有別，也帶來另一
重聯想。雷聲在空曠處常可聲聞數里，但閃電則相對集中在一個目標上，換
句話說，落雷時聲音迴盪傳播的區域遠大於閃電直接襲擊的地帶，能聽到雷
聲的地點未必都會被閃電擊中，因此產生「震不于其躬，于其鄰，无咎」的
說法，亦即雷電所預示的災禍不會降臨在占問者本人身上，而是發生在其鄰

〔註39〕《周易正義》，卷5，頁114～115。
〔註40〕〔清〕王引之：《經義述聞》，卷1，頁29～30。
〔註41〕虞翻說此卦六五爻的事為祭祀之事，見〔唐〕李鼎祚輯：《周易集解》，卷10，
　　　　頁253。
〔註42〕高亨：《周易古經今注》（臺北：樂天出版社，1974年），卷4，頁178～179。

居身上，對占問者自身而言並無災殃。這是從雷電的聲音傳播與實際襲擊範圍不同，進而聯想到「感知禁忌天象」與「遭受對應災禍」的對象可能並不相同，純由占問者自身而論便是有驚無險。

四、雨水禁忌

《周易》中和雨水有關的敘述，散見於〈小畜〉、〈睽〉、〈夬〉、〈鼎〉、〈小過〉等五個卦，可分為「不雨」和「雨」兩類來探討。

首先是不雨，這類包含〈小畜〉卦辭和〈小過〉六五爻辭：

〈小畜〉：亨。密雲不雨，自我西郊。〔註43〕

〈小過・六五〉：密雲不雨，自我西郊。公弋取彼在穴。〔註44〕

兩者都提到「密雲不雨，自我西郊」，從西邊郊外飄來濃密的雲層，但還未下雨，對於這種天象，〈小畜〉卦辭斷定為亨通，〈小過〉六五爻辭則認為趁此時出外射獵必有收穫，「公弋取彼在穴」就是貴族用繫著絲繩的箭來射獵，最後在洞穴中找到射中的獵物。結合兩者來看，則「密雲不雨」算是一種吉利的天象，且宜於狩獵。

其次是雨，這類包含〈小畜・上九〉、〈睽・上九〉、〈夬・九三〉、〈鼎・九三〉等四條爻辭：

〈小畜・上九〉：既雨既處，尚德載，婦貞厲。月幾望，君子征，凶。〔註45〕

〈睽・上九〉：睽孤；見豕負塗，載鬼一車；先張之弧，後說之弧；匪寇，婚媾。往，遇雨則吉。〔註46〕

〈夬・九三〉：壯于頄，有凶。君子夬夬獨行，遇雨若濡。有慍，无咎。〔註47〕

〈鼎・九三〉：鼎耳革，其行塞，雉膏不食，方雨虧，悔，終吉。〔註48〕

〔註43〕《周易正義》，卷2，頁38。
〔註44〕《周易正義》，卷6，頁135。
〔註45〕《周易正義》，卷2，頁39。
〔註46〕《周易正義》，卷4，頁91。
〔註47〕《周易正義》，卷5，頁103。
〔註48〕《周易正義》，卷5，頁113。

〈小畜・上九〉前半說下過雨後，尚可乘車出行，但婦人筮得此爻則有危險。〔註49〕〈睽・上九〉說旅人獨自行走，途中見到豬隻，後面車上的人打扮奇特有如鬼魅，他們先舉起弓箭又放下，原來他們並非來打劫，而是要來迎親成婚，這天遇到下雨，正為吉兆。〈夬・九三〉中後段說君子獨自疾行，遇到下雨而被淋得一身濕，雖然生氣，但沒有災殃。〔註50〕〈鼎・九三〉說鼎耳毀壞，難以搬運，而鼎內的雉雞肥肉又因淋到雨而不能吃，小有困厄，但問題終能解決，歸於吉利。〔註51〕將這四條占斷綜合起來，互相比較，可知降雨大致為一種吉利的天象，宜於婚姻、出行，對宴飲小有妨礙但終歸於吉，唯獨對女子不利。換言之，降雨後女子禁忌出行。

　　將《周易》中關於「雨」和「不雨」的吉凶占斷並列觀察，可發現兩點現象。第一，占問降雨是為了日常事務，而非重大決策。在《周易》中對「雨」或「不雨」的敘述，無關旱澇，較傾向於預測某日氣象如何，對當天計畫要執行的事務是否會造成干擾，因此不論降雨與否，通常只會影響當日的行程，不致造成嚴重的災禍。第二，陰對應「不雨」，陽則對應「雨」。論及「不雨」的〈小畜〉卦辭和〈小過〉六五爻辭，前者為陰卦〔註52〕，後者為陰爻；而論及「雨」的〈小畜・上九〉、〈睽・上九〉、〈夬・九三〉、〈鼎・九三〉等四條爻辭，全是陽爻。後世常以陰對應女子、對應雨水，以陽對應男子、對應乾燥，乃至令女子求雨、男子止雨〔註53〕，但在《周易》的對應系統中並非如此：〈說卦傳〉以坎為水，能潤萬物，為中男；又以離為火，能燥萬物，為中女。〔註54〕換句話說，《周易》雖以陰對應女子、以陽對應男子，但在水火濕燥這方面，則是陰對應火，有乾燥屬性；陽對應水，有濕潤屬性。因此，「雨」出現在陽爻，「不雨」出現在陰卦、陰爻，

〔註49〕 高亨：《周易古經今注》，卷1，頁35～36。「尚德載」通「尚得載」，說見黃玉順：《易經古歌考釋》，頁51；「屬」有危險之意，說見高亨：《周易古經通說》（臺北：樂天出版社，1972年），頁104～105。

〔註50〕 「夬夬」為疾行、急急之意，說見高亨：《周易古經今注》，卷3，頁147；李鏡池著，曹礎基整理：《周易通義》（北京：中華書局，2007年），頁86。

〔註51〕 「悔」有困厄之意，說見高亨：：《周易古經通說》，頁105～107。

〔註52〕 〈小畜〉僅有六四為陰爻，其餘全為陽爻，依照《周易》以少統多的原則，該卦為陰卦。

〔註53〕 詳見〔漢〕董仲舒：《春秋繁露》（上海：上海古籍出版社，1989年），卷16，頁89～90。

〔註54〕 《周易正義》，卷9，頁184～185。

符合《周易》自身的系統規律。而從這種對應系統出發，便可以理解〈小畜‧上九〉爲何禁忌女子在雨後出行，認爲會有危險，這是因爲在《周易》的陰陽對應系統中，女子爲陰、雨水爲陽，兩者的陰陽屬性互相衝突，違背天時便有危厲之虞。

第二節　地理禁忌

地理禁忌，來自〈繫辭下〉所說的「俯則觀法於地」，觀察地理法則，以辨別人事吉凶，避免前往危險地域。《周易》中的地理禁忌，有抽象的方位禁忌，也有針對特定地域、較爲具體的土地禁忌，以下分別述之。

一、方位禁忌

在《周易》中，有關方位的卦爻辭一共九條。除了前面談過的〈小畜〉卦辭和〈小過〉六五爻辭「密雲不雨，自我西郊」提到西方，還有另外兩條爻辭也提到西方，分別爲〈隨‧上六〉及〈既濟‧九五〉：

〈隨‧上六〉：拘係之，乃從維之，王用亨于西山。〔註55〕

〈既濟‧九五〉：東鄰殺牛，不如西鄰之禴祭，實受其福。〔註56〕

〈隨‧上六〉說周王綁好祭品，在西山舉行祭祀；〈既濟‧九五〉則說東鄰的殷人隆重殺牛祭祀，反而不如西鄰的周人進行簡單的禴祭，能實際受到上天福佑。這些提到西方的卦爻辭均爲吉，最後一條則隱含有西勝於東的意味。

提到南方的卦爻辭則有〈明夷〉九三爻辭和〈升〉卦辭：

〈明夷‧九三〉：明夷于南狩，得其大首。不可疾貞。〔註57〕

〈升〉：元亨。用見大人，勿恤。南征，吉。〔註58〕

前者說前往南方狩獵見到明夷，可以獲得大型獵物，但筮得此爻對疾病不利；後者則是一大吉卦，不僅利於會見大人，也利於前往南方征討。兩者合觀，可以看出前往南方適宜狩獵、征戰，也是吉利的方位。

〔註55〕《周易正義》，卷3，頁57。
〔註56〕《周易正義》，卷6，頁136。
〔註57〕《周易正義》，卷4，頁89。
〔註58〕《周易正義》，卷5，頁107。

不過，以上這些卦爻辭都是透過記事敘述或配合某些活動的占問，來間接帶出方位的吉凶；針對特定方位直接說明吉凶的，是以下這三條卦辭：

〈坤〉：元亨，利牝馬之貞。君子有攸往，先迷後得主，利西南得朋，東北喪朋。安貞，吉。〔註59〕

〈蹇〉：利西南，不利東北。利見大人。貞吉。〔註60〕

〈解〉：利西南。无所往，其來復，吉。有攸往，夙吉。〔註61〕

〈坤〉、〈蹇〉、〈解〉三條卦辭，共同指明了「利西南」，以西南方為吉；相對則指明「不利東北」，以東北方為凶。結合〈坤〉卦辭的「君子有攸往」及〈解〉卦辭有關往復的占斷來看，它們是占問出外旅行的吉凶，至於吉凶狀況如何，則以〈坤〉卦辭說得最為明確：前往西南可以「得朋」，前往東北則會「喪朋」，「朋」在這裡可以解釋為「朋貝」或「朋友」〔註62〕，兩者都說得通，即前往西南方可以進財或得到朋友幫助，前往東北方則有可能破財或失去朋友。總結起來，《周易》中的方位禁忌，主要為外出時避免前往東北方，而應前往西南方才吉利，以四方來說則是西勝於東，南優於北。

前人對西南與東北吉凶相對的解釋，傾向從〈說卦傳〉後天八卦方位來談，並搭配陰陽、干支、卦象之類，作為立說根據。〔註63〕在眾多古籍解釋中，大致可分為五類。其一如《周易集解》引虞翻注述東漢馬融（79～166）的卦氣說，便根據《易緯‧乾鑿度》的八卦分值十二月（見圖3-1）〔註64〕，認為在孟秋七月，陰氣開始顯著，而七月建申，與坤代表的六月同樣位在西南方，所以是「西南得朋」；在孟春一月，陽氣開始顯著，而一月建寅位在東北方，與坤六月所在方位相反，所以是「東北喪朋」。〔註65〕

〔註59〕《周易正義》，卷1，頁18。

〔註60〕《周易正義》，卷4，頁92。

〔註61〕《周易正義》，卷4，頁93。

〔註62〕高亨：《周易古經今注》，卷1，頁6～7。

〔註63〕〈說卦傳〉的後天八卦方位，以震為東方，巽為東南，離為南方，坤為西南，兌為西方，乾為西北，坎為北方，艮為東北。詳見《周易正義》，卷9，頁184。

〔註64〕《易緯‧乾鑿度》：「其布散用事也，震生物於東方，位在二月；巽散之於東南，位在四月；離長之於南方，位在五月；坤養之於西南方，位在六月；兌收之於西方，位在八月；乾剝之於西北方，位在十月；坎藏之於北方，位在十一月；艮終始於東北方，位在十二月。」〔清〕趙在翰輯，鍾肇鵬、蕭文郁點校：《七緯（附論語讖）》（北京：中華書局，2012年），卷2，頁32。

〔註65〕〔唐〕李鼎祚輯：《周易集解》，卷2，頁27。

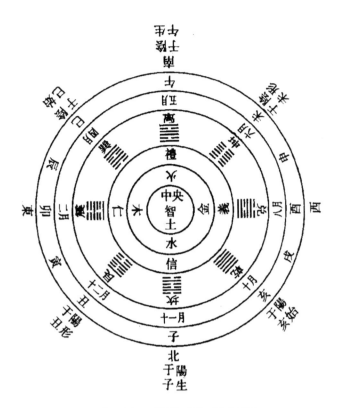

圖 3-1：《易緯・乾鑿度》卦氣圖〔註66〕

　　其二如《周易集解》引虞翻注述東漢荀爽（128～190）的消息說，根據十二月消息卦（見表 3-1），認爲從建午的五月直到建申的七月，依序爲〈姤〉、〈遯〉、〈否〉三卦，和〈坤〉一樣都是陰消卦，所以說「西南得朋」；從建子的十一月到建寅的一月，依序爲〈復〉、〈臨〉、〈泰〉三卦，全都是陽息卦，和〈坤〉不同，所以說「東北喪朋」。〔註67〕

表 3-1：十二月消息卦表

月份	十一	十二	一	二	三	四	五	六	七	八	九	十
卦名	復	臨	泰	大壯	夬	乾	姤	遯	否	觀	剝	坤
陰陽	陽息卦						陰消卦					

〔註66〕圖 3-1 取自朱伯崑：《易學哲學史（第一卷）》（臺北：藍燈文化事業股份有限公司，1991 年），頁 203。
〔註67〕〔唐〕李鼎祚輯：《周易集解》，卷 2，頁 27。

其三如《周易集解》引虞翻注的月體納甲說，以八卦比附月相盈虧來解《易》（見圖 3-2）〔註 68〕，認爲震卦代表的新月出現在西方庚位，兌卦代表的上弦月出現在南方丁位，從震到兌，月亮逐漸盈滿，因此說「西、南得朋」；乾卦代表的滿月出現在東方甲位，坤卦代表的月晦從東方乙位消失，隱藏於北方癸位，由乾至坤，月亮逐漸虧損，因此說「東、北喪朋」。〔註 69〕

圖 3-2：虞翻月體納甲圖〔註 70〕

其四如《魏晉南北朝易學書考佚》引三國曹魏王肅（195～265）的陰陽卦位說，認爲西方的坤、兌，南方的巽、離，這兩個方位所代表的卦都屬陰，與坤爲同類，所以說「西、南得朋」；東方的艮、震，北方的乾、坎，這兩個方位所代表的卦都屬陽，與坤並非同類，所以說「東、北喪朋」。〔註 71〕

其五則如王弼、孔穎達於《周易正義》注解〈蹇〉卦辭，從八卦卦象立說，認爲西南方屬坤，坤有地之象，平坦易行；東北方屬艮，艮有山之象，

〔註 68〕虞翻注〈繫辭上〉「縣象著明，莫大乎日月」云：「謂日月縣天，成八卦象。三日莫，震象出庚；八日，兌象見丁；十五日，乾象盈甲；十七日旦，巽象退辛；二十三日，艮象消丙；三十日，坤象滅乙。晦夕朔旦，坎象流戊；日中則離，離象就己。戊己土位，象見於中，日月相推而明生焉。故縣象著明，莫大乎日月者也。」〔唐〕李鼎祚輯：《周易集解》，卷 14，頁 350。

〔註 69〕〔唐〕李鼎祚輯：《周易集解》，卷 2，頁 27。

〔註 70〕圖 3-2 取自朱伯崑：《易學哲學史（第一卷）》，頁 272。

〔註 71〕黃慶萱：《魏晉南北朝易學書考佚》（臺北：幼獅文化事業公司，1975 年），頁41～42。

險阻難行，因此說「利西南，不利東北」。〔註72〕

　　以上這些注解，都有不足之處。像馬融的卦氣說、荀爽的消息說、虞翻的月體納甲說，都是將原本卦辭中並不存在的節氣、月份、月相拉進來討論，流於穿鑿附會；而王肅的陰陽卦位說和王弼、孔穎達的八卦卦象說，也只適用於單一卦辭，不能三卦皆通。以陰陽屬性而言，〈坤〉卦固然六爻皆陰，適合前往眾陰卦代表方位，但〈蹇〉卦上半部為「坎」（☵）、下半部為「艮」（☶），〈解〉卦上半部為「震」（☳）、下半部為「坎」（☵），都是陽卦，其卦辭仍然不利陽卦方位，顯然不能用陰陽屬性解釋。而以八卦卦象而言，〈坤〉卦有地之象，〈蹇〉卦下半部為艮，有山之象，以卦象所代表的地形解釋還算合理，但〈解〉卦既不包含坤，也不包含艮，其卦辭仍說「利西南」，便不易從八卦卦象索解。

　　今人在解讀西南與東北吉凶對立的情形時，則傾向從歷史文化方面著手。這種詮釋可分為兩類，其一是從殷周對立的情勢來談。胡樸安（1878～1947）於《周易古史觀》釋〈坤〉卦辭時便說：

> 西南得朋東北喪朋者，言文王之國在西南，君賢民和，往西南必得朋也。紂之都在東北，君暴民乖，往東北必喪朋也。〈蹇〉卦之利西南，不利東北，是其事也。〔註73〕

胡樸安主張周文王之國都在西南，政治清明，商紂王之國都在東北，政治混亂，因此前往西南有利，前往東北則不利。屈萬里（1907～1979）也抱持類似的觀點：

> 今按卦爻辭作於周武王之時，成於周人之手，其辭頗有寓宣傳於卜筮之意。〈既濟·九五〉：「東鄰殺牛，不如西鄰之禴祭，實受其福。」即《詩·大雅·皇矣》「乃眷西顧，此維與宅」之比，以示天命之歸周，是其最顯著者也。西南東北諸語，義亦類此。蓋殷都洹水之濱，周在渭水之域，一居東北，一在西南。周人冀殷人之附己，而惡周人之歸殷，故於征行之人，告其來西南則利，則得朋，往東北則否，

〔註72〕《周易正義》，卷4，頁92。更多關於《周易》方位吉凶的傳統注解，詳見梁韋弦：〈坤卦卦辭「西南得朋，東北喪朋」的解釋及相關問題〉，《古籍整理研究學刊》第4期（2004年7月），頁49～51；曾宣靜：《《周易》經傳方位觀念研究》（臺北：國立臺灣大學中國文學研究所碩士論文，指導教授：鄭吉雄，2005年7月），頁58～91。

〔註73〕胡樸安：《周易古史觀》（臺北：明文書局，1989年），卷上，頁6。

以遂其天與人歸之願，其揆諸情勢而可信者也。……〈坤〉、〈蹇〉、
〈解〉三卦卦辭，無論作於伐殷之前，抑或克殷之後，其冀人之違
東北而來西南，則一也。〔註74〕

屈萬里不僅認為西南指周人國都，東北指殷商國都，並且更進一步主張卦爻
辭成於周人之手，帶有周人的政治宣傳，如〈既濟‧九五〉「東鄰殺牛，不如
西鄰之禴祭，實受其福」，說殷人殺牛大祭卻不如周人簡單禴祭便獲得福佑，
這類爻辭就和《詩經‧大雅‧皇矣》宣稱上帝「乃眷西顧，此維與宅」一樣，
都是表達周人已獲得天命眷顧；而〈坤〉、〈蹇〉、〈解〉三卦卦辭，就是用來
告訴遠行之人，前來西南歸附周國則有利，前往東北歸附殷商則不利，藉此
達成吸引民眾歸附以壯大本國的政治目的。

其二是從周人在殷末周初的所有敵國與友邦來談。《史記‧周本紀》言道：
成王在豐，使召公復營洛邑，如武王之意。周公復卜申視，卒營築，
居九鼎焉。曰：「此天下之中，四方入貢道里均。」作〈召誥〉、〈洛
誥〉。〔註75〕

周成王時，周公、召公在相當於現今河南洛陽之處興建了洛邑，以此為天下
的中央，從四方各國到這裡進貢的路程都相等。由此可以確定周人認定的天
下中央位置在洛陽，其他方位都是以洛陽為準來判定東西南北。韓文濤主張，
從自然環境來說，洛陽位於黃河中下游的分界點上，往西地勢高平，環境乾
燥，往東則地勢低窪，容易洪水氾濫；往北光照不足，氣候寒冷，往南則光
照充足，氣候溫暖，結果便是西南方比起東北方更適宜人類生存。從政治形
勢與民族問題來說，殷商先祖源自東方，周人先祖源自西方，殷、周曾聯合
對抗的鬼方部族來自北地，而曾協助武王伐紂的庸、蜀、羌、髳、微、盧、
彭、濮等八國友邦，則分別來自西方、西南方及南方。〔註76〕因此對周人而
言，在殷末周初這段時期，東北方多敵人，是危險之地；西南方則多盟友，
是安全之地，這一想法便在卦爻辭留下痕跡。〔註77〕

───────────────

〔註74〕屈萬里：《書傭論學集》（臺北：聯經出版事業公司，1984年），頁34～35。

〔註75〕〔漢〕司馬遷撰，〔南朝宋〕裴駰集解，〔唐〕司馬貞索隱，〔唐〕張守節正義：
《史記》（臺北：金川出版社，1982年），卷4，頁133。

〔註76〕詳見《尚書‧牧誓》，屈萬里：《尚書集釋》（臺北：聯經出版事業股份有限公
司，2006年），頁110～112。

〔註77〕以上詳見韓文濤：〈論《周易》方位吉凶對立──以「西南」與「東北」為中
心〉，《合肥師範學院學報》第34卷第4期（2016年7月），頁34～38。關於
〈坤〉卦辭從古至今所有類別的注解與評論，詳見陳廖安：〈論《易‧坤》之

　　以上是由自然與人文的雙重因素，來解釋西南與東北的吉凶對立。值得注意的是，這些僅是針對出外遠行所做的方位吉凶詮釋，而在周人的思維模式中，西南與東北的對立關係，已從戶外空間延伸到日常居處活動的空間。例如《詩經・小雅・斯干》說「築室百堵，西南其戶」〔註78〕，就是建築房屋時，將門戶開向西方、南方；室內的西南隅稱為「奧」，為室內的尊位，是一家之主日常起居之處，為人子者地位卑微不能使用〔註79〕；而在《儀禮》中，主人在中庭迎接賓客時，一般都是主人面朝西南，賓客面朝東北，但是當賓客身分高於主人時，則由賓客面朝西南，主人面朝東北。〔註80〕從這裡可以看到，周人將地理空間上東北危險、西南安全的實際印象，歸結為「利西南，不利東北」的抽象方位禁忌，再轉化成「西南尊，東北卑」的空間尊卑概念，將人類居處空間對應自然地理空間，再次凸顯出順應自然的宇宙觀。

二、土地禁忌

　　《周易》中關於土地的禁忌有兩類，一是山林幽谷，二是沙灘、泥灘。對山林幽谷的禁忌，見於〈屯・六三〉、〈困・初六〉兩條爻辭：

　　　　〈屯・六三〉：即鹿無虞，惟入于林中，君子幾不如舍，往吝。〔註81〕

　　　　〈困・初六〉：臀困于株木，入于幽谷，三歲不覿。〔註82〕

　　〈屯・六三〉的「鹿」字，王弼讀如本字，王肅、虞翻則讀作「麓」。〔註83〕

「西南得朋東北喪朋」〉，賴貴三等編：《春風煦學集——黃慶萱教授七秩華誕受業論集》（臺北：里仁書局，2001 年 4 月），頁 5～30。

〔註78〕 〔漢〕毛亨傳，〔漢〕鄭玄箋，〔唐〕孔穎達正義：《毛詩正義》（臺北：藝文印書館，2007 年），卷 11-2，頁 384。

〔註79〕 《禮記・曲禮上》：「為人子者，居不主奧。」見〔清〕孫希旦：《禮記集解》，卷 1，頁 20。

〔註80〕 例如〈士相見禮〉：「凡燕見于君，必辯君之南面。」因君身分高於臣，所以臣燕見君時，君面朝南，臣面朝北。又如〈覲禮〉：「諸侯前朝，皆受舍於朝。同姓西面北上，異姓東面北上。」因王身分高於諸侯，所以諸侯覲見王時，一律登階北上，但同姓諸侯身分高於異姓諸侯，所以同姓諸侯面朝西，異姓諸侯面朝東。詳見〔漢〕鄭玄注，〔唐〕賈公彥疏：《儀禮注疏》（臺北：藝文印書館，2007 年），卷 7，頁 73、卷 26 下，頁 320。

〔註81〕 《周易正義》，卷 1，頁 22。

〔註82〕 《周易正義》，卷 5，頁 108。

〔註83〕 《經典釋文》「即鹿」注：「王肅作『麓』，云山足。」見〔唐〕陸德明：《經典釋文》（臺北：藝文印書館，2015 年），卷 1，頁 195。又虞翻曰：「艮為山，山足稱『麓』，麓，林也。三變體坎，坎為叢木，山下，故稱『林中』。」見

前者意為君子追獵野鹿，沒有虞人引導驅趕，鹿便逃入山林之中，此時與其繼續追趕，還不如放棄，因為就算再前進也還是一無所獲；後者意為君子接近山腳下，沒有虞人帶領，便進入山林，此時與其繼續前進，還不如放棄，以免迷路。〈困‧初六〉則說人迷途進入幽暗深谷，坐困於林木之中，三年不見蹤影。從這兩條爻辭看來，山林幽谷之類的區域應為禁忌之地，沒有嚮導不能隨意進入，否則非但不能捕獲獵物，還有可能迷失在深林之中。這種禁忌乍看之下好像是純粹的生活經驗，實際上它還包含了對山林土地的敬畏，任何人都不得隨意侵擾山林。〈屯‧六三〉的「虞」是一種官職，《周禮‧地官‧山虞》記載其職能道：

> 山虞：掌山林之政令，物為之屬而為之守禁。仲冬斬陽木，仲夏斬陰木。凡服耜，斬季材，以時入之。令萬民時斬材，有期日。凡邦工入山林而掄材，不禁。春秋之斬木不入禁。凡竊木者有刑罰。若祭山林，則為主而脩除，且蹕。若大田獵，則萊山田之野；及弊田，植虞旗于中，致禽而珥焉。〔註84〕

簡單來說，「山虞」這個官職負責管理山林，在山林周圍設下藩界標明禁區，隨時看守。只有在仲冬、仲夏及國家重大工程需要時，才允許伐木，其他時間都禁止採伐。祭祀山林的時候，山虞就負責主持祭典、整理場地；而在進行大規模狩獵的時候，山虞便負責除草、立旗，以便眾人前往清點所獲獵物。這裡最關鍵的一點在於，山林需要祭祀，這表示先民不隨便進入山林的原因，並不僅僅是為了保證資源永續，更重要的是將山林視為神靈的觀念，使人認為它神聖不可侵犯，而林中的鳥獸草木都歸神靈所有，不能任意奪取。《禮記‧祭法》解釋了祭祀山林的理由：

> 山林、川谷、丘陵，能出雲，為風雨，見怪物，皆曰神。有天下者祭百神。諸侯在其地則祭之，亡其地則不祭。〔註85〕

在先民心目中，山林、川谷、丘陵，能產生雲氣、風雨，偶爾還會出現異象，

〔唐〕李鼎祚輯：《周易集解》，卷2，頁40。清代李道平曾舉兩例證明「鹿」、「麓」古字相通，一是《詩經‧大雅‧旱麓》「瞻彼旱麓」，在《國語‧周語下》或引作「瞻彼旱鹿」；二是《春秋‧僖公十四年》經文「秋八月辛卯，沙鹿崩」，《穀梁傳》解經說「林屬於山為鹿」。見〔清〕李道平撰，潘雨廷點校：《周易集解纂疏》（北京：中華書局，2012年），卷2，頁101。
〔註84〕《周禮注疏》，卷16，頁247～248。
〔註85〕〔清〕孫希旦：《禮記集解》，卷45，頁1194。

它們都有神靈，一般稱爲「地祇」。天子領土遍及天下，他可以祭祀天下所有神祇，而諸侯則祭祀自己封地內的山林、川澤，不在自己境內的則不祭祀。各處山林幽谷，都是土地的一部分，圍繞這些地方而產生的禁忌，其實是建立在土地皆有神的思維之上。

如同前述的方位禁忌，周人也將自然觀念對應到人事上。《禮記・喪大記》記載君王以下的喪禮流程，其中一個環節稱爲「復」，也就是招魂，這個環節甚至有專人負責：

　　復，有林麓則虞人設階，無林麓則狄人設階。〔註86〕

君王剛斷氣時，如果該地接近山林，便由虞人登階，爬上屋頂招魂，如果該地沒有山林，則由下級官吏爬上屋頂招魂。顯然在周人的靈魂觀念裡，亡魂就像活人一樣，也會迷失在山林之中，因此需要由熟悉山林路徑的虞人作爲嚮導，引領亡魂走出山林，回到家中。這是將自然禁忌從生前世界延續到死後世界。

對水邊沙灘、泥灘的禁忌，見於〈需〉卦的九二、九三這兩條爻辭：

　　九二：需于沙，小有言，終吉。

　　九三：需于泥，致寇至。〔註87〕

前者說待在沙灘上，將導致一場小規模的爭吵，不過最終仍歸之於吉，平安無事。後者則說待在泥灘上，將招致賊寇前來搶掠。由此看來，水邊的沙灘、泥灘是禁忌的地域，不宜久待，否則輕者會招來口舌是非，重者甚至會招來賊寇。按照一般邏輯思考，待在水邊的沙灘、泥灘上，應該是要提防洪水暴漲，但爻辭說的卻是吵架、搶劫之類的人爲禍患，跟所處地域形勢沒有直接關聯，因此可以推斷這種禁忌應該是根據某種聯想而產生的。

從待在沙灘、泥灘跳躍到爭吵、劫掠，這中間的聯想關鍵可能就在土壤質地上。站在沙灘上，比站在乾燥陸地上稍微困難些，但並非完全辦不到，由此聯想到人事上的小麻煩，再由踩在沙子上的細碎聲音聯想到小型爭吵，只是這聲音並不影響人在沙灘上佇立，因而說「終吉」。而站在泥灘上，由於泥質鬆軟，踏在上面容易身陷其中，進退不得，由此聯想到人事上的嚴重困境，例如盜匪前來搶劫，無論抵抗或投降都同樣冒著生命危險。不過，〈象傳〉對〈需・九三〉這樣的困境，仍然抱有希望，堅持說：「『需于泥』，災在外也。

〔註86〕 〔清〕孫希旦：《禮記集解》，卷43，頁1132。
〔註87〕 《周易正義》，卷2，頁32。

自我『致寇』，敬慎不敗也。」認爲即使待在泥塗之中，其災禍仍是來自外界，可以靠本身努力改變，就算招來了賊寇，還是能靠本身的敬慎小心來扭轉局勢，不致落敗。從這裡我們可以看到，原本爻辭中針對水岸泥沙的禁忌是建立在錯誤的聯想之上，認爲涉足自然險境，也會導致不相干的人事風險；〈象傳〉承襲卦爻辭而來，它並不否定這種禁忌思維，但它強調人有改變命運的能力，賦予人主動地位，與前述〈豐〉卦中以講信之法應對災禍遙相呼應。從禁忌體系而言，〈象傳〉是將部分卦爻辭中已萌芽的修德禳災觀念再次發揚光大，不再完全受制於禁忌，綁手綁腳。

第三節　動物禁忌

動物禁忌，源自〈繫辭下〉所說的「觀鳥獸之文」，而又更加擴張其觀察範圍，「觀鳥獸之文」從字面上來說是觀察鳥獸的羽毛文采，以此擷取象徵意涵、預測吉凶，是一種物占。但在實務層面上，以動物爲占的方式並不限於觀察牠們的外觀，牠們的叫聲、行動、棲息地帶，以及牠們被打來作爲獵物時的狀態，都能用來預測吉凶，也可以取用牠們身體的一部分來占卜，最後一種甚至獨立出來成爲甲骨占卜，並蔚爲大宗。《周易》以動物爲占的地方極多，從牠們生前的狀態，到牠們成爲獵物的狀況，都能用來預測未來得失；而在預測之外，動物作爲羹餚或占卜道具亦有其禁忌，牠們也被用來作爲消災禳解的巫術媒介，可說是將動物的神秘性質利用得相當徹底。本節便將《周易》用以取象的動物，按照本身物種區分爲水族、鳥類、走獸三類，放在禁忌體系之下一一探討。

值得注意的是，《周易》雖包含大量從動物取象的卦爻辭，但並非每種取象都與禁忌有關，也有一些是採用引申義、假借義，或類似《詩經》的比興用法。例如「它」本義爲蛇，象蛇身體彎曲、尾巴下垂之形〔註88〕，但在文字詮釋上，或以同音假借爲其他的「他」，或從蛇會潛伏在暗處突然攻擊人，

〔註88〕《說文解字・它部・它》：「它：虫也。从虫而長，象冤曲垂尾形。上古艸尻患它，故相問：『無它乎？』凡它之屬皆从它。蛇，它或从虫。」是「它」本義爲蛇，上古之人居住在草地中，容易受到蛇類攻擊，因此互相問候時都說：「無它乎？」字面直譯就是：「沒有遇到蛇吧？」其內涵和後世互相問候時說「不恙」、「無恙」類似，意思都是「沒有遇到什麼意外事故吧？」見〔漢〕許慎撰，〔清〕段玉裁注：《新添古音說文解字注》（臺北：洪葉文化事業有限公司，2005年），13篇下，頁684～685。

引申為意外憂患，此字在卦爻辭中凡三見，都是用假借義或引申義〔註89〕；而「蠱」本指食物在器皿中腐敗生蟲，但〈序卦傳〉云：「蠱者，事也。」〔註90〕因此該字在〈蠱〉卦中都訓為「事」。又如〈未濟〉卦辭「小狐汔濟」是以小狐狸貿然渡河來比喻人魯莽行事，〈中孚・九二〉「鳴鶴在陰」則是從鶴鳴起興，再談到飲酒同樂。以上這些都是文字的不同用法，或文學上的修辭手法，而非陳述動物禁忌。至於一些與狩獵有關的卦爻辭，例如〈解・九二〉「田獲三狐」、〈巽・六四〉「田獲三品」，內容雖然涉及動物，但只是占問狩獵將有何收穫，並非由動物而產生的物占，動物本身不帶有禁忌意味，因此不在本節討論之列。

一、水族禁忌

　　《周易》裡關於水中動物的禁忌，體現在龍、龜、魚這三種動物身上。涉及龍的卦爻辭，主要見於〈乾〉卦：

　　　　初九：潛龍勿用。

　　　　九二：見龍在田，利見大人。

　　　　九四：或躍在淵，无咎。

　　　　九五：飛龍在天，利見大人。

　　　　上九：亢龍有悔。

　　　　用九：見羣龍无首，吉。〔註91〕

　　以及〈坤〉卦上六爻辭：

　　　　上六：龍戰于野，其血玄黃。〔註92〕

〔註89〕「它」字在卦爻辭中一共出現三次，包括〈比・初六〉「終來有它吉」、〈大過・九四〉「有它吝」、〈中孚・初九〉「有它不燕」。見《周易正義》，卷2，頁37、卷3，頁71、卷6，頁133。在王弼、孔穎達、程頤、朱熹等傳統注解中，「它」字均假借為「他」，意為其他。而在近人注解中，或根據《說文解字》的釋義，以及殷墟甲骨卜辭的「有它」、「亡它」之例，將「它」引申為意外憂患，相關詮釋見于省吾：《雙劍誃易經新證》（臺北：藝文印書館，1959年），卷2，頁61～62；高亨：《周易古經今注》，卷1，頁31～32；張立文：《周易帛書今注今譯》（臺北：臺灣學生書局，1991年），頁259。

〔註90〕《周易正義》，卷9，頁187。「蠱」字的各種訓解論證詳見第四章第二節「一、性別禁忌」。

〔註91〕《周易正義》，卷1，頁8～10。

〔註92〕《周易正義》，卷1，頁20。

從〈坤・上六〉說龍在荒野相鬥流血，可知「龍」的原型應為具體可見的生物。「龍」是象形字，在甲骨文及金文中都是巨口尖牙、身長彎曲的模樣，類似爬蟲類動物；而 1987 年在河南濮陽西水坡出土的蚌殼擺塑龍形，體型比例則與鱷類一致，因此「龍」的原型可能是上古鱷類，後來被神化為水陸空三棲、體型伸縮自如的靈獸。〔註 93〕《左傳・昭公二十九年》曾論及上古飼龍的歷史：

> 秋，龍見于絳郊。魏獻子問於蔡墨曰：「吾聞之，蟲莫知於龍，以其不生得也，謂之知，信乎？」對曰：「人實不知，非龍實知。古者畜龍，故國有豢龍氏，有御龍氏。」獻子曰：「是二氏者，吾亦聞之，而〔不〕知其故，是何謂也？」對曰：「昔有飂叔安，有裔子曰董父，實甚好龍，能求其耆欲以飲食之，龍多歸之，乃擾畜龍以服事帝舜，帝賜之姓曰董，氏曰豢龍，封諸鬷川，鬷夷氏其後也，故帝舜氏世有畜龍。及有夏孔甲，擾于有帝，帝賜之乘龍，河、漢各二，各有雌雄，孔甲不能食，而未獲豢龍氏。有陶唐氏既衰，其後有劉累，學擾龍于豢龍氏，以事孔甲，能飲食之，夏后嘉之，賜氏曰御龍，以更豕韋之後。龍一雌死，潛醢以食夏后，夏后饗之，既而使求之，懼而遷于魯縣，范氏其後也。……龍，水物也，水官弃矣，故龍不生得。不然，《周易》有之，在〈乾〉（☰）之〈姤〉（☴）曰『潛龍勿用』，其〈同人〉（☲）曰『見龍在田』，其〈大有〉（☲）曰『飛龍在天』，其〈夬〉（☱）曰『亢龍有悔』，其〈坤〉（☷）曰『見群龍無首，吉』，〈坤〉之〈剝〉（☶）曰『龍戰于野』。若不朝夕見，誰能物之？」〔註 94〕

魯昭公二十九年（前 513）秋天，龍出現在晉國國都絳的郊外，魏獻子（約前565～前 509）便向太史蔡墨問起龍的事蹟。根據蔡墨的說法，上古帝舜時有豢龍氏，夏代則有御龍氏，都以善於飼養龍而封官；龍是水中動物，自從水官廢除，不再飼養龍之後，人們便無法得到活生生的龍了。《周易》中〈乾〉、〈坤〉兩卦都以龍取象，如果不是早晚常見的生物，誰能夠描述牠的型態呢？

〔註93〕 詳見孫劍秋：〈易經中的龍〉，《臺北師院語文集刊》第 6 期（2001 年 6 月），頁 44～47；黃交軍：〈從《周易》到《說文解字》——論「龍」在中國先民文化中的形象流變〉，《貴陽學院學報（社會科學版）》第 31 期（2013 年 2 月），頁 63～64。
〔註94〕 《春秋左傳正義》，卷 53，頁 922～925。

從蔡墨的敘述可以看出，龍是真實存在過的生物，上古君王會雇專人飼養，而《周易》作者曾親眼見過龍，才能以此取象。

將涉及龍的爻辭歸納起來，可知其大體上是以龍的活動狀態作為人事吉凶的判斷依據。一般而言，無論見到龍在田間、水潭、天上（可能是被風暴捲上天）出沒，或是見到龍成群出現而無一龍為首領，都是吉象，預示沒有災殃或利於拜見大人。相對地，龍蟄伏不出，人便不宜有所作為；龍飛行過高，終將下墜，預示著困厄，這些都是龍占，以龍過與不及的活動狀態為禁忌，此時人們必須小心謹慎，不宜有大動作，以避免困厄。除此之外，〈坤・上六〉「龍戰于野，其血玄黃」，雖是描述二龍相鬥的場景，不明言吉凶，但凶象自在其中，此條可與《左傳・昭公十九年》的龍鬥事蹟互相參看：

> 鄭大水，龍鬥于時門之外洧淵，國人請為榮焉，子產弗許，曰：「我鬥，龍不我覿也；龍鬥，我獨何覿焉？禳之，則彼其室也。吾無求於龍，龍亦無求於我。」乃止也。〔註95〕

魯昭公十九年（前 523），鄭國發生大水災，龍在鄭國城門外的洧水潭中相鬥，國人請求祭祀禳災，子產（？～前 522）不允許。他說：「我們人類相鬥，龍不來看；龍相鬥，我們為何要去看呢？如果要舉行祭祀禳除這些龍，則水潭本來就是牠們居住的地方。我們不向龍祈求什麼，龍也不向我們祈求什麼。」於是便制止了這場祭祀。這段記載值得注意的是「榮」這種祭典，《說文解字》解釋此字道：

> 榮：設綿蕝為營，以禳風雨、雪霜、水旱、癘疫于日月星辰山川也。
>
> 从示，从營省聲。一曰：榮，衛使災不生。〔註96〕

「榮」是拉繩畫出範圍、束茅標明位次，設壇祭祀，向日月星辰、山川等自然神祈求解除天災或瘟疫，也有人說是事先祭祀以祈求災害不要發生。從鄭國人在龍相鬥時請求舉行榮祭來看，應是將二龍相鬥當成大水災的起因，因而想要藉由祭祀龍來解除災情。〈坤・上六〉說「龍戰于野」，為二龍在荒野相鬥，對古人而言預示著天災將要發生，因此和〈乾〉卦的潛龍、亢龍一樣，都是禁忌之象。

將潛龍、亢龍與龍戰等三種禁忌之象合觀，考察其背後的思維模式，可以得出兩種概念：第一是將龍與人等量齊觀，認為龍的行動能夠影響人類，

〔註95〕《春秋左傳正義》，卷 48，頁 846。
〔註96〕《新添古音說文解字注》，1 篇上，頁 6～7。

這使得人類的行為必須以龍為依歸，龍潛伏不動，人也不宜動作；龍行動過度，人也必須居高思危。第二是將龍視為水神，認為二龍相鬥會導致天災發生，因此凡出現天災，又適見二龍相鬥，便需要祭祀龍神，祈求災厄停止，這樣的思維到春秋時代仍持續不輟。

對於龜的禁忌，見於〈頤‧初九〉、〈損‧六五〉、〈益‧六二〉這三條爻辭：

〈頤‧初九〉：舍爾靈龜，觀我朵頤，凶。〔註97〕

〈損‧六五〉：或益之，十朋之龜弗克違，元吉。〔註98〕

〈益‧六二〉：或益之，十朋之龜弗克違，永貞吉。王用享于帝，吉。〔註99〕

〈頤‧初九〉說捨棄自己占卜用的靈龜，去看別人大吃大喝，這是凶象；引申為放棄自己的智慧，而去垂涎別人的財富，因而導致凶咎。〔註100〕〈損‧六五〉、〈益‧六二〉兩條則互為表裡，意思是受到別人幫助，獲得價值十朋貝的大龜，適合占卜長遠之事，其占卜結果不能違背，為大吉之象。從這三條爻辭來看，關於龜的禁忌與龜卜有關，古人認為燒灼龜甲占卜的結果非常靈驗，行事均不能違背龜卜結果，並因此賦予龜「明智」的象徵意涵。

上述不能違背龜卜結果的禁忌，也可以在《尚書‧洪範》的第七疇「稽疑」中得到印證：

七、稽疑：擇建立卜筮人，乃命卜筮。曰雨，曰霽，曰蒙，曰驛，曰克，曰貞，曰悔。凡七：卜五，占用二，衍忒。立時人作卜筮，三人占，則從二人之言。汝則有大疑，謀及乃心，謀及卿士，謀及庶人，謀及卜筮。汝則從，龜從，筮從，卿士從，庶民從，是之謂大同：身其康彊，子孫其逢，吉。汝則從，龜從，筮從，卿士逆，庶民逆：吉。卿士從，龜從，筮從，汝則逆，庶民逆：吉。庶民從，龜從，筮從，汝則逆，卿士逆：吉。汝則從，龜從，筮逆，卿士逆，庶民逆：作內吉，作外凶。龜筮共違于人：用靜吉，用作凶。〔註101〕

〔註97〕《周易正義》，卷3，頁69。

〔註98〕《周易正義》，卷4，頁96。

〔註99〕《周易正義》，卷4，頁97。

〔註100〕黃忠天：〈談卦爻辭中的動物及其象徵意義〉，《中華學苑》第52期（1999年2月），頁90。

〔註101〕屈萬里：《尚書集釋》，頁123。

　　〈洪範〉是殷商遺臣箕子向周武王建議的治國大法，其中「稽疑」這個部分就是考察疑惑。這首先需要建立官方的卜筮機構，一組採用燒灼龜甲占卜，依照龜甲燒灼後出現的裂紋形狀來判斷吉凶；另一組則採用計算蓍草來占卦，由下而上排列數字成卦以判斷吉凶，這就是《周易》的源頭。君王凡遇國家大事懸疑待決，除了匯集卿士官員、庶民等人的意見之外，還會參考龜卜及筮占的結果。只要龜卜、筮占均為吉，又有至少一部分人同意，事務便能推行；如果龜卜為吉、筮占為凶，便只能推行國內事務，不能對外征伐；而如果龜卜、筮占均為凶，凡事只能保持現狀，不能有所動作。卜筮的地位在此非常重要，可與人意匹敵，而龜卜的權威性又高於筮占。〔註102〕

　　這種對龜卜結果的敬畏，起因於龜的長壽及生存韌性。龜的壽命一般可達數十年，甚至超過百年；而牠藉由多眠，不飲不食也能度過嚴寒，這使牠被視為動物之靈。古人相信能活這麼久的動物必然很有智慧，因此取牠的龜甲來占卜。〈繫辭上〉談到用蓍草、龜甲占卜的理由時說：

探賾索隱，鉤深致遠，以定天下之吉凶，成天下之亹亹者，莫大乎

蓍龜。〔註103〕

探求幽深隱微、凡人難以察知的事情，判定吉凶，使人勉勵不懈，沒有比蓍草、龜甲占卜更靈驗的了。蓍草是多年生植物，龜則是長壽動物，古人認為它們能知過去漫長歷史，也能據此預測將來，所以拿它們來占卜，而其中又以龜為然，所以〈益・六二〉談到龜卜時才說「永貞吉」，即龜卜善於預測長久之事，而《左傳・僖公四年》說「筮短龜長」〔註104〕，更強調龜卜的靈驗，對長遠事務的預測能力在筮占之上。

　　魚類在卦爻辭中共出現五次，其中兩次是〈剝・六五〉的「貫魚」和〈井・九二〉的「射鮒」，都是指用弓箭射魚，其吉凶由中或不中決定，而和魚本身無關，因此這裡要討論的是另外三條，包括〈姤〉卦的九二、九四兩條爻辭：

九二：包有魚，无咎，不利賓。

九四：包无魚，起凶。〔註105〕

〔註102〕針對龜卜與筮占、神意與人意之間的關係，詳見劉幸瑜：〈《尚書・洪範》中的卜筮從逆吉凶問題〉，《弘光人文社會學報》第 21 期（2017 年 12 月），頁85～104。

〔註103〕《周易正義》，卷7，頁157。

〔註104〕《春秋左傳正義》，卷12，頁203。

〔註105〕《周易正義》，卷5，頁105。

以及〈中孚〉卦辭：

〈中孚〉：豚魚吉。利涉大川，利貞。〔註106〕

〈姤〉卦九二爻辭，在帛書中作：「九二：枹有魚。无咎、不利賓。」〔註107〕在上海博物館藏戰國楚竹書中作：「九二：橐又魚，亡咎，不利宔。」〔註108〕「包」與「枹」音近相通，王弼讀作「庖」，指廚房〔註109〕，虞翻及北宋程頤（1033～1107）則理解爲用茅草包裹〔註110〕；「橐」字在《說文解字》釋爲「囊張大兒」，指囊袋開口張大的樣子〔註111〕；「宔」即爲「賓」的古字，與甲骨文字形相同。「包」字無論釋爲廚房、囊袋或包裹，放在爻辭中都說得通，可以並存。據此則〈姤・九二〉可以有兩種詮釋方向，其一是根據傳統注解的說法，認爲包中有魚，便沒有災咎，但不利於款待賓客；其二是依循近人高亨（1900～1986）、張立文等人的思路，認爲包中有魚，便沒有災咎，而不利於出外作他人賓客。〔註112〕兩種詮釋方向以後者較爲適宜，因爲魚是一道重要的菜餚，觀察《儀禮》之中，小至〈士昏禮〉、〈士喪禮〉等婚喪家宴，大至各國君主派遣使節互相聘問的〈聘禮〉、〈公食大夫禮〉等國宴，其菜單上都有魚的蹤跡，自家有魚卻不能拿來請客，並不符合事實，且有違《周易》好客之旨〔註113〕，必須另外添加其他背景才說得通；若說自家有魚就不必出外作客，意思較爲通順，且可與前述〈頤・初九〉「舍爾靈龜，觀我朵頤，凶」互相發明，〈頤・初九〉意爲放棄自己的智慧，垂涎別人的財富爲凶，而〈姤・九二〉則可引申爲自家已經豐衣足食，沒有憂患，若還到別人家裡叨

〔註106〕《周易正義》，卷6，頁133。

〔註107〕鄧球柏：《帛書周易校釋》，頁108。

〔註108〕馬承源主編：《上海博物館藏戰國楚竹書（三）》（上海：上海古籍出版社，2003年），頁191。《周易》部分由濮茅左考釋。

〔註109〕《周易正義》，卷5，頁105。

〔註110〕虞翻曰：「巽爲白茅，在中稱包。《詩》云：『白茅包之。』」〔唐〕李鼎祚輯：《周易集解》，卷9，頁219。程頤曰：「包者，苴裹也。」〔宋〕程頤：《易程傳》（臺北：文津出版社，1990年），卷5，頁395。

〔註111〕《新添古音說文解字注》，6篇下，頁279。

〔註112〕高亨：《周易古經今注》，卷3，頁150；張立文：《周易帛書今注今譯》，頁132～133。

〔註113〕例如〈需・上六〉：「入于穴，有不速之客三人來，敬之，終吉。」意爲即使有客人不請自來，只要恭敬款待，終能得吉；又〈中孚・九二〉：「鳴鶴在陰，其子和之。我有好爵，吾與爾靡之。」意爲我有好酒，願與賓客好友共飲。《周易》這類爻辭反映了當時熱情好客的風氣。見《周易正義》，卷2，頁33、卷6，頁133。

擾則大為不利，兩者可以共同傳達出珍惜本身所有、毋須貪求他人財富的知足意味。

〈姤〉卦九四爻辭，在帛書中作：「九四：枹无魚，正兇。」〔註114〕在竹書中作：「九四：囊亡魚，已凶。」〔註115〕是〈姤·九四〉有通行本「起凶」、帛書本「正兇」、竹書本「已凶」三種占辭，其中「起」和「已」顯然系出同源，唯獨帛書作「正」，讀作「征」，與其餘兩者不同，且考慮到出兵作戰通常是攜帶乾糧而非肉類食品，作「正」字可能有誤。至於「起」與「已」字，可依「起」的字義理解為「引起」〔註116〕或「發動」〔註117〕，即包中無魚，將引起禍端，或是不利發動民眾；也可以按照古文字「已」、「巳」同形的原則，讀「巳」為「祀」〔註118〕，即包中無魚，對祭祀而言是凶象。兩種解釋都說得通，但以後者為佳，一方面是因為「起」乃從「巳」得聲，而非從「已」或「己」得聲；另一方面是因為魚並非飲食必需品，若說無魚而引起禍端或不利發動民眾，在解釋上較為迂迴，必須搭配〈象傳〉「无魚之凶，遠民也」，從魚為陰物，象徵民眾這一角度來談，將包中無魚當成沒有民眾追隨，才符合上下文義。

將〈姤〉卦九二、九四兩條爻辭合觀，可知自家有魚是好事，而不利於出外作客，無魚對祭祀而言則是凶象。〈中孚〉卦辭說「豚魚吉」，將魚和豬並列，以為吉象。將這些訊息整合起來，可知魚在古人心目中是吉利的象徵，自家有魚時便不假外求，而且祭祀時禁忌供品無魚。從〈中孚〉卦辭將魚和豬並列為吉象來推敲，很可能是將魚和豬當成豐饒的象徵，《詩經·小雅·無羊》云：

> 牧人乃夢：「眾維魚矣，旐維旟矣。」

> 大人占之：「眾維魚矣，實維豐年。旐維旟矣，室家溱溱。」〔註119〕

牧人夢見魚群眾多，旌旗飄飄，獻夢之後由占夢之官解說寓意：「夢見魚群眾多預示著年穀豐收，夢見旌旗飄飄則預示著子孫繁茂。」從這個例子可以看

〔註114〕鄧球柏：《帛書周易校釋》，頁109。

〔註115〕馬承源主編：《上海博物館藏戰國楚竹書（三）》，頁192。

〔註116〕此義參考馬承源主編：《上海博物館藏戰國楚竹書（三）》，頁192。

〔註117〕此義參考《周易正義》，卷5，頁105。

〔註118〕此義參考高亨：《周易古經今注》，卷3，頁150～151；侯乃峰：《《周易》文字彙校集釋》（臺北：臺灣古籍出版有限公司，2009年），頁363。

〔註119〕《毛詩正義》，卷11-2，頁389。

出，魚象徵物產豐饒，類似後世過年常說的「年年有餘」。用魚祭祀即是向神祈求豐饒富庶，因此祭祀時不能沒有魚。

　　比較《周易》中對龍、龜、魚這三種水中動物的禁忌，可以發現只有龍是以活體形象成爲禁忌對象，另外兩種都是在供人類利用的情況下才產生禁忌。龍的原型爲鱷類猛獸，不易捕捉、馴服，其後因數量減少而成爲傳說生物，人們對牠的情感從敬畏演變成崇拜，表現在卦爻辭中便是將牠賦予神異的形象；而龜和魚相對較爲常見易得，人們對牠們的想法便傾向如何利用，又依其不同特性而衍生出不同的禁忌思維。

二、鳥類禁忌

　　《周易》中有部分卦爻辭爲鳥占，主要是從鳥類的活動來判定吉凶，劉保貞曾將這些卦爻辭依照鳥類的飛行、鳴叫及出沒行動分類，並配合少數民族的鳥占習俗來作詮釋。〔註120〕本節是由禁忌觀點切入，因此將這些鳥占卦爻辭按照物種另作分類，包括明夷、鴻雁、雞和一般泛稱的飛鳥。

　　關於明夷鳥的條目，集中在〈明夷〉卦：

　　〈明夷〉：利艱貞。

　　初九：明夷于飛，垂其翼。君子于行，三日不食。有攸往，主人有言。

　　六二：明夷，夷于左股，用拯馬壯，吉。

　　九三：明夷于南狩，得其大首。不可疾貞。

　　六四：入于左腹，獲明夷之心，于出門庭。

　　六五：箕子之明夷，利貞。〔註121〕

　　「明夷」的「夷」字，據〈序卦傳〉云：「夷者，傷也。」〔註122〕查《說文解字》對「夷」字的釋義爲：「夷：平也。从大从弓。東方之人也。」〔註123〕而對「痍」字的釋義則爲：「痍：傷也。从疒夷聲。」〔註124〕是「夷」字

〔註120〕劉保貞：〈《周易》鳥占類卦爻辭釋證〉，《周易研究》第84期（2007年8月），頁23～28+36。

〔註121〕《周易正義》，卷4，頁88～89。

〔註122〕《周易正義》，卷9，頁188。

〔註123〕《新添古音說文解字注》，10篇下，頁498。

〔註124〕《新添古音說文解字注》，7篇下，頁355。

原本只有「平坦」與「東方之人」兩種含義，假借爲「痍」才有「傷」的含義。《春秋・成公十六年》記載：「晉侯及楚子、鄭伯戰于鄢陵，楚子、鄭師敗績。」《公羊傳》解說此條道：「敗者稱師，楚何以不稱師？王痍也。王痍者何？傷乎矢也。然則何以不言師敗績？末言爾。」〔註125〕魯成公十六年（前575）發生晉楚鄢陵之戰，楚共王（前600～前560）中箭負傷，《公羊傳》即以「痍」稱「傷」。《左傳》則無「痍」字，凡遇此字均以「夷」字替代，例如成公十三年（前578）云「芟夷我農功」〔註126〕、成公十六年云「子反命軍吏察夷傷」〔註127〕、襄公二十六年（前547）云「王夷師熸」〔註128〕，這三個例子中的「夷」字一律通「痍」，訓爲傷害、受傷。

「夷」既可訓爲「傷」，「明夷」一詞便可依照字面意思，理解爲光明有所損傷。東漢鄭玄（127～200）注解〈明夷〉卦辭時便說：

> 夷，傷也。日出地上，其明乃光，至其入地，明則傷矣，故謂之明
> 夷。日之明傷，猶聖人君子有明德而遭亂世，抑在下位，則宜自艱，
> 无幹事政，以避小人之害也。〔註129〕

鄭玄從「夷」訓爲「傷」，結合〈明夷〉卦形爲「䷗」，上半部爲「坤」（☷），有地之象，下半部爲「離」（☲），有日之象，認爲太陽出來到地面之上，才能大放光明，落到地平線之下，光芒便損傷殆盡，故此卦稱爲「明夷」。太陽光芒損傷，就像聖人君子有光明德行卻遭逢亂世，受到壓抑處於下位，此時宜於自我掩藏鋒芒，刻苦度日，不要參與政事，以避免遭到小人陷害。歷代注解大多沿襲鄭玄的說法，訓「夷」爲「傷」，將「明夷」理解爲明傷幽暗之象。

不過，〈明夷〉初九爻辭的語法，和《詩經》非常相似。在《詩經》中，「于飛」二字前面出現的必定是鳥名，表示某種鳥類正在飛翔，例如〈小雅・鴻鴈〉開頭說：「鴻鴈于飛，肅肅其羽。之子于征，劬勞于野。」〔註130〕這句話無論語法、意境都和〈明夷〉初九爻辭相仿，均爲鳥類飛翔、行人辛苦趕路的光景，兩相比對之下，可知「明夷」原本應指某種鳥類，而「明夷于飛，

〔註125〕〔漢〕公羊壽傳，〔漢〕何休解詁，〔唐〕徐彥疏：《春秋公羊傳注疏》（臺北：藝文印書館，2007年），卷18，頁232。
〔註126〕《春秋左傳正義》，卷27，頁462。
〔註127〕《春秋左傳正義》，卷28，頁478。
〔註128〕《春秋左傳正義》，卷37，頁637。
〔註129〕胡自逢：《周易鄭氏學》（臺北：文史哲出版社，1990年），頁51。
〔註130〕《毛詩正義》，卷11-1，頁373。

垂其翼」，指的就是明夷鳥正在飛翔，翅膀低垂。至於「明夷」究竟指何種鳥，則有兩種說法，其一認為指鳴雉，俗稱野雞。張立文《周易帛書今注今譯》云：

「明」假借為「鳴」。古聲同，義通。《文選·陸士衡樂府長安有狹邪行》：「欲鳴當及晨。」李善注曰：「《春秋考異記》曰：『雞應旦明。』『明』與『鳴』同，古字通也。」《文選·運命論》：「里社鳴而聖人出。」李注：「明與鳴古字通。」「夷」，《爾雅》：「夷，江南謂之蟪蛄為夷。音夷，又為蛦。」「夷」、「薐」、「蛦」音近相通。《文選·蜀都賦》曰「蟪蛦山棲。」劉注：「蟪蛦，鳥名也。如今之所謂山雞。其雄色班，雌色黑。出巴東。」「夷」借為「蛦」，即山雞。「蟪蛦」猶「鷩雉」。《爾雅·釋鳥》：「鷩雉。」郭璞注曰：「似山雞而小。」故「夷」又與「雉」通。《左傳·昭公十七年》：「五雉為五工正。」服注：「雉者夷也。」孔疏：「雉聲近夷。」《漢書·揚雄傳》：「列新雉於林薄。」服虔注：「新雉，香草也。雉夷聲相近。」顏師古注：「新雉即辛夷耳。」為「夷」、「雉」相通之證。「明夷」，即鳴雉也。
〔註131〕

這是將「明」假借為「鳴」，「夷」假借為「蛦」或「雉」，「明夷」就成為鳴叫的雉，俗稱山雞或野雞。

其二認為指鳴鵜，即今之鵜鶘。李鏡池（1902～1975）《周易探源》云：

「明」與「鳴」，聲同而義通。《廣雅·釋詁三》：「鳴，名也。」《春秋繁露·深察名號篇》：「古之聖人，鳴而命施謂之名；名之為言，鳴與命也。」「鳴」與「名」，聲訓同。而「名」又與「明」通，《釋名·釋言語》：「名，明也；名實使分明也。」（畢沅《釋名疏證註》：「《莊子》，《釋文》引作『鳴也』。」）《詩·齊風·猗嗟》「猗嗟名兮」，《箋》謂「名明古通用。〈檀弓〉『子夏喪其子而喪其明』，〈冀州從事郭君碑〉作『喪子失名』」。用幾何例證法 a＝b，b＝c，∴a＝c；可知「名」「明」「鳴」三字，古代是同聲通義的。「夷」，即「鵜」。鵜，據《說文》，「鵜胡，污澤也。從鳥夷聲。」又：「鵜，鵜或從弟。」是鵜又即鵜。「夷」與「弟」，形類聲近，《易》「夷于左股」之「夷」，「子夏作『睇』，鄭陸同。京作『睼』」（《釋文》）。鵜即鵜，即《詩·

〔註131〕張立文：《周易帛書今注今譯》，頁 465～466。

曹風・候人》「維鵜在梁，不濡其羽」之鵜。鵜這種鳥，據《爾雅・釋鳥》，「鵜，鴮鸅」。郭璞注謂：「今之鵜鶘也。好羣飛，沈水食魚，故名『洿澤』。俗呼之爲淘河。」邢《疏》引陸機疏《詩・候人》云：「鵜，水鳥。形如鶚而極大，喙長尺餘，直而廣，口中正赤，頷下胡大如數斗囊。若小澤中有魚，便羣共抒水，滿其胡而棄之，令水竭盡，魚在陸地，乃共食之，故曰『淘河』。」《莊子・外物篇》：「魚不畏網而畏鵜鶘。」〔註132〕

這也是將「明」假借爲「鳴」，不同的是此說將「夷」假借爲「鷈」，而「鷈」又寫作「鵜」，「明夷」便可解釋爲鳴叫的鵜鶘。

以上兩說都從古音假借入手，來考證「明夷」究竟爲何種鳥類，前者認爲指雉，後者認爲指鵜鶘，但《周易》中已有「雉」字，如前述〈鼎・九三〉的「雉膏不食」及〈旅・六五〉的「射雉」，與「明夷」判然有別；而鵜鶘是一種水鳥，但從〈明夷〉六四爻辭來看，「明夷」似爲陸鳥，且生活環境接近人類聚落，才能一出門庭就捕獲，因此這裡仍直用「明夷」二字作爲鳥名，而不另外解釋爲雉或鵜鶘。

從〈明夷〉這一系列卦爻辭可以得知，以明夷鳥爲占的方式非常多樣，不管是從牠本身的活動或成爲獵物的狀態，都能獲得吉凶占驗。卦辭單純由明夷本身取象，見到明夷即利於占問艱難之事。初九爻從明夷本身的活動取象，見到明夷正在飛翔，翅膀低垂，預示君子出行不利，途中缺糧導致三日不食，前往目的地則會與主人起口舌爭端。九三爻從明夷的出沒取象，前往南方狩獵見到明夷鳥，則預示可以獲得大型獵物，但對疾病不利。六二爻從明夷成爲獵物的狀態取象，射中明夷的左股，意味此時適宜治療馬傷。六五爻則從獲得明夷本身取象，說箕子獲得明夷，此乃吉象。綜合而言，明夷這種鳥類，如能捕獲牠，則爲吉象；但如果只是在野外見到牠，吉凶就不一定了，尤其禁忌出外旅行時見到明夷飛翔，那是途中缺糧、與人爭執的預兆，而患病者也禁忌見到明夷，那是病情難有起色的預兆。

與鴻雁有關的占斷，集中在〈漸〉卦：

初六：鴻漸于干。小子厲，有言，无咎。

六二：鴻漸于磐。飲食衎衎，吉。

〔註132〕李鏡池：《周易探源》（北京：中華書局，2007年），頁45～46。

九三：鴻漸于陸。夫征不復，婦孕不育，凶。利禦寇。

六四：鴻漸于木。或得其桷，无咎。

九五：鴻漸于陵。婦三歲不孕，終莫之勝，吉。

上九：鴻漸于陸。其羽可用爲儀，吉。〔註133〕

這一系列爻辭是以鴻雁棲息的地點作爲占斷依據。初六爻說鴻雁棲息在水邊涯岸，這預示孩童將遇到危險，並受到成人斥責，但最終平安無事。六二爻說鴻雁棲息在山石上，預示人飲食歡樂，是爲吉象。九三爻說鴻雁棲息在高平之地，預示丈夫出征不回，婦人懷孕流產，是爲凶象，但利於抵禦賊寇。六四爻說鴻雁棲息在樹木上，表示這棵樹適合做成房頂上的屋椽〔註134〕，沒有問題。九五爻說鴻雁棲息在高丘之上，預示婦人三年不孕，最終仍可如願，是爲吉象。上九爻說鴻雁棲息在高平之地〔註135〕，可用牠的羽毛作爲文舞道具〔註136〕，是爲吉象。從這些占斷可以看出，見到鴻雁棲息在水邊涯岸、高平之地以及高丘之上，都是禁忌，代表將有危險或坎坷不順之事，其中尤以見到鴻雁棲息在高平之地最爲嚴重，因爲這一景象所預示的家庭離散不能挽回，唯獨對防守作戰及採用羽毛爲吉。

由鴻雁產生的這些禁忌，顯然與牠本身的生活習性有關。鴻雁是水鳥，善於游泳，但水在《周易》中代表危險，因而引發看見鴻雁在水邊預示人將化險爲夷的聯想。鴻雁是一夫一妻制的動物，但牠又是候鳥，會隨季節遷徙，這便帶出夫妻離別的意象。〔註137〕鴻雁通常棲息在水邊、平原，較少棲息在高地，如在高處出現便異於常態，由此產生較爲極端的禁忌，往壞的方面說，是從遠離日常居所，聯想到分離、孤單乃至不孕；往好的方面說，則是從身在高處視野開闊，聯想到適合防守。在古人的思維中，鴻雁有許多習性與人類相似，因此鴻雁的棲息所在也能預告人類未來的命運。

〔註133〕《周易正義》，卷5，頁117～118。

〔註134〕〔唐〕陸德明：《經典釋文》，卷1，頁203。

〔註135〕〈漸‧上九〉的「陸」字，或以爲與下文「儀」字不押韻而主張改字。今見帛書《周易》於此處即作「陸」，故仍沿用「陸」字來解說。見鄧球柏：《帛書周易校釋》，頁417～418。

〔註136〕〔清〕毛奇齡：《仲氏易》（臺北：成文出版社有限公司，1976年），卷111，頁518。

〔註137〕關於鴻雁離別意象的討論，詳見于雪棠：〈《周易》鴻鳥原型及相關意象與上古文學〉，《文學前沿》第4輯（2001年6月），頁145～146。

針對雞的禁忌僅有一條，即〈中孚〉上九爻辭：

　　上九：翰音登于天，貞凶。〔註138〕

「翰音」是祭祀宗廟所用的雞〔註139〕，「翰音登于天」就是祭祀用的雞高飛上天，這是一種凶象。雞一般不能高飛，一旦高飛上天，且是祭祀所用的雞，便屬異常現象，因此被賦予凶險的意涵，成為禁忌。

對於一般飛鳥的禁忌，則見於〈小過〉卦：

　　〈小過〉：亨，利貞。可小事，不可大事。飛鳥遺之音，不宜上，宜下，大吉。

　　初六：飛鳥以凶。

　　上六：弗遇過之，飛鳥離之，凶。是謂災眚。〔註140〕

〈小過〉卦的飛鳥為泛指，不限定為何種鳥類。卦辭後半以鳥鳴為占，聽到飛鳥鳴叫，則不宜向上活動，而適宜向下活動，如此必能大吉。初六爻以飛行狀態為占，筮得此爻者若見飛鳥，將有凶險。上六爻的「離」字在漢帛書及楚竹書均作「羅」〔註141〕，因此上六爻是以獵物狀態為占，意為飛鳥未與人相遇，直接越過人的頭頂，最後落入羅網之中，這是一種凶象，預示將有災禍發生。簡單來說，聽到飛鳥鳴叫時禁忌向上活動，見到鳥類飛過或誤觸羅網也須提防災禍發生。這些關於飛鳥的禁忌，是將鳥類的聲音、行動當成危險的預兆。

除了鳥類本身以外，有時連鳥巢都能成為禁忌對象，如〈旅〉卦上九爻辭：

　　鳥焚其巢，旅人先笑後號咷。喪牛于易，凶。〔註142〕

鳥巢被焚毀，預示旅人先笑而後嚎啕大哭，也就是先喜後悲，將會喪失牛隻等財產，是為凶象。也就是說，鳥巢被焚毀是破財的預兆。鳥巢焚毀會被視為禁忌，不僅是因為這種現象相當罕見，自始便帶有「反常」的特點，更因為作者有意無意地將人等同於鳥，從鳥兒失巢，聯想到人類失去財產。

〔註138〕《周易正義》，卷6，頁134。
〔註139〕《禮記·曲禮下》：「凡祭宗廟之禮……雞曰翰音。」見〔清〕孫希旦：《禮記集解》，卷6，頁154。
〔註140〕《周易正義》，卷6，頁134～135。
〔註141〕鄧球柏：《帛書周易校釋》，頁229；馬承源主編：《上海博物館藏戰國楚竹書（三）》，頁211～212。
〔註142〕《周易正義》，卷6，頁128。

　　上述卦爻辭背後的思維是鳥類能預告危險，提示禁忌所在。這種概念在《尚書・高宗肜日》中也有所體現：

> 高宗肜日，越有雊雉。祖己曰：「惟先格王，正厥事。」乃訓于王曰：
> 「惟天監下民，典厥義。降年有永有不永；非天夭民，民中絕命。
> 民有不若德，不聽罪；天既孚命正厥德，乃曰：『其如台？』嗚呼！
> 王司敬民。罔非天胤，典祀無豐于昵。」〔註143〕

商王高宗武丁（？～前1192）祭祖的時候，一隻野雉飛來，停在鼎耳上鳴叫，大臣祖己認為這是不祥之兆，上天正透過鳥鳴警告天子，藉機勸諫武丁敬勉從事，祭祀歷代先王時不應偏重先父而輕忽遠祖。

　　無獨有偶，鳥鳴能預告災禍的記載也見於《左傳・襄公三十年》：

> 或叫于宋大廟，曰譆譆出出；鳥鳴于亳社，如曰譆譆。甲午，宋大
> 災，宋伯姬卒，待姆也。〔註144〕

宋國是殷商後裔，直到春秋年間都還延續著鳥能預警的觀念，認為鳥在宋國太廟、亳社中鳴叫是一種警告，預示後來的大規模火災，以及宋伯姬（？～前543）被燒死的噩運。雖說殷商民族以鳥為圖騰，因而特別重視鳥占，認為是來自神靈的指示〔註145〕，這種思維也在《周易》中留下了一些遺跡；但鳥占以及由此衍生的鳥類禁忌，其實相當普遍，不限於特定時代或地域，只是據以觀察並判斷吉凶的鳥兒種類不盡相同。例如臺灣本島的原住民族在進行出草（獵人頭）、狩獵、遠行、祭祀、播種、耕地等重要事務之前，就會先觀察靈鳥的飛向和牠的啼聲，若得吉占便進行此事，若得凶占便將此一事務取消或延期，而所觀察的靈鳥種類則包括烏鴉、繡雀、烏鶖、老鷹、百舌鳥、貓頭鷹、綠繡眼、繡眼畫眉等等〔註146〕，這與前述由觀察明夷鳥的活動來預測出行及狩獵的吉凶，有異曲同工之妙；而漢族長久以來盛行喜鵲、烏鴉鳴叫可預報吉凶的說法，跟〈小過〉卦辭「飛鳥遺之音」提示禁忌所在，也差相彷彿。

　　人類求助於鳥占，通常是因為看重牠們的飛行能力，以及絕佳的視力，

〔註143〕屈萬里：《尚書集釋》，頁100。
〔註144〕《春秋左傳正義》，卷40，頁681。
〔註145〕胡厚宣、胡振宇：《殷商史》（上海：上海人民出版社，2003年），頁133～146。
〔註146〕詳見陳美慧：《鳥與人變鳥——臺灣原住民口傳故事析論》（臺中：國立中興大學中國文學系在職碩士論文，指導教授：陳器文，2008年7月），頁18～36。

由此對牠們產生崇拜，將牠們神化。墨西哥的回喬爾人（Huichols）便相信，健飛的鳥能看見和聽見一切，牠們擁有神秘的力量，這力量固著在牠們的翅和尾的羽毛上，巫師如果插戴上這些羽毛，就能使他看到和聽到地上地下發生的一切，能夠醫治病人起死回生，也能從天上禱下太陽。〔註147〕這種原始思維解釋了鳥類禁忌誕生的理由，即鳥類的天生能力在人類心目中被放大，以爲牠們能察知天地萬物、過去未來，因此根據鳥類的鳴叫和行動可以預測吉凶。另外，由於人類相信鳥類的神祕能力來自於牠們的飛羽和尾羽，因此取用這些羽毛便能獲得同樣的能力，這說明〈漸‧上九〉的「其羽可用爲儀」究竟吉在何處，因爲古人相信鴻雁有其神秘力量，取用牠的羽毛作爲文舞道具，就能夠得到與牠同等的力量，可以在祭典中體察無形、溝通神靈。

三、走獸禁忌

　　《周易》中以走獸取象的卦爻辭，在扣除文學比喻手法以及狩獵成果占問之後，還有許多卦爻辭是占問家畜的狀況，例如牲畜馴養、治傷、走失等事宜，所詢問者不外乎馬、牛、豕、羊等動物，此處就其中帶有禁忌的部分來討論。

　　關於馬的吉凶占斷，前面曾談到〈中孚‧六四〉和〈明夷‧六二〉兩條，前者從月相占斷馬匹走失之事，後者從射中獵物狀況占斷馬匹治傷之事，以特定月相及獵物狀況爲禁忌，這裡則探討從馬本身出發的禁忌。

　　關於馬的禁忌，最多的便是「乘馬」，也就是用四匹馬來拉車〔註148〕，主要出現於〈屯〉卦：

　　　　六二：屯如邅如，乘馬班如，匪寇，婚媾。女子貞不字，十年乃字。

　　　　六四：乘馬班如，求婚媾，往吉，无不利。

　　　　上六：乘馬班如，泣血漣如。〔註149〕

　　還有〈賁〉卦六四爻辭也暗指乘馬：

　　　　六四：賁如皤如，白馬翰如，匪寇，婚媾。〔註150〕

乘馬的狀態大多是用來預占婚事能否成功。〈屯〉卦以馬匹行動徘徊遲疑爲

〔註147〕〔法〕列維‧布留爾（Lévy-Brühl, L.）著，丁由譯：《原始思維》（臺北：臺灣商務印書館股份有限公司，2001年），頁36。

〔註148〕〔唐〕陸德明：《經典釋文》，卷1，頁195。

〔註149〕《周易正義》，卷1，頁22～23。

〔註150〕《周易正義》，卷3，頁63。

占，六二爻說明此一場景並非賊寇前來搶掠，而是舉行婚禮，但這預示女子婚後不孕，十年之後才有可能生育。六四爻也以馬匹遲疑不前為占，但這並非發生在舉行婚禮當天，而是前往求婚之時，這預示求婚能夠成功。上六爻同樣用馬匹行動遲疑為占，但卻沒有指明駕車出發是為了什麼目的、前往何處，這代表在一般情況下，拉車的馬匹遲疑不前應為凶象，預示乘車者將遇到傷心事，淚流不止。至於〈賁・六四〉，則以馬匹外觀為占，拉車的白馬毛色光潔亮麗，同樣並非賊寇來搶掠，而是在舉行婚禮，爻辭本身不明言吉凶，但〈象傳〉說「匪寇，婚媾，終无尤也」，看來應預示婚禮圓滿完成，沒有怨尤。

針對馬匹行動來做占斷的，尚有〈大畜〉九三爻辭：

九三：良馬逐，利艱貞。曰閑輿衛，利有攸往。〔註151〕

〈大畜・九三〉說良馬並行，快速驅馳〔註152〕，這利於占問艱難之事，尤其適合練習車戰防衛，以及出外旅行。古時馬匹用於拉車出行或作戰，馬匹良好自然能輕鬆駕馭這些事務，比較特別的是它提到利於占問艱難之事，應是從良馬快速馳騁，聯想到快速跨越難關。

從這些針對馬匹外觀及行動狀態的占斷，可以總結得知，古人以馬匹外觀光潔、行動迅速為吉象，這不僅代表馬匹健康、利於驅使，連帶也能使主人婚姻順遂、跨越難關；至於馬匹行動遲疑，則為禁忌的凶象，預示結婚難有子嗣或將發生傷心之事，唯獨對求婚例外。這種禁忌的產生，應是將馬對環境的感知能力放大，認為牠也能預知人事的發展，將環境中各種自然乃至超自然的危險，透過動作傳達給主人。只有在求婚時，馬匹逡巡不前才是吉象，這可能是將馬匹遲疑的動作，與議婚所需的慎重再三聯想在一起，因而做出此種馬占。

關於牛的禁忌，則見於〈无妄〉六三爻辭：

六三：无妄之災，或繫之牛，行人之得，邑人之災。〔註153〕

這條爻辭的詮釋言人人殊，舉例來說，王弼的注解是：

以陰居陽，行違謙順，是无妄之所以為災也。牛者，稼穡之資也。

二以「不耕」而穫，「利有攸往」，而三為不順之行，故「或繫之牛」。

是有司之所以為獲，彼人之所以為災也。故曰「行人之得，邑人之

〔註151〕《周易正義》，卷3，頁68。

〔註152〕〔唐〕陸德明：《經典釋文》，卷1，頁198。

〔註153〕《周易正義》，卷3，頁67。

災」也。〔註154〕

王弼將「无妄之災」的來源，理解爲六三爻以陰爻居陽位，代表行爲違背謙遜和順的要旨，因此遭遇到牛隻被官府沒收的災禍。

　　而朱熹的注解是：

　　　　卦之六爻，皆无妄者也。六三處不得正，故遇其占者，无故而有災，
　　　　如行人牽牛以去，而居者反遭詰捕之擾也。〔註155〕

朱熹認爲六三爻以陰爻居陽位，爻位不正，所以會無緣無故遭遇災禍，像是行人牽走牛隻，安居在家者反而被冤枉偷牛，被官府詰問拘捕。

　　高亨的注解則是：

　　　　此殆古代故事。蓋邑人不慎，其宅焚，適或繫其牛於宅外，牛見火
　　　　驚而逸，爲行人所得，故記之曰：「无妄之災，或繫之牛，行人之得，
　　　　邑人之災」。〔註156〕

高亨將「災」理解爲火災，爻辭意爲城裡人不小心，導致住宅起火燃燒，繫在住宅外面的牛見到火嚇得掙脫逃跑，被行人牽走。

　　以上這些注解都各有盲點，王弼、朱熹認爲六三爻以陰爻居陽位，因爻位不正才帶來了災禍，但《周易》中的六三爻總共有三十二條，占辭有吉有凶，並非每條都因爻位不正而帶來災禍，像〈坤·六三〉：「含章可貞。或從王事，无成有終。」以及〈隨·六三〉：「係丈夫，失小子，隨有求，得。利居貞。」這兩條六三爻就是吉占。而高亨的說法在卦象上可通，〈无妄·六三〉以六三爻變爲占，六三爻從陰爻變爲陽爻，內卦即隨之變爲代表火的「離」（☲）（見圖 3-3）；但牛若見火掙脫逃跑，被行人牽走，以經文的一貫語法應記爲「牽牛」、「喪牛」、「失牛」或「牛必亡」，而非現今所見的「或繫之牛」。

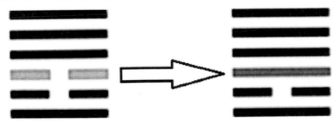

圖3-3：〈无妄〉變〈同人〉圖

〔註154〕《周易正義》，卷3，頁67。
〔註155〕〔宋〕朱熹：《周易本義》，卷1，頁114。
〔註156〕高亨：《周易古經今注》，卷2，頁88。

　　劉保貞則將這條爻辭結合民俗作考察，認爲它指的是先民的一種轉移巫術。城邑中的人忽然遭受到意想不到的災禍，究其原因，可能是別地的人把自己身上的災禍藉由巫術儀式拴在一頭牛身上，再放出來，某個行人見了便將這頭無主的牛牽回家，以爲得到一筆橫財，沒想到卻給城邑中的人帶來一場災難。牛經常是民間轉移巫術的中間媒介，例如在河南偃師一帶，從前病患會在一張符寫道：「我有一頭牛，情願送朋友，誰要拾起來，你就跟牠走。」然後將符封住丟在路上，希望撿到符的行人會把病帶走；印度南部尼格里山區的巴達加人則用眞牛，他們會將死者的罪孽，透過懺悔儀式轉移到一頭小水牛身上，再把牠放掉。〔註157〕這種轉移災禍的巫術，如果放在禁忌體系之下來看，便是「災移法」，屬於事後補救的禁忌禳解，將災禍移向其他人或物體上面。〔註158〕這種作法背後隱藏的思維，就是認爲災禍、罪孽等無形的事物，可以像有形的事物一樣，從一個人身上轉移到其他人或其他物體上面，而轉移的途徑通常是透過接觸，先使用巫術將一個人身上的疾病、晦氣等傳到某個生物或某件物品上面，再扔到外面人來人往的地方，接下來凡碰觸到這個生物或物品的人，就會接收到其中帶著的疾病或晦氣，而之前那個人的疾病或霉運便可望好轉。〈无妄・六三〉的作法便是將自己的災禍轉嫁到一頭牛上面，行人將牠牽回家後，便給自己居住的城邑帶來一場災禍，和一般的轉移巫術效果相比，這不僅是禍及個人，更禍及全城。

　　關於豕，也就是豬，前面討論〈中孚〉卦辭時已說過，豚（小豬）與魚並列爲吉象，爲豐饒的象徵，而以此種象徵爲占的爻辭集中見於〈遯〉卦：

　　　初六：遯尾，厲。勿用有攸往。

　　　九三：係遯，有疾，厲。畜臣妾，吉。

　　　九四：好遯，君子吉，小人否。

　　　九五：嘉遯，貞吉。

　　　上九：肥遯，无不利。〔註159〕

〔註157〕劉保貞：〈《周易・无妄・六三》爻辭與古人的轉移巫術〉，《管子學刊》2008年第1期（2008年2月），頁94～95；印度的事例詳見〔英〕弗雷澤（Frazer, J. G.）著，徐育新、汪培基、張澤石譯：《金枝》（北京：中國民間文藝出版社，1987年），頁775。

〔註158〕任騁：《中國民間禁忌》，頁611。

〔註159〕《周易正義》，卷4，頁85。

「遯」在卦德上一般是採用隱遁、逃避的意義，但觀察爻辭，初六爻說「遯」有尾，九三爻的「遯」可以繫住，上九爻的「遯」體肥，加上〈中孚〉卦辭「豚魚吉」的「豚」字，唐代陸德明（約550～630）《經典釋文》云「蜀作遯」〔註160〕，是「遯」與「豚」相通，因此在〈遯〉卦的一系列爻辭裡面，「遯」應讀作「豚」，意爲小豬。〔註161〕豬性好逃，代表隱遁、逃避的「遯」字既從「豚」得聲，也從「豚」得義，是形聲兼會意字。豚是豐饒的象徵，因此九四爻的「好豚」、九五爻的「嘉豚」、上九爻的「肥豚」，都是上等好豬，屬於吉象，但對小人庶民則不然，無論是日常食用或餽贈親友，以小人庶民的家境都負擔不起，只有逢年過節才有機會吃到豬肉。初六爻是從小豬尾巴取象，因養豬常截斷尾巴以求肥壯，因此從小豬尾巴聯想到危險，不宜出行。九三爻則從用繩索繫住小豬取象，從豬受繩索束縛聯想到人疾病纏身，有危險之象；但從豬受繩索束縛這一點，也能聯想到僕婢被束縛在家中不致脫逃，因此對主人畜養僕婢而言是吉利之象。

以繩索繫豬取象也見於〈姤〉初六爻辭：

初六：繫于金柅，貞吉。有攸往，見凶。羸豕孚蹢躅。〔註162〕

這條爻辭中有三個地方說法分歧，分別爲「柅」、「羸」、「蹢躅」三處。「柅」字有兩類說法，一類是如《經典釋文》讀爲「檷」，指絡絲的架子〔註163〕；另一類是如《周易正義》引馬融說：「柅者，在車之下，所以止輪令不動者也。」〔註164〕則是將「柅」釋爲放在車輪下的刹車器。「羸」字也有兩類說法，一類是從字面上理解爲瘦弱之意，王弼注云：「羸豕，謂牝豕也。羣豕之中，豭強而牝弱，故謂之羸豕也。」〔註165〕這是從公豬體力較強、母豬體力較弱，認爲「羸豕」指的是母豬；另一類是如《周易集解》引三國曹魏宋衷曰：「羸，大索，所以繫豕者也。」〔註166〕清代李道平（1788～1844）《周易集解纂疏》引三國東吳陸績（188～219）云：「羸讀爲累，即縲紲之縲，古字通也。」〔註167〕則是將「羸」讀爲「縲」，指大繩索，「羸豕」就是用大繩索繫豬。「蹢躅」

〔註160〕〔唐〕陸德明：《經典釋文》，卷1，頁204。
〔註161〕高亨：《周易古經今注》，卷3，頁113。
〔註162〕《周易正義》，卷5，頁104～105。
〔註163〕〔唐〕陸德明：《經典釋文》，卷1，頁201。
〔註164〕《周易正義》，卷5，頁105。
〔註165〕《周易正義》，卷5，頁105。
〔註166〕〔唐〕李鼎祚輯：《周易集解》，卷9，頁218。
〔註167〕〔清〕李道平撰，潘雨廷點校：《周易集解纂疏》，卷6，頁404。

同樣有兩類說法,一類是引用《說文解字》的「蹢」字釋義:「蹢:逗足也。從足啻聲。或曰蹢躅。賈侍中說:足垢也。」〔註168〕這是將「蹢躅」釋為止足不前;另一類是如《經典釋文》所說:「蹢躅,不靜也。」〔註169〕則是將「蹢躅」釋為躁動不安。

　　將以上諸義綜合比較,由於爻辭中包含「有攸往」的行旅占斷,因此將「梶」釋為剎車器較為合宜;而〈姤〉卦辭說「女壯,勿用取女」〔註170〕,即女子壯盛之象,若將初六爻的「羸豕」釋為瘦弱的母豬,便與卦辭衝突,因此將「羸豕」理解為用大繩索繫豬較符合卦義;豬被繩索繫住之後,不能前行,頂多只能待在原地試圖掙扎,因此「蹢躅」無論釋為止足不前或躁動不安,義均可通。〈姤·初六〉即是說將豬隻用繩索繫在車輪下的金屬剎車器上,這一般來說算是吉象,但對將要出外旅行的人來說,見到這種景象為凶。成功馴服家畜原是好事,但豬隻被繩索繫在車輪之下,也會令人聯想到出行不順,被壓在車輪之下,因此不能讓出外旅行的人見到這幅畫面。

　　將這些關於豬的禁忌整合來看,主要來自兩種思維:一是將豬當作豐饒、財富的象徵,對貴族而言通常為吉象,但對庶民而言則財力難以負擔,也不能將之予人,因此禁忌用豬;二是從豬被繩索束縛,聯想到人也被束縛,而束縛人的可能是疾病、主僕關係,也可能是旅途中的意外,因此禁忌病患或旅人見到這種景象,而對打算畜養僕婢的主人而言,能見到這種景象反倒是求之不得。

　　關於羊本身的禁忌,集中在〈大壯〉卦:

　　　　九四:貞吉,悔亡。藩決不羸,壯于大輿之輹。

　　　　六五:喪羊于易,无悔。

　　　　上六:羝羊觸藩,不能退,不能遂,无攸利,艱則吉。〔註171〕

這裡說的「羝羊」就是公羊。「羝羊觸藩」在同卦九三爻也曾出現,整條爻辭為:「小人用壯,君子用罔,貞厲。羝羊觸藩,羸其角。」說庶民小人靠力氣、貴族君子靠羅網才活捉公羊,情況危險,而公羊捉回來馴養時仍用角頂撞籬笆,角便卡在籬笆中間。整件事用順敘手法說明清楚,沒有任何神秘之處,

〔註168〕《新添古音說文解字注》,2篇下,頁83。
〔註169〕〔唐〕陸德明:《經典釋文》,卷1,頁201。
〔註170〕《周易正義》,卷5,頁104。
〔註171〕《周易正義》,卷4,頁86。

也不構成禁忌。但在後面的九四到上六爻辭，羊的神秘性質便出現了：九四爻說公羊撞破籬笆之後，又被大車輪子撞傷，按理說是壞事，但占辭卻說是吉象；六五爻說丟失了羊，卻沒有什麼妨礙；上六爻說公羊用角頂撞籬笆，進退不得，沒有任何好處，但對克服艱難而言則是吉象。整體而言，公羊頂撞籬笆被卡住角，通常有危險、一無所得的意涵，算是禁忌，但利於克服困境，而羊逃竄受傷、走失，也稱得上吉象。這些與日常邏輯相反的占辭，當從羊的象徵意涵去理解其思維模式。「羊」諧音「陽」，公羊則象徵剛壯〔註172〕，因此羊在這裡有陽剛蠻勇的意象，羊受傷、走失，意味著銳氣受挫或消失，減少日後的傷害，但這種蠻勇有時也利於打通難關，因此說「艱則吉」。這些爻辭看似有違常理，但都是根據羊的象徵意義來作占斷。

第四節　植物禁忌

《周易》中的植物，除了〈坎・上六〉的叢棘和〈困・六三〉的蒺藜是有刺植物，代表監獄和困難〔註173〕，其他大多帶有正面意涵，例如〈大過・初六〉以白茅為襯墊代表恭敬慎重，同卦九二、九五爻的枯楊長出新芽或開花預示老夫、老婦將獲得年輕的伴侶，〈姤・九五〉以杞柳枝條編成箱子盛裝瓜果代表屈己容賢〔註174〕。不過，這些植物多是文學上的比喻，僅有〈大過〉九二、九五爻的「枯楊生稊」與「枯楊生華」是預兆，但也並未指示有任何危險或禁忌。

植物中與禁忌關聯較大的，應屬〈否〉卦九五爻辭：

　　九五：休否，大人吉。其亡其亡，繫于苞桑。〔註175〕

爻辭中的「休否」，可分為「休」和「否」兩字來看。「休」字的解讀有三種，

〔註172〕 黃忠天：〈談卦爻辭中的動物及其象徵意義〉，《中華學苑》第 52 期（1999 年 2 月），頁 80～81。

〔註173〕 《周易集解》引虞翻說：「獄外種九棘，故稱叢棘。」故叢棘代指監獄，見〔唐〕李鼎祚輯：《周易集解》，卷 6，頁 152。而蒺藜又名「茨」，為有刺植物，在《周易》、《詩經》中均象徵困難，見黃忠天：《《易經》《詩經》動植物象徵義涵與兩書互動關係比較研究〉，《文與哲》第 23 期（2013 年 12 月），頁 29～30。

〔註174〕 黃忠天：《《易經》《詩經》動植物象徵義涵與兩書互動關係比較研究〉，頁 26～27。

〔註175〕 《周易正義》，卷 2，頁 44。

其一是如鄭玄曰：「休，美也。」〔註176〕釋爲美善；其二是如李道平曰：「休者，止息。」〔註177〕釋爲止息；其三是如高亨讀爲「怵」，釋爲警懼。〔註178〕「否」字的解讀則有兩種，其一是如《經典釋文》云：「否，備鄙反，卦內同。閉也，塞也。乾宮三世卦。」〔註179〕釋爲閉塞；其二是如程頤所云「能以其道休息天下之否」，理解爲否運。〔註180〕將這兩字的各種訓釋依照上下文義排列組合，「休否」便有以下四種解讀方向：第一，能行休美之事於否塞之時；第二，止息閉塞；第三，休止否運；第四，警懼否塞之來。這四種解讀方向，放在爻辭中都說得通，而以第四種說法最能發揮居安思危之義。〈否・九五〉從字面上來說，是身居高位的大人能居安思危，警懼否塞之來，如此則爲吉象。而因爲恐懼危亡，便將某件事物繫於叢生的桑樹根上。〈繫辭下〉記錄了孔子（約前551～前479）對這句爻辭的解說：

> 子曰：「危者，安其位者也；亡者，保其存者也；亂者，有其治者也。是故君子安而不忘危，存而不忘亡，治而不忘亂，是以身安而國家可保也。《易》曰：『其亡其亡，繫于苞桑』。」〔註181〕

孔子是從處世心態來解釋這條爻辭，說君子如能居安思危，常保戒愼恐懼之心，以此行事便能保全自身乃至國家，反而可使未來處境如同繫於桑樹根上一樣穩固，而這種說法也長期主導後人對爻辭的理解。孔子慣於爲固有的禮俗、經典賦予新的道德意涵，這裡應該也不例外。如果回到源頭，則爻辭所說「休否，大人吉」，要求筮得此爻的大人保持警戒恐懼，方爲吉象，即與禁忌的精神相通；而後面的「其亡其亡，繫于苞桑」，爲了避免災禍降臨，便將某件事物繫於叢生的桑樹根，則是一種事前設防的禁忌禳解。嚴格說來，桑樹在這裡並非禁止碰觸或看見的對象，而是用作禁忌禳解的道具。這套禁忌禳解的操作方式可能是這樣：筮得此爻的大人將遭遇某種災禍，於是大人本身須保持警戒，並得將自己的某些物品繫在桑樹根上，讓無形的鬼神以爲那叢桑樹就是大人，將本來要加諸大人身上的災禍降臨到那叢桑樹上。換句話

〔註176〕胡自逢：《周易鄭氏學》，頁30。
〔註177〕〔清〕李道平撰，潘雨廷點校：《周易集解纂疏》，卷3，頁177。
〔註178〕高亨：《周易古經今注》，卷1，頁48～49。
〔註179〕〔唐〕陸德明：《經典釋文》，卷1，頁196。
〔註180〕黃忠天：《周易程傳註評（第三版）》（高雄：高雄復文圖書出版社，2006年），卷2，頁119。
〔註181〕《周易正義》，卷8，頁170。

說，這和前面討論過的〈无妄・六三〉「无妄之災，或繫之牛」一樣，也是一種轉移巫術，但差別在於〈无妄〉是將已經降臨在自己身上的災禍透過牛隻轉移給別人，而這裡則是將尚未降臨到自己身上的災禍直接轉移給桑樹，讓它代替自己受死。

《世說新語・術解》記載了這樣一個故事，可以和〈否・九五〉的轉移巫術互相發明：

> 王丞相令郭璞試作一卦。卦成，郭意色甚惡，云：「公有震厄。」王問：「有可消伏理不？」郭曰：「命駕西出數里，得一柏樹，截斷如公長，置牀上常寢處，災可消矣。」王從其語，數日中，果震柏粉碎。子弟皆稱慶。大將軍云：「君乃復委罪於樹木！」〔註182〕

東晉丞相王導（276～339）命令郭璞（276～324）為他占卦，結果預示王導將有被雷擊的災厄。王導問：「有能消災的辦法嗎？」郭璞說：「駕車向西邊走幾里，見到一棵柏樹，砍下與您身高相等的一段，放在您床上日常睡覺的地方，災厄就能消除。」王導照辦，幾天後，果然天降雷電將柏樹劈得粉碎。家中子弟都慶賀王導逃過一劫。大將軍王敦（266～324）卻說：「你竟然將罪過推給樹木！」這個故事和〈否・九五〉作法相似，都是讓樹木代替大人承受災厄，同時也用一些方法混淆鬼神視聽，讓他們誤以為那棵樹木就是本人，郭璞的方法是將樹木鋸成和大人身高相同的長度，放在大人睡的床上，而〈否・九五〉的辦法則是將大人的某些物品（例如日常穿戴的衣物）繫在樹根上，將它扮成大人的模樣。這種消災方式背後的思維就是人的禍福由鬼神主宰，但鬼神可以用種種人為辦法欺騙，藉此躲開原本應該降臨己身的災禍。

值得注意的是，為何代替大人受死的樹木是桑樹、柏樹，而非別種樹木？這點可以從桑樹和柏樹的音義來思考。《儀禮・士喪禮》云「醫笄用桑」，即有喪事時，死者家屬用桑木製成的簪子來束髮，鄭玄在此注曰：「桑之為言喪也。用為笄，取其名也。」〔註183〕「桑」諧音「喪」，在喪事中用桑木製的簪子，即是取其諧音，以桑喻喪。同樣的例子也見於《禮記・雜記上》：

> 暢臼以椈，杵以梧。枇以桑，長三尺；或曰五尺。畢用桑，長三尺，

〔註182〕〔南朝宋〕劉義慶撰，李自修譯注：《世說新語》（臺北：地球出版社，1994年），頁771。
〔註183〕《儀禮注疏》，卷35，頁413。

刊其柄與末。〔註184〕

這段文字敘述的是喪祭中的用品。「暢」通「鬯」，指祭祀用的鬱鬯香酒，「暢臼」即搗鬱鬯所用的臼；「椈」是柏木；「梧」是桐木；「枇」通「匕」，指湯匙類的食器；「畢」指叉子類的食器。在喪祭中，搗鬱鬯的臼用柏木製成，杵則用桐木製成，湯匙、叉子則用桑木。鄭玄在此注曰：「枇，所以載牲體者。此謂喪祭也。吉祭枇用棘。」孔穎達疏曰：「知謂喪祭也者，以其用桑，故知喪祭也。」〔註185〕在喪祭中，用來盛肉的湯匙、取肉的叉子，都是用桑木製作，取其諧音「喪」；而在吉祭時，則是用棘木製作，取「棘」諧音「吉」。也就是說，「桑」諧音「喪」，故以桑樹隱喻死亡，廣泛運用於喪禮之中。另外，《國語・鄭語》記載：

> 且宣王之時有童謠曰：「檿弧箕服，實亡周國。」於是宣王聞之，有
> 夫婦鬻是器者，王使執而戮之。府之小妾生女而非王子也，懼而棄
> 之。此人也，收以奔褒。天之命此久矣，其又何可為乎？〔註186〕

西周宣王（？～前782）之時有童謠說：「檿弧箕服，實亡周國。」「檿」是山桑，「弧」是弓，「箕」是一種木材，「服」則是箭袋。童謠的意思就是：山桑木做的弓、箕木做的箭袋，將使周國滅亡。宣王聽到了這首童謠，當時正好有一對夫妻在賣山桑木弓和箕木箭袋，宣王便派人追殺這對夫妻。這對夫妻在逃亡的路上收養了一名被宮女拋棄的私生女嬰，再投奔褒國，這名女嬰就是後來的褒姒。此一故事的真實性姑且不論，但從故事中以山桑木弓、箕木箭袋為亡國之兆來看，則桑樹不僅象徵個人死喪，也象徵國家滅亡。〔註187〕

至於柏樹，前引《禮記・雜記上》已提到，在喪祭中，搗鬱鬯的臼是用柏木製成，孔穎達在該條疏曰：「搗鬱鬯用柏臼、桐杵，為柏香、桐潔白，於神為宜。」〔註188〕搗鬱鬯用柏木臼、桐木杵，是因為柏木氣味芳香，桐木色澤潔白，適合禮神。柏木在喪禮中的用途，尚不止此一端，《禮記・喪大記》云：

〔註184〕〔漢〕鄭玄注，〔唐〕孔穎達正義：《禮記正義》（臺北：藝文印書館，2007年），卷41，頁724。

〔註185〕《禮記正義》，卷41，頁724。

〔註186〕〔三國吳〕韋昭注：《國語韋昭註》（臺北：藝文印書館，1959年），卷16，頁373。

〔註187〕關於歷代的桑樹禁忌，詳見陳來生：《中國禁忌》（臺北：萬象圖書有限公司，1991年），頁263～264。

〔註188〕《禮記正義》，卷41，頁724。

君松椁，大夫柏椁，士雜木椁。〔註189〕

君王用松木製棺，大夫用柏木製棺，士則用松柏以外的木材製棺。在這裡松柏以其長青不凋，成為君王、大夫製棺的首選，用意在於使死者長存不朽。基於類似的心理，古人也在墳墓邊種植松柏，而由於柏樹地位次於松樹，並非天子獨享，所以墓地種柏樹多於種松樹。不過，正因為柏樹與喪事緊密相連，「柏」字本身又諧音「白」，「白事」即喪事，柏樹便令人聯想到死亡。

從以上對桑樹與柏樹的討論可知，一來「桑」諧音「喪」、「柏」諧音「白」，令人聯想到喪事；二來它們也廣泛運用於喪禮之中，與死亡產生實際的連結，這使得桑樹和柏樹都被賦予了死亡的意象。用桑樹、柏樹代替大人受死，應是由於這兩種樹木本身便隱喻著死亡，故以此作為嫁禍消災的替身。

第五節　小結

《周易》中的自然禁忌，在經過上述的探討之後，可以總結出以下幾點：

第一，《周易》中的自然禁忌，絕大多數可歸入禁忌體系中的預知系統，這是由《周易》本為卜筮之書的性質所決定的。但一些較為罕見的自然現象，例如太陽顏色改變、祭典用雞高飛上天等等，屬於非常狀態，更容易被賦予極端的意涵，形成強烈預兆，這些現象本身甚至會直接被當成禁忌的對象；因為「禁忌」的通稱 taboo，其本義為「強烈標示的」，原本就和平常事物相對，越是特殊、罕見的事物，由於少見多怪，越容易被設想成具有危險性，進而形成禁忌。

第二，部分卦爻辭乃至〈象傳〉會直接說明某種禁忌的實質內容，例如冬至閉關諸事不宜、龜卜結果不得違背等等。這些禁忌往往是由原始生命觀出發，認為太陽運行規律可影響萬物生命週期，長壽的生物則富有靈性、能供作占卜替人鑑往知來，而它們循環運作、多眠復甦的規律，也令人聯想到「再生」、「復活」，從而賦予其神聖的性質。這些禁忌在強調特定節候的危險性，以及占卜預測的權威性之外，也隱含人類行事須效法天地萬物的思維，反映了人類活動與自然世界同步的宇宙觀念，以及對自然事物所具備特殊力量的敬畏與崇拜。

第三，部分卦爻辭會指出，在禁忌不可避免時，面對必然到來的災厄該

〔註189〕《禮記正義》，卷 45，頁 790。

用何種辦法來化解，例如藉由講信修德或實施轉移巫術，可望逢凶化吉，這屬於禁忌體系中的禳解系統。這種作法顯示，透過人力積極改變命運的觀念已經出現，到了《易傳》更將這種觀念發揚光大，減少禁忌帶來的束縛。

以上的禁忌及其背後的思維模式，都建立在一個前提上，即人類與自然萬物可以藉由某些途徑相互影響，物我之間的隔閡並不明顯。這種相互影響的原理，根據前一章提到弗雷澤的說法，就是「交感巫術」，兩件事物只要彼此相似或互相接觸，就能交互感應而產生影響，禁忌是對這種規則的消極應用；而以列維─布留爾的話來說，就是「互滲律」，在原始思維中，所有人、事、物都能互相滲透影響，將自己的特性傳遞給另一對象，禁忌也服膺這種規律。不過，在中國傳統思想體系中，以西漢董仲舒（前 179～前 104）的「天人感應」說更適合解釋這種思維原理。《春秋繁露·深察名號》曰：

> 天人之際，合而爲一。同而通理，動而相益，順而相受，謂之德道。
> 〔註190〕

代表自然的「天」與人類之間，原是合爲一體的。因爲彼此同爲一體，所以原理相通，天人之間的運行、動作能互相輔益，順應自然規律而互相承受，就稱爲「德道」。各種天象、地理、動物、植物等自然禁忌，其運作原理便是人類與自然萬物同爲一體，如同一具軀體的各個部分，因而彼此的動作可以相互影響，牽一髮而動全身。在這種物我一體的觀念之下，任何一個自然現象，都能成爲人類吉凶禍福的徵兆；而人類實施的各種禁忌、巫術，以及德行，也能反過來影響整個自然世界。這一說法解釋了爲何先民會認爲自然徵兆能提示禁忌所在，以及遵守這些禁忌的信念究竟從何而來、打破自然禁忌後的彌補方式如何成立，從而說明了隱藏在各種自然禁忌背後的宇宙觀念。

〔註190〕〔漢〕董仲舒：《春秋繁露》，卷 10，頁 60。

第四章　《周易》中的人事禁忌

　　《周易》中的人事禁忌，即《周易》文本中針對人類自身及所行事務的禁忌，包含透過占筮及某些人體跡象預知未來吉凶、指示禁忌行為，將某些人群或事務列入危險名單而採取隔離措施，或是在打破禁忌後所實施的禳解活動，總之是以人類自身的活動為主。《周易‧繫辭上》云：

> 聖人有以見天下之賾，而擬諸形容，象其物宜，是故謂之象。聖人
> 有以見天下之動，而觀其會通，以行其典禮，繫辭焉以斷其吉凶，
> 是故謂之爻。言天下之至賾而不可惡也，言天下之至動而不可亂也。
> 擬之而後言，議之而後動，擬議以成其變化。〔註1〕

〈繫辭上〉解說《周易》創作的精神，認為聖人見到天下事物紛雜，便模仿它們的形態、性質畫卦分類，這就是卦象。聖人見到天下事物變動，便觀察它們的共通法則，據此推行各種法典禮儀，給卦象加上文字以斷定吉凶，這就是爻。如此一來，無論怎樣紛雜變動的事物，談論起來都會有條有理，不至於混亂。人們可以比擬卦象之後再發言，議論之後再採取行動，如此便能成就《周易》的變化之道。據此則《周易》的創作與人事息息相關，作為卜筮之書，它的目的在於讓人們「議之而後動」，在進行各種事務之前，先行議論、思考其利弊得失，注意時勢變化，再做出決定，付諸行動。而在透過《周易》議論、思考的過程中，那些不宜付諸實施的部分，就是人事禁忌。

　　在《周易》的人事禁忌當中，有偏向私人的部分，本章將其歸納為人類身體與性別婚姻兩大類；而在偏向公眾的部分，本章則將其歸納為祭祀與軍

〔註1〕　〔魏〕王弼注，〔晉〕韓康伯注，〔唐〕孔穎達正義：《周易正義》（臺北：藝文印書館，2015年），卷7，頁150～151。〔註1〕

事兩大類，即所謂「國之大事，在祀與戎」〔註2〕。以下便逐一解說其禁忌內容，及其背後的思維方式。

第一節　人類身體禁忌

　　人類身體禁忌，指的是針對人類身體的部分或全體所施行的禁忌。《周易》卦爻辭由身體取象者頗多，爻辭更常以特定身體部位來對應爻位的高低，如以首、角、頂對應上爻或三爻（內卦的上畫），以趾、足、尾對應初爻或四爻（外卦的下畫），另外也有像〈履〉卦、〈頤〉卦那樣通篇採用足履或齒顎爲統一卦象，並引申爲境地、頤養的。〔註3〕在這些卦爻辭中，除了角和尾這兩種象徵純粹取自動物身體，其他大多是取自人類身體，源自〈繫辭下〉取象所稱的「近取諸身」。本節便將其中包含禁忌之處，依照施行對象區分爲「自身禁忌」與「他人禁忌」。

一、自身禁忌

　　自身禁忌，即人類對自己的身體所施行的禁忌。《周易》有兩卦是將爻位配合人體部位，由低到高來陳述其吉凶禁忌，這兩卦就是〈咸〉卦和〈艮〉卦，從其文辭只標示身體部位，並未特別說明人物身分來看，應該是指占問者自己的身體。〈咸〉卦的全部爻辭與〈象傳〉，由初爻到上爻依序爲：

　　　　初六：咸其拇。

　　　　〈象〉曰：「咸其拇」，志在外也。

　　　　六二：咸其腓，凶。居吉。

　　　　〈象〉曰：雖「凶，居吉」，順不害也。

　　　　九三：咸其股，執其隨，往吝。

　　　　〈象〉曰：「咸其股」，亦不處也。志在「隨」人，所「執」下也。

　　　　九四：貞吉，悔亡。憧憧往來，朋從爾思。

　　　　〈象〉曰：「貞吉，悔亡」，未感害也。「憧憧往來」，未光大也。

〔註2〕《左傳・成公十三年》語。〔晉〕杜預注，〔唐〕孔穎達正義：《春秋左傳正義》（臺北：藝文印書館，2007年），卷27，頁460。

〔註3〕于省吾：《雙劍誃易經新證》（臺北：藝文印書館，1959年），卷1，頁44～46。

　　九五：咸其脢，无悔。

　　〈象〉曰：「咸其脢」，志末也。

　　上六：咸其輔、頰、舌。

　　〈象〉曰：「咸其輔、頰、舌」，滕口說也。〔註4〕

〈象傳〉說「咸，感也」，「咸」有感應的意思。爻辭以人體各部位的感應兆示吉凶，可能就是一種「肉顫法」，用人體某部位的肌肉跳動預測未來。將這一系列爻辭與〈象傳〉互相參看可知，大腳趾肌肉跳動代表志在遠方；小腿肚肌肉跳動爲凶象，以安居不動爲宜；大腿肌肉跳動，代表不宜隨人遠行；心動不定爲吉象，代表將得朋友相從；脊背肌肉跳動，爲平安無事之象；而上頜、臉頰、舌頭肌肉跳動，就只是有話要說罷了。將這些預兆綜合來看，小腿肚及大腿肌肉跳動時，禁忌有所動作，特別是外出遠行。先民以爲魂魄依附於肉體，身體某部位的肌肉顫動，即是自身魂魄顯靈或外在神靈感召的結果〔註5〕，因此將身體肌肉不自主跳動的情況視爲神靈在對人類傳達吉凶預兆。

　　至於〈艮〉卦的全部爻辭，從初爻到上爻依序爲：

　　初六：艮其趾，无咎，利永貞。

　　六二：艮其腓，不拯其隨，其心不快。

　　九三：艮其限，列其夤，厲薰心。

　　六四：艮其身，无咎。

　　六五：艮其輔，言有序，悔亡。

　　上九：敦艮，吉。〔註6〕

〈象傳〉說「艮，止也」，「艮」有靜止的意思。爻辭以靜止之意搭配人體的各個部位，顯然是說該部位人體保持靜止，避免有所動作，這實質上就是一種行爲禁忌。初六爻說腳趾靜止不動便無災咎，利於占問長久之事，換句話說，筮得此爻者切勿遠行，應安居不動，如此一來就不會遇到災禍，且可安定下來做長期規劃；六二爻說小腿肚靜止不動，連帶地也沒辦法動腳，因爲腳是跟隨小腿一起運動，這使人感到內心不快，象徵在下者並未退而聽從在

〔註4〕　《周易正義》，卷4，頁82～83。
〔註5〕　任騁：《中國民俗通志【禁忌志】》（濟南：山東教育出版社，2005年），頁23。
〔註6〕　《周易正義》，卷5，頁116～117。

上者；九三爻說腰部靜止不動，卻傷了脊背上的肌肉〔註7〕，處境危險，心中焦慮如同火在燒灼，代表靜止部位不當，顧此失彼；六四爻說人體軀幹靜止不動，便沒有災咎；六五爻說嘴巴靜止，不亂講話，便不會造成悔恨；上九爻說止於敦厚，是為吉象。這一系列爻辭原本是由禁忌出發，避免輕舉妄動或胡亂說話，以求平安；但爻辭在討論「靜止」這一概念的過程中也注意到，靜止策略運用錯誤，導致該靜止而不能靜止、該行動而不能行動的狀況，反而更容易招致危險，因而最後歸結到「敦艮」，也就是一切靜止行為應以敦厚德行為依歸，從禁忌帶出了道德意識。〈象傳〉便從這種道德意識延伸，將〈艮〉的靜止意涵詮釋為「君子以思不出其位」，亦即君子的一切思慮都不超出自己的本分。與此類似的情況還包括〈恆・象傳〉「君子以立不易方」、〈大壯・象傳〉「君子以非禮勿履」，主張君子應當持身有恆、不行非禮之事，換句話說就是不輕易變動、不做世人認為不適宜的事情，這些原本都是行為上的禁忌，起初只是為了避開危險，後來便逐漸被賦予了道德內涵。

說到避開危險，《周易》中也有教人遠走避害的部分，例如〈小畜・六四〉、〈渙・上九〉及其〈象傳〉：

> 〈小畜・六四〉：有孚，血去惕出，无咎。

> 〈象〉曰：「有孚」，「惕出」，上合志也。〔註8〕

> 〈渙・上九〉：渙其血去逖出，无咎。

> 〈象〉曰：「渙其血」，遠害也。〔註9〕

〈小畜・六四〉與〈渙・上九〉這兩條爻辭，一般是按照通行本用字，兩者分別為訓，互不相屬。例如王弼在〈小畜・六四〉注曰：

> 夫言「血」者，陽犯陰也。四乘於三，近不相得，三務於進，而己隔之，將懼侵克者也。上亦惡三，而能制焉，志與上合，共同斯誠。

> 三雖逼己而不能犯，故得「血去」懼除，保无咎也。〔註10〕

這是從〈小畜〉本身的卦形結構來解釋爻辭。〈小畜〉的卦形為「☲☴」，六四爻是該卦唯一的陰爻，其他都是陽爻。凡陰爻緊鄰陽爻之上，按照陽氣上升、陰氣下降的運動規律，下方的陽爻會直接侵犯到上方的陰爻，造成傷害，所

〔註7〕　〔唐〕陸德明：《經典釋文》（臺北：藝文印書館，2015年），卷1，頁203。
〔註8〕　《周易正義》，卷2，頁39。
〔註9〕　《周易正義》，卷6，頁132。
〔註10〕　《周易正義》，卷2，頁39。

以稱「血」。六四爻緊鄰九三爻之上，恐懼九三爻向上侵犯，但因上九爻與九三爻同爲陽爻，彼此相斥，六四爻與上九爻意志相合，誠信互通，能共同壓制九三爻，使其不能爲害，所以傷害離去、恐懼盡除，保持無災無咎。在這裡是將爻辭中的「惕」字，按照字面意思直接訓爲恐懼。

王弼在〈渙・上九〉則注曰：

> 逖，遠也。最遠於害，不近侵害，散其憂傷，遠出者也。散患於「遠害」之地，誰將咎之哉？〔註11〕

這是從〈渙・上九〉的位置來解釋爻辭。〈渙〉的卦形爲「☴☵」，上九爻位在該卦的最上方，也不直接緊鄰陰爻，遠離所有侵害，憂傷消散，就像出門遠行到沒有傷害的地方，自然不受災咎。「血」字在此訓爲憂傷，是參考了馬融的讀法，《經典釋文》：「血，如字。馬云當作恤，憂也。」〔註12〕馬融將「血」讀作「恤」，釋爲憂慮，王弼便將馬融的憂慮之義與自己的傷害之義結合，成爲憂傷。至於爻辭中的「逖」字，便按照字面意思直接訓爲遙遠。

不過，〈小畜・六四〉的「血去惕出」與〈渙・上九〉的「血去逖出」，畢竟語法類似，因此也有人將兩者作相同理解。例如虞翻在〈小畜・六四〉注曰：

> 孚，謂五。〈豫〉，坎爲血，爲惕。惕，憂也。震爲出。變成〈小畜〉，坎象不見，故血去惕出。得位承五，故无咎也。〔註13〕

這是用象數方法來解釋爻辭。〈小畜〉六四爻緊鄰九五爻之下，因爲陰氣下降，陽氣上升，兩者互不侵犯，可以互信。而〈豫〉卦（☳☷）中央從六三爻到六五爻有「坎」（☵）之象，坎有血和憂慮之象；其外卦爲「震」（☳），有出之象。〈豫〉卦若陰陽全變，即可旁通〈小畜〉（☴☰），此時原本的坎象就不見了，所以血與憂慮都離去。〈小畜〉六四爻以陰爻居陰位，又緊鄰九五爻之下，位置合宜，故無災咎。爻辭中的「惕」字，在這裡訓爲憂慮。

虞翻在〈渙・上九〉則注曰：

> 應在三，坎爲血，爲逖。逖，憂也。二變爲〈觀〉，坎象不見，故其血去逖出无咎。〔註14〕

〔註11〕《周易正義》，卷6，頁132。
〔註12〕〔唐〕陸德明：《經典釋文》，卷1，頁196。
〔註13〕〔唐〕李鼎祚輯：《周易集解》（臺北：臺灣商務印書館股份有限公司，1996年），卷3，頁68。
〔註14〕〔唐〕李鼎祚輯：《周易集解》，卷12，頁290。

〈渙〉上九爻與六三爻陰陽相應，內卦爲「坎」（☵），有血和憂慮之象。〈渙〉原本的卦形爲「☴」，如果二爻變陽爲陰，就成爲〈觀〉（☴），原本的坎象不見了，所以血與憂慮都離去，沒有災咎。爻辭中的「逖」字，跟〈小畜・六四〉的「惕」同樣訓爲憂慮，可見虞翻是將「逖」假借爲「惕」。

除了恐懼、遙遠、憂慮三義以外，〈小畜・六四〉的「惕」字與〈渙・上九〉的「逖」字還有別種解讀。阜陽漢簡並無〈渙・上九〉，只有〈小畜・六四〉，該條殘簡文字爲：「□四：有復，血去易□，□□。」[註15] 楚竹書則無〈小畜・六四〉，只有〈渙・上九〉，該條文字爲：「上九：𩡧亓血，欲易出。」[註16] 濮茅左考釋此條文字道：

> 「血」，有傷害之義。「易」，變易。《廣韻》：「易，變易，又始也，改也，奪也，轉也。」渙散之時，禍害紛起，也有所傷，變換而擺脫出患難之境，自然無禍害。〈象〉曰：「『渙其血』，遠害也。」
>
> [註17]

通行本的「逖」字，楚竹書作「易」，濮茅左據此直接訓爲變易。局勢渙散的時候，禍害紛起，造成傷害，只有變換作風才能擺脫困境，免除禍害。

而在帛書中，〈小畜・六四〉、〈渙・上九〉分別作：

〈小畜・六四〉：有復，血去湯出，无咎。[註18]

〈渙・上九〉：渙亓血去湯出。[註19]

〈小畜・六四〉的「血去惕出」和〈渙・上九〉的「血去逖出」，在帛書中均作「血去湯出」，可見兩者實爲同一文句。[註20]「惕」、「逖」、「易」、「湯」四字，彼此音近互通。由於〈小畜・六四〉和〈渙・上九〉包含相同文句，因此這兩處應採用相同注解。考慮到〈渙・上九・象傳〉說：「『渙其血』，遠害也。」則此兩處應以〈渙・上九〉的「逖」爲訓，釋爲遙遠。「血」字各版本均同，故應直接訓爲流血，毋須再讀作其他通假字。這兩條爻辭意在警告

〔註15〕韓自強：《阜陽漢簡《周易》研究　附：《儒家者言》章題、《春秋事語》章題及相關竹簡》（上海：上海古籍出版社，2004 年），頁 106。

〔註16〕馬承源主編：《上海博物館藏戰國楚竹書（三）》（上海：上海古籍出版社，2003年），頁 211。《周易》部分由濮茅左考釋。

〔註17〕馬承源主編：《上海博物館藏戰國楚竹書（三）》，頁 211。

〔註18〕鄧球柏：《帛書周易校釋》（長沙：湖南人民出版社，2002 年），頁 407。

〔註19〕鄧球柏：《帛書周易校釋》，頁 427。

〔註20〕侯乃峰：《《周易》文字彙校集釋》（臺北：臺灣古籍出版有限公司，2009 年），頁 98、468～469。

占問者將有血光之災，只要事先遠走高飛，就能免除災禍。占卜命理往往會推算某人將有災殃，並告訴此人應離家避禍，就是這類爻辭的寓意。〔註21〕這種預告將有血光之災的爻辭，當出自血液禁忌。血液是人體的一部分，先民觀察到失血過多導致死亡的現象，便認為血液帶有靈魂、可以掌控生死。所謂血光之災，即會導致受傷流血的災禍，藉由卜筮預測血光之災好預先迴避，就是一種事先設防的禁忌禳解。

　　除了藉由卜筮預測受傷流血之外，其實受傷這件事情本身，也能用來預測其他事務的吉凶禍福。這種情形可見於〈大壯〉初九爻辭：

　　　　初九：壯于趾，征凶，有孚。〔註22〕

　　以及〈夬〉卦的初九與九三爻辭：

　　　　初九：壯于前趾，往不勝，為咎。

　　　　九三：壯于頄，有凶。君子夬夬獨行，遇雨若濡。有慍，无咎。〔註23〕

這三條爻辭的「壯」字，全都借為「戕」，有「傷」之意。〔註24〕〈大壯·初九〉說腳趾受傷，出征為凶；〈夬·初九〉則說腳趾前端受傷，前往征伐不能取勝，是為災咎。這兩者都是從腳趾受傷不良於行，聯想到出兵作戰失利。商周時代作戰主要是依靠駕車移動，腳趾受傷對戰況的影響不像步兵那麼明顯，但爻辭仍然認定腳趾受傷時不可作戰，因此可算作一種禁忌，而非經驗之談。至於〈夬·九三〉爻辭，其中後段在前一章討論雨水禁忌時已說過，

〔註21〕 高亨：《周易古經今注》（臺北：樂天出版社，1974年），卷1，頁35、卷4，頁207～208。

〔註22〕 《周易正義》，卷4，頁86。

〔註23〕 《周易正義》，卷5，頁103。

〔註24〕 《經典釋文》釋〈大壯〉卦名云：「莊亮反，威盛強猛之名。鄭云：『氣力浸強之名。』王肅云：『壯，盛也。』《廣雅》云：『健也。』馬云：『傷也。』郭璞云：『今淮南人呼壯為傷。』」此處收錄「壯」字的兩類意思，其一訓為強壯、壯盛、健壯，其二訓為傷害。見〔唐〕陸德明：《經典釋文》，卷1，頁200。又于省吾云：「按『壯』均應讀如『從或戕之』之『戕』，壯、戕並諧爿聲，故相通借。《釋文》引馬融云：『壯，傷也。』郭璞云：『今淮南人呼壯為傷。』是讀『壯』為『戕』也。《易》凡言戕均謂兌，兌為毀折，故為傷也。〈大壯〉初至五為大兌象，故初九云『傷于趾』，九四云『傷于大輿之輹』。〈夬〉為大兌象，故初九云『傷于前趾』，九三云『傷于頄』。〈姤〉與〈夬〉均正覆大兌象，〈姤·九三〉正之即〈夬·九四〉，故均曰『臀无膚，其行次且』。然則〈姤〉之言『女壯』，即『女傷』也。〈小過〉上互兌，故九三云『從或傷之』也。」是于省吾依照卦爻辭上下文及各卦卦象，讀「壯」為「戕」，訓為傷害。見于省吾：《雙劍誃易經新證》，卷3，頁133。

這裡談前段部分。「頄」是人臉上的顴骨，顴骨受傷，代表將有凶禍，而這種觀念應當源自頭面禁忌。頭面是一個人的儀表及尊嚴所在，因此民間特別忌諱頭顱、臉面受到攻擊，並產生顱相、面相等觀察頭面以測知其人性格、命運的俗信。〔註25〕人臉上顴骨部位受傷，對日常生活所造成的不便程度，遠較五官、軀幹、四肢等部位受傷為輕，但爻辭依然認定這會帶來災禍，這顯然不是出於實際功能考量，而是擔心「破相」會對往後命運造成不利影響，間接表達當時對面相與命運緊密相連的信仰。

比起先民對腳趾、顴骨受傷的高度重視，他們如何看待臀部受傷這件事便成為強烈的對照，此事見於〈夬·九四〉與〈姤·九三〉這兩條爻辭：

〈夬·九四〉：臀无膚，其行次且。牽羊悔亡，聞言不信。〔註26〕

〈姤·九三〉：臀无膚，其行次且。厲，无大咎。〔註27〕

兩條爻辭都說臀部受傷皮開肉綻，行路艱難遲疑不前。〈夬·九四〉認為這預示丟失羊隻〔註28〕，且不信人言；〈姤·九三〉則認為這種情況雖然危險，但沒有大礙。也就是說，臀部受傷雖然不是吉兆，但與腳趾、顴骨受傷相較，它預示的災禍比較輕微。臀部受傷會直接妨礙坐下、走路等行動，對日常生活的影響並不算小，但在先民心目中，它對未來吉凶禍福的影響力遠不如腳趾、顴骨，換句話說，臀部的禁忌程度要低於足部和頭面。

身體受傷不僅可供預測戰爭、遺失等事務，也能用來占斷疾病，例如〈剝〉卦這三條爻辭：

初六：剝牀以足，蔑貞凶。

六二：剝牀以辨，蔑貞凶。

六四：剝牀以膚，凶。〔註29〕

〈剝〉卦的「剝」字，跟《詩經·豳風·七月》的「八月剝棗」用法相同，都讀為「撲」或「扑」，也就是「擊打」的意思。〔註30〕先秦時代一般人平時

〔註25〕 任騁：《中國民俗通志【禁忌志】》，頁34。

〔註26〕《周易正義》，卷5，頁104。

〔註27〕《周易正義》，卷5，頁105。

〔註28〕「牽羊悔亡」的「牽」字，帛書作「桑」，竹書作「喪」，則「牽羊」意思應為「羊走失了」或「羊被人牽走了」。詳見侯乃峰：《《周易》文字彙校集釋》，頁350～353。

〔註29〕《周易正義》，卷3，頁64。

〔註30〕〔漢〕毛亨傳，〔漢〕鄭玄箋，〔唐〕孔穎達正義：《毛詩正義》（臺北：藝文印書館，2007年），卷8-1，頁285、290。

都席地坐臥，通常在生病後才臨時設置矮牀供病患倚靠歇息，因此這幾條有
關牀的爻辭應是占問疾病的；「蔑」可讀爲「夢」，故前兩條爻辭應爲夢占。〔註
31〕初六爻夢見腳撞到牀，六二爻夢見膝蓋撞到牀〔註32〕，六四爻是皮肉眞的
撞到牀而受傷，這些都預示著將有凶禍，也就是疾病將會惡化。先民從病患
身體實際撞到牀而受傷，由此聯想到疾病惡化，如果考慮到當時的醫療衛生
技術還不發達，無法保證傷勢能夠痊癒，則這種聯想並不過分，甚至還可說
是某種經驗的總結。但爲何病患在夢中撞到牀受傷，同樣可以導致病情惡化？
要回答這個問題，得先解釋夢占的原理。列維─布留爾在《原始思維》中談
到原始人對夢的看法：

> 在他們看來，夢又主要是未來的預見，是與精靈、靈魂、神的交往，
> 是確定個人與其守護神的聯繫甚至是發現它的手段。他們完全相信
> 他們在夢裡見到的那一切的實在性。〔註33〕

也就是說，對原始人而言，夢中經歷的事物就跟清醒時所經歷的一樣實在，
並且包含著神靈的指示，能據此預見未來。這種想法誕生了夢占，並廣泛流
行於世界各個文化之中。在《周易》以外的先秦典籍，也能見到夢占的蹤跡，
例如《詩經‧小雅》便有三首詩涉及夢占，其一爲〈斯干〉：

> 乃寢乃興，乃占我夢：「吉夢維何？維熊維羆，維虺維蛇。」
>
> 大人占之：「維熊維羆，男子之祥。維虺維蛇，女子之祥。」〔註34〕

其二爲〈無羊〉：

> 牧人乃夢：「眾維魚矣，旐維旟矣。」
>
> 大人占之：「眾維魚矣，實維豐年。旐維旟矣，室家溱溱。」〔註35〕

其三爲〈正月〉：

> 召彼故老，訊之占夢。〔註36〕

〔註31〕　高亨：《周易古經今注》，卷2，頁82～83；楊泓：《華燭帳前明──從文物看
　　　　　古人的生活與戰爭》（香港：香港城市大學出版社，2009年），頁4。

〔註32〕　「剝牀以辨」的「辨」字，讀爲「髕」或「蹁」，即膝蓋之意。詳見〔清〕王
　　　　　引之：《經義述聞》（南京：江蘇古籍出版社，1985年），卷1，頁19。

〔註33〕　〔法〕列維‧布留爾（Lévy-Brühl, L.）著，丁由譯：《原始思維》（臺北：臺
　　　　　灣商務印書館股份有限公司，2001年），頁53。

〔註34〕　《毛詩正義》，卷11-2，頁387。

〔註35〕　《毛詩正義》，卷11-2，頁389。

〔註36〕　《毛詩正義》，卷12-1，頁399。

〈斯干〉說人睡醒起來以後，針對自己夢到熊羆、虺蛇等動物進行占問，占夢之官認為夢見熊羆是將生男孩的吉兆，夢見虺蛇是將生女孩的吉兆。〈無羊〉前章說過，牧人獻夢，說自己夢見魚群眾多，旌旗飄飄，占夢之官認為夢見魚群眾多預示年穀豐收，夢見旌旗飄飄預示多子多孫。〈正月〉則批判君王只會召集故老，詢問占夢，而不問政事。這些詩篇顯示古人非常認真看待夢境，且有專人負責占夢，每種夢境內容都有對應的事物徵兆。《周禮‧春官》中更設有「占夢」一職，其詳細職能如下：

> 占夢：掌其歲時，觀天地之會，辨陰陽之氣。以日月星辰占六夢之吉凶，一曰正夢，二曰噩夢，三曰思夢，四曰寤夢，五曰喜夢，六曰懼夢。季冬，聘王夢，獻吉夢于王，王拜而受之。乃舍萌于四方，以贈惡夢，遂令始難歐疫。〔註37〕

占夢之官專門為君王占斷夢境吉凶，以及在季冬歲末時獻上群臣的吉夢，向四方送走惡夢，下令開始舉行大儺儀式驅逐疫鬼。在這裡群臣的吉夢被當成一種實際的禮物，獻給君王，惡夢則被當成一種實際的壞東西，必須送走，可見夢境屬實的概念，在先秦時代極為深入人心。用這種概念回來看〈剝〉卦便可明白，病患身體撞到牀，這件事無論發生在現實或夢境之中都是禁忌，其原因在於先民將夢境與現實等同，不加區別。

二、他人禁忌

所謂他人禁忌，就是和自己以外的某些人保持距離，禁止與其接觸、來往。一般而言，被禁止接觸的都是「非常」之人，例如君王、貴族、神職人員等神聖人體，或是罪犯、病患、死者、經期和分娩中的婦女等不潔人體。這類禁忌也能在《周易》尋得蹤跡，其中出現頻率最高的就是禁止與「小人」接觸、來往。有關特定身分地位的禁忌，通常是針對君王、貴族、神職人員等具有神聖權力或法力的統治者，一般人不能在未經允許的情況下接觸他們本人，連他們吃過的東西、用過的物品也不能碰，根據原始民族的信仰，違反這些禁忌的人會像碰到火一樣，受到統治者的力量傷害，直接導致生病甚至死亡。〔註38〕但在《周易》中，卻鮮少這樣的禁忌，反而特別注意該如何

〔註37〕〔漢〕鄭玄注，〔唐〕賈公彥疏：《周禮注疏》（臺北：藝文印書館，2007年），卷25，頁381～382。

〔註38〕〔英〕弗雷澤（Frazer, J. G.）著，徐育新、汪培基、張澤石譯：《金枝》（北京：中國民間文藝出版社，1987年），頁305～309。

避開「小人」，例如下列這三條爻辭：

〈師・上六〉：大君有命，開國承家，小人勿用。〔註39〕

〈大有・九三〉：公用亨于天子，小人弗克。〔註40〕

〈既濟・九三〉：高宗伐鬼方，三年克之，小人勿用。〔註41〕

「小人」一詞，在《周易》中經常與「君子」對舉，但其意義在卦爻辭與《易傳》中並不相同。在《易傳》及後世的用法中，「君子」指德行高尚之人，「小人」則指德行低劣之人；但在卦爻辭中，「君子」指貴族士人，「小人」則指庶民百姓，這從卦爻辭敘述兩者生活條件差異可以看得出來。例如〈遯・九四〉談上等好豚時說「君子吉，小人否」，君子能夠享用，小人則否；〈大壯・九三〉談捕捉公羊時說「小人用壯，君子用罔」，表明小人純靠身強力壯來捉羊，君子則有羅網可以捕羊；還有〈剝・上九〉說「碩果不食，君子得輿，小人剝廬」〔註42〕，由此可知當有巨大利益而不上前取用，這種行爲可使君子獲得名譽、賞賜，卻會使小人家境困窘。〔註43〕這些例子都說明君子的生活條件比小人優越，身分地位也較高。

明白「小人」在卦爻辭中指庶民百姓，再來看〈師・上六〉、〈大有・九三〉、〈既濟・九三〉這三條爻辭，就能發現其中蘊含著關於身分地位的禁忌。〈師・上六〉的情境是君王冊命功臣爲諸侯、大夫，卻不可任用庶民百姓。〈大有・九三〉是公侯向天子朝獻、進貢，庶民百姓則不得參與。〈既濟・九三〉說商王高宗武丁征伐鬼方，經過三年才克敵制勝，庶民百姓則不能參戰。觀察這些爻辭可以得知，《周易》是從統治者角度出發，將一般的庶民百姓排除在封官、外交、軍事等領域之外。這一現象反映了商周時代社會是由貴族主導，並以種種禁忌在貴族與百姓之間畫下了一道道鴻溝，但其動機不能單純地用階級壓迫來解釋，這無法說明爲何握有權力的貴族會對普通百姓如此恐懼。

百姓不能進入貴族活動領域，這種禁忌其實可以和前述的統治者禁忌相互對照，彼此恰好是一體兩面，即百姓不能接觸貴族，相對地貴族也不能接

〔註39〕《周易正義》，卷2，頁36。
〔註40〕《周易正義》，卷2，頁46。
〔註41〕《周易正義》，卷6，頁136。
〔註42〕《周易正義》，卷3，頁64。
〔註43〕高亨：《周易古經今注》，卷2，頁84～85。

觸百姓。對庶民百姓而言，貴族統治者具有強大的力量，誤觸他們會使自己
受到傷害，爲了保護自己便不得不遠離他們，但這種信仰只能說明爲何百姓
不能接觸貴族，還未能釐清爲何貴族不能接觸百姓。如果從百姓爲常人、貴
族則是非常之人這點來設想，那麼這兩種禁忌背後即是由同一套思維模式在
運作，目的是要嚴格區分「常」與「非常」。如果一位普通百姓接受冊封、參
與外交及戰爭，他便進入貴族等非常之人專屬的領域，打破了原有的社會結
構秩序，身分也因此變得難以定義：就其出身而言，他仍是百姓；但就其行
爲而言，他卻是貴族。這種跨越界線的行爲，使他的身分定位也跨越界線，
變成亦此亦彼、卻又非此非彼的狀態，在巫術思維作用下，這種人常被認爲
具有不受控制的力量，將不自覺地行使巫術傷害他人。相對地，如果一位貴
族置身於百姓之間，他也打破了原有的社會結構秩序，其力量同樣不受控制，
會不自覺地傷害到周圍的百姓。爲了避免這種身分混淆導致力量不受控制的
狀況，便產生了貴族與百姓不能互相接觸的禁忌，在彼此的活動領域之間畫
上明確的鴻溝，如此便不會出現介於兩者之間的邊緣人來製造危害。〔註44〕

　　將分屬「常」與「非常」的群體彼此區隔開來，這種作法不只實施於百
姓與貴族之間，也實施於無辜者與罪犯、健康人與病患、活人與死者之間，
被列爲「非常」這一端的群體是禁忌人物，而遊走在「常」與「非常」兩端
之間的邊緣人也是禁忌人物。針對上述這些人物的禁忌，在《周易》中同樣
有所體現，例如〈坎〉上六爻辭：「係用徽纆，寘于叢棘，三歲不得，凶。」
〔註45〕說的就是將罪犯用繩索綑綁，囚禁於監獄之內，三年不得出獄〔註46〕，
和外界的無辜大眾隔離；而〈鼎〉九二爻辭：「鼎有實，我仇有疾，不我能即，
吉。」〔註47〕則是說鼎中盛有食物，但占問者的妻子生病，不能與之共食，
這是將病患與健康的人隔離。這些隔離措施主要是因爲罪犯跟病患往往被視
爲不潔之人，帶有危險的力量，故須禁止他們與常人接觸，以免散播災害。

　　如果說，罪犯是由於可能具有攻擊性而被限制行動，病患則是由於所患

〔註44〕關於身分定位不明者其力量不受控制的論述，詳見〔英〕道格拉斯（Douglas,
　　　　M.）著，黃劍波、柳博贇、盧忱譯：《潔淨與危險》（北京：民族出版社，2008
　　　　年）第六章〈力量與危險〉，頁119～141。
〔註45〕《周易正義》，卷3，頁73。
〔註46〕先秦時人在監獄外種植荊棘，以防罪犯越獄，故用「叢棘」代指監獄，見〔
　　　　唐〕李鼎祚輯：《周易集解》，卷6，頁152～153。
〔註47〕《周易正義》，卷5，頁113。

疾病可能具有傳染性才被隔離，這些區隔措施尚可從治安或衛生的角度來討論，那麼人們對於死者的諸多禁忌，就明顯缺乏實際的理由，只能從巫術、信仰等方面去分析其思維。〈繫辭下〉在談論《周易》與文明起源時，曾有一段文字述及喪葬儀式的由來演變：

> 古之葬者，厚衣之以薪，葬之中野，不封不樹，喪期无數，後世聖
>
> 人易之以棺槨，蓋取諸〈大過〉。〔註48〕

在原始時代，人們安葬死者，是在屍體上覆蓋柴草，放置在曠野之中，不起墳堆、不種植樹木來標記地點，也沒有固定的服喪期限。後世的聖人改用棺槨兩重來安放屍體，這大概是取自〈大過〉的卦象。這段文字呈現了古今葬法於外在儀式上的差異，但其核心目的並沒有太大改變，就是將活人與死者區隔開來。一開始的區隔方式很簡單，只是將屍體掩蓋起來，放在無人的曠野中，不讓活人接觸到他們；隨著文明演進，區隔死者的方式也變得更為複雜，像是用重重棺木入殮屍體，並在下葬地點堆墳、植樹以為標記，但整體而言，這些作法還是為了確保活人不會直接碰觸到死者，甚至更進一步確保活人不會侵犯到死者的領域，以免被死者的無形力量傷害。

上述的安葬方式還僅是針對壽終正寢的死者，對於非正常死亡的死者，人們更加畏懼，也有更強烈的理由與之隔離，例如〈離〉九四爻辭：

> 九四：突如其來如，焚如，死如，棄如。〔註49〕

〈離〉九四爻辭的意義，隨著「突」字讀法不同，而有各式各樣的詮釋途徑。第一類是將「突」讀為「𠀤」或「𡥉」。東漢許慎（約30～約124）《說文解字》釋「𠀤」字云：

> 𠀤：不順忽出也。从到子。《易》曰：「突如其來如。」不孝子突出，
>
> 不容於內也。「𠀤」即《易》「突」字也。凡𠀤之屬皆从𠀤。𡥉，或
>
> 从到古文子。〔註50〕

「𠀤」的意思是不依循常理忽然出現，字形是上下顛倒的「子」，屬於會意字。《周易》的「突如其來如」，其中的「突」字即為「𠀤」，指不孝子忽然出現，不見容於家中。「子」在古文寫成「𡥉」，因此「𠀤」還有另一個寫法「𡥉」，就是把古文的「𡥉」顛倒過來。許慎是將〈離‧九四〉「突如其來如」的「突」

〔註48〕《周易正義》，卷8，頁168。

〔註49〕《周易正義》，卷3，頁74。

〔註50〕〔漢〕許慎撰，〔清〕段玉裁注：《新添古音說文解字注》（臺北：洪葉文化事業有限公司，2005年），14篇下，頁751。

字讀爲「去」，訓爲不孝子。後來的鄭玄承襲了這種讀法，並加以延伸發揮注解〈離·九四〉：

> 震爲長子，爻失正，又互體兌，兌爲附決。子居明法之家而無正，何以自斷其君父，不志也。焚如，震之失正，不知其所如，又爲巽，巽爲進退，不知所從。不孝之罪，五刑莫大焉。得用議貴之辟刑之，若如所犯之罪。焚如，殺其親之刑；死如，殺人之刑也；棄如，流宥之刑。〔註51〕

這是利用互體的方式來解說爻辭。〈離〉的卦形爲「☲」，〈離·九四〉是以九四爻變爲占，該爻變陽爲陰，便成爲〈賁〉（☲），從九三爻至六五爻互體爲「震」（☳），有長子之象。〈離·九四〉以陽爻居陰位，有失正道，又〈離〉本身從九三爻至六五爻可互體爲「兌」（☱），有附決之象，可理解爲比附法律決議。長子居於明法之家卻不循正道，等於自行斷絕君父的傳統，不能繼承祖先的志業。「焚如」指的就是代表長子的震失去正道，不知道該往何處，又〈離〉從六二爻到九四爻可互體爲「巽」（☴），巽有進退之象，表示不知道該依從何種準則。依照《周禮·地官·大司徒》「以鄉八刑糾萬民，一曰不孝之刑」〔註52〕，在所有刑罰中，以不孝之罪的刑罰爲首，罪行最爲重大，但因犯罪的長子出身明法官家，依照〈秋官·小司寇〉的「議貴之辟」〔註53〕，可因其身分尊貴而減輕其刑。又根據〈秋官·掌戮〉：「凡殺其親者，焚之。」〔註54〕則「焚如」指殺害自家親屬的罪犯，應當燒死；「死如」指殺死一般人的罪犯，應當處死；「棄如」指罪犯符合減刑資格，受到寬宥而免除一死，改爲流放。在鄭玄採用的版本中，「突」即寫作「焚」，釋爲不孝子，並以《周禮》刑誅相關內容來作注。

與鄭玄同時的荀爽，雖也採用作「焚」字的版本，詮釋方向卻大不相同：

> 陽升居五，光炎宣揚，故焚如也。陰退居四，灰炭降墜，故其來如也。陰以不正，居尊乘陽，歷盡數終，天命所誅，位喪民畔，

〔註51〕 胡自逢：《周易鄭氏學》（臺北：文史哲出版社，1990年），頁46、224。

〔註52〕 《周禮注疏》，卷10，頁161。

〔註53〕 《周禮·秋官·小司寇》：「以八辟麗邦灋，附刑罰：一曰議親之辟，二曰議故之辟，三曰議賢之辟，四曰議能之辟，五曰議功之辟，六曰議貴之辟，七曰議勤之辟，八曰議賓之辟。」是依照犯罪者的身分、德行、才能與功勳，而有八種不同的減刑條件。見《周禮注疏》，卷35，頁524。

〔註54〕 《周禮注疏》，卷36，頁545。

下離所害,故焚如也。以離入坎,故死如也。火息灰損,故棄如

也。〔註55〕

荀爽依照陽氣上升、陰氣下降的運行原則,認為陽爻應從九四上升到九五,如同「離」(☲)所代表的火焰上騰,所以說「焚如」;陰爻則應從六五退居六四,如同灰炭落下,所以說「其來如」。六五爻以陰爻居尊位,踞於陽爻之上,氣數終盡,將被天命誅除,喪失地位,民眾叛離,遭到下方同樣代表火的「離」損害,所以說「焚如」。〈離〉的卦形為「☲」,如果依照前面所說,陽爻從四爻上升到五爻,陰爻從五爻下降到四爻,就變成〈家人〉(☲),此卦從六二爻到六四爻互體為「坎」(☵),有水之象,〈離‧九四〉經歷此一變化,便從離的一部分轉為坎的一部分,水能滅火,所以說「死如」。火焰被水澆熄,灰炭也隨之損壞,所以說「棄如」。在這裡荀爽雖沿用「焚」字,卻未訓為不孝子,而是採用「不順忽出」之義,將「焚如」理解為火焰忽然上騰。從以上說法可以得知,東漢時人普遍將「突」讀為「去」或「焚」,釋為不孝子或忽然。

第二類就是按照通行本寫作「突」。王弼注〈離‧九四〉曰:

處於明道始變之際,昏而始曉,沒而始出,故曰「突如其來如」。其
明始進,其炎始盛,故曰「焚如」。逼近至尊,履非其位,欲進其盛
以炎其上,命必不終,故曰「死如」。違離之義,无應无承,眾所不
容,故曰「棄如」也。〔註56〕

這是從離為光明,有日之象來解讀爻辭。〈離‧九四〉位於外卦之始,處於光明開始交替變化的時刻,內卦的太陽已經隱沒,緊接著外卦的太陽才正要出來,所以說「突如其來如」。此時太陽開始變得明亮,光焰開始興盛,所以說「焚如」。九四爻逼近至尊的六五爻,以陽爻居陰位,所處位置不正,想強化自己的勢力,以其光焰向上燃燒代表君主的六五爻,此等犯上之舉必然使自己不得善終,所以說「死如」。九四爻違背離的柔順之道,又與初九爻、九三爻同為陽爻,既不能陰陽相應,又沒有下位相承,群眾都容不下他,所以說「棄如」。這裡雖然採用作「突」字的版本,但也訓為忽然,亦即「突」字在後世的常用意義。

同樣採用「突」字,也有人不把「突如其來如」的主體當成自己,而當成敵人。例如胡樸安《周易古史觀》云:

〔註55〕 〔唐〕李鼎祚輯:《周易集解》,卷6,頁156。
〔註56〕 《周易正義》,卷3,頁74。

> 九三不鼓缶而歌，怠於防禦，劫奪禾穀之人，突如其來也。焚如者，
> 禾穀或廬舍被焚也。死如者，防禦之人被敵人殺死也。棄如者，一
> 切物件被敵人拋棄也。游戲而歌不爲防禦，廬舍被焚，無所容身，
> 故〈象〉曰：无所容也。〔註57〕

這是將「突如其來如」的主體當成敵人，敵人趁我方疏於戒備之時，趁機劫掠，放火燒屋，殺死守衛，並拋棄物品，使我方無所容身。「突」字在這裡訓爲忽然。

而張立文《周易帛書今注今譯》雖有帛書爲底本，仍沿用通行本字句爲訓：

> 九四，敵人突然衝過來，燃掉房子，殺死人，破壞了村子。〔註58〕

這裡的翻譯與前者情境類似，不同的是它融合了「突」的兩種意義，一種是忽然，另一種是衝，兩者相結合便成爲突然衝過來。綜合這幾種說法可以得知，凡採用「突」字者，通常訓爲忽然，頂多與其他義項融合解說。

第三類是將「突」讀爲「出」。《經典釋文》在「突」字下注曰：「徒忽反，王肅唐屑反，舊又湯骨反。《字林》同，云：暫出。」〔註59〕也就是說，「突」可以訓爲暫時出來。這一說法其實是「突」字的古訓，《說文解字》云：

> 突：犬從穴中暫出也。从犬在穴中。一曰滑也。〔註60〕

「突」的本義是犬隻從洞穴中暫時出來，字形爲犬在穴中，屬於會意字。後世常用的忽然、衝出等義，都是由此各擷取一部分引申而來。值得注意的是，〈離〉九四爻辭在帛書中作：

> 九四：出如，來如，紛如，死如，棄如。〔註61〕

而在阜陽漢簡中則作：

> 九四：其出如，其來如，焚如，棄□。〔註62〕

現今通行本的「突」字，在帛書跟漢簡中都作「出」，可見此處的「突」字本義當爲「出」，而且在下文與此字並列的「來」、「焚」、「死」、「棄」等字都是

〔註57〕 胡樸安：《周易古史觀》（臺北：明文書局，1989年），卷上，頁130。
〔註58〕 張立文：《周易帛書今注今譯》（臺北：臺灣學生書局，1991年），頁589。
〔註59〕〔唐〕陸德明：《經典釋文》，卷1，頁199。
〔註60〕《新添古音說文解字注》，7篇下，頁349。
〔註61〕 鄧球柏：《帛書周易校釋》，頁361。
〔註62〕 韓自強：《阜陽漢簡《周易》研究 附：《儒家者言》章題、《春秋事語》章題及相關竹簡》，頁130～131。

動詞，所以從語法上來看，「突」字也應是動詞，訓爲「外出」或「暫出」。如果將「突」訓爲「不孝子」，就是名詞；如果訓爲「忽然」，就是副詞，兩者和下文的語法、文例都不相合。〔註63〕而從「突」訓爲「外出」或「暫出」來看，〈離・九四〉整句爻辭可以理解爲行人外出往來，遇到火災被燒死，屍體則被棄置不管。意外死亡之人，通常不受世俗接納，無處容身，因此〈象傳〉才說：「『突如其來如』，无所容也。」一般而言，死在外鄉異地、孕婦難產而死、死時屍首不全、被殺害、被淹死、被燒死等等，只要不是在自己家裡壽終正寢的都算是非正常死亡，民間認爲這些死法不但導致死者自身痛苦，還會危及後人。〔註64〕相對於活人，死者已經算是「非常」的存在，非正常死亡的死者更是非常中的非常，他們被想像成對世界懷有敵意，會將本身的厄運傳遞給活人。爲了防止接收到非正常死者的厄運，一般活人都不敢接觸他們，採取隔離措施來保護自己，而將屍體棄置不管只是其中一種手段。《禮記・檀弓上》言道：

> 死而不弔者三：畏、厭、溺。〔註65〕

死者生前的親朋好友接到死訊後會去喪家弔唁，但有三種情況不必這麼做：第一，死者是被人殺害的；第二，死者是意外事故死亡的；第三，死者是被淹死的。總結來說，當死者是非正常死亡的時候，不僅一般人不能接觸遺體，就連親朋好友也不必去弔唁，以免接收到死者的厄運，也就是後世稱爲「晦氣」的東西。

被視爲危險、晦氣的不只有死者本身，還包括了死者的家屬，這點從居喪時的限制便能看出端倪。〈中孚〉初九爻辭云：

> 初九：虞吉，有它不燕。〔註66〕

《周易學說》引清代劉沅（1768～1855）的說法，認爲〈中孚〉初九爻辭的「虞」指虞禮，下文「有它不燕」則申述「虞吉」之義。〔註67〕所謂的虞禮，就是在死者正式下葬之後，家屬迎接其魂魄回到原先停靈的地方，在中午時祭祀，讓死者的魂魄有個安棲之所。〔註68〕但是虞禮並不等於喪期的終點，

〔註63〕吳辛丑：《周易講讀（上）》（臺北：龍視界，2014年），頁162～164。
〔註64〕任騁：《中國民俗通志【禁忌志】》，頁262。
〔註65〕〔清〕孫希旦：《禮記集解》（臺北：文史哲出版社，1990年），卷7，頁182。
〔註66〕《周易正義》，卷6，頁133。
〔註67〕馬振彪遺著，張善文整理：《周易學說》（廣州：花城出版社，2002年），頁590。
〔註68〕《儀禮・士虞禮》鄭玄注：「虞，安也。士既葬父母，迎精而反，日中祭之於

在虞禮結束後，死者家屬仍然要繼續服喪，並遵從居喪時的各種禁忌，不能恣意歡笑，以免遭亡魂報復，也不能參加各種喜慶社交活動，以免將晦氣帶給別人。〈中孚〉初九爻辭意在指示死者家屬，筮得此爻時舉行虞禮爲吉，但仍要遵守居喪時期的禁忌。「有它不燕」的「它」引申爲意外憂患，「燕」字在《周易正義》解爲「安」，《周易通義》則解爲「宴飲」〔註69〕，如採用前者，則「有它不燕」意爲居喪期間仍有憂患，不得安寧，這是就內心狀態而言；如採用後者，則「有它不燕」意指居喪期間仍有憂患，不能參加宴飲，這是就外在活動而言。不管是哪一種，這條爻辭都帶有禁忌，藉由限制死者家屬的心態及行爲，來避免死亡的厄運四處傳播擴散。

將這一系列針對死者及其家屬的禁忌整合來看，可以發現它們主要的目的都是將他們與一般的活人隔離，而其背後共通的思維則是將死亡視爲某種有形的物質，可以透過人際間的互相接觸、往來而傳遞。爲了預防這種危險力量擴散，導致更多人死亡，在活人身上便產生爲了自保而拒絕接觸死者的心態，而在死者家屬身上則透過約定俗成的禁忌來限制其行動，好切斷危險傳播的管道。其中對於非正常死亡的想像，則是比壽終正寢更爲強大的危險力量，爲了對抗這種力量，便創造出更加嚴密的生死隔離措施。總而言之，這些禁忌眞正想防範的對象是死亡，禁止一般活人與死者、悼亡家屬接觸，則是達成這種意圖的外在手段。

第二節　性別婚姻禁忌

將人類區分爲男女兩性，採取分別對待，又藉由婚姻制度使之結合，另加規範，這就是性別婚姻禁忌。這類禁忌在《周易》中可區分爲「性別禁忌」與「婚姻禁忌」，以下分別述之。

一、性別禁忌

凡將人群按照性別加以區分，並限制異性之間的接觸、規定異性該有不同的社會角色，都可算作性別禁忌。在這方面，《周易》卦爻辭中首先呈現的

殯宮以安之。」見〔漢〕鄭玄注，〔唐〕賈公彥疏：《儀禮注疏》（臺北：藝文印書館，2007年），卷42，頁493。

〔註69〕李鏡池著，曹礎基整理：《周易通義》（北京：中華書局，2007年），頁120～121。

就是男女分工不相跨越的禁忌，例如〈蠱〉卦的初六到六五爻辭：

　　初六：幹父之蠱，有子考，无咎，厲，終吉。

　　九二：幹母之蠱，不可貞。

　　九三：幹父之蠱，小有悔，无大咎。

　　六四：裕父之蠱，往見吝。

　　六五：幹父之蠱，用譽。〔註70〕

〈蠱〉卦的「蠱」字，〈序卦傳〉云：「蠱者，事也。」〔註71〕因此歷來注解都據此而訓「蠱」爲「事」。但從「蠱」到「事」的訓解過程，卻有不同的論證途徑。第一種訓解過程採用引申，主要是參考《左傳·昭公元年》的論述：

　　晉侯求醫於秦，秦伯使醫和視之，曰：「疾不可爲也，是謂近女室，疾如蠱。非鬼非食，惑以喪志。良臣將死，天命不祐。」公曰：「女不可近乎？」對曰：「節之。先王之樂，所以節百事也，故有五節。遲速本末以相及，中聲以降。五降之後，不容彈矣。於是有煩手淫聲，慆堙心耳，乃忘平和，君子弗聽也。物亦如之。至於煩，乃舍也已，無以生疾。君子之近琴瑟，以儀節也，非以慆心也。天有六氣，降生五味，發爲五色，徵爲五聲。淫生六疾，六氣曰陰、陽、風、雨、晦、明也。分爲四時，序爲五節，過則爲菑：陰淫寒疾，陽淫熱疾，風淫末疾，雨淫腹疾，晦淫惑疾，明淫心疾。女，陽物而晦時，淫則生內熱惑蠱之疾。今君不節不時，能無及此乎？」出，告趙孟。趙孟曰：「誰當良臣？」對曰：「主是謂矣。主相晉國，於今八年，晉國無亂，諸侯無闕，可謂良矣。和聞之：國之大臣，榮其寵祿，任其寵節。有菑禍興，而無改焉，必受其咎。今君至於淫以生疾，將不能圖恤社稷，禍孰大焉？主不能禦，吾是以云也。」趙孟曰：「何謂蠱？」對曰：「淫溺惑亂之所生也。於文，皿蟲爲蠱。穀之飛亦爲蠱。在《周易》，女惑男、風落山謂之〈蠱〉（䷑）。皆同物也。」趙孟曰：「良醫也。」厚其禮而歸之。〔註72〕

〔註70〕《周易正義》，卷3，頁58。

〔註71〕《周易正義》，卷9，頁187。

〔註72〕《春秋左傳正義》，卷41，頁708～710。

魯昭公元年（前 541），晉平公（？～前 532）生病，向秦國尋求良醫，秦景公（？～前 537）便派醫和前來看診。醫和診斷後認為，晉平公是因為親近女色，才會得到像是蠱惑的疾病。此病不是起於鬼神加害，也不是起於飲食失當，而是被女色迷惑才喪失心志。隨後又以音樂為喻，勸說晉平公節制女色。先王的音樂，能夠用來節制所有事物，所以有五聲的節度。奏樂時要注意節奏的快慢、樂聲前後的連結，務使音調中正平和，曲終時五聲罷退，不再彈奏。後人創造出繁複雜亂的音樂，惑亂人心，充塞人耳，忘卻平和之旨，君子不聽這種音樂。其他事情也像音樂一樣，一旦過度便須停止，才不會導致疾病。天有六種氣象：陰寒、陽熱、風氣、雨濕、夜晚、白天，並派生出五味、五色與五聲，只要任何一種過度便會產生疾病：陰寒過度生寒病，陽熱過度生熱病，風氣過度生四肢病，雨濕過度生腹病，夜晚不節制生惑病，白天不節制生心病。男女性行為屬於陽事而時間在夜晚，過度則產生體內發熱、心志蠱惑的疾病。晉平公不節制女色，便生此病。醫和看診出來以後，晉國大夫趙孟（前 598～前 541）詢問：「什麼叫做蠱？」醫和回答說：「這是淫溺惑亂而引起的疾病。在文字上，皿蟲為蠱。稻穀久積生蟲能飛的也是蠱。在《周易》裡，女子迷惑男子、風吹落山稱為〈蠱〉（☶☴）。這些都是同類的東西。」

在上述醫和的言論中，「蠱」字的造字方式為皿上加蟲，本義是食物在器皿中腐敗生蟲，引申為混亂、迷惑，因此他稱〈蠱〉卦為女子迷惑男子，又因其卦形為上艮（☶）下巽（☴），艮為山，巽為風，故理解為風吹落到山下。後世注解〈蠱〉卦者多根據醫和的論述而加以發揮，例如《周易集解》引南朝伏曼容（421～502）說：

> 蠱，惑亂也。萬事從惑而起，故以蠱為事也。〔註73〕

這是從蠱為迷惑混亂，從此發生許多事端，因此引申為事。

再者如程頤所說：

> 蠱事也，蠱非訓事，蠱乃有事也。為卦：山下有風。風在山下，遇山而回，則物亂，是為蠱象。蠱之義，壞亂也！在文為蟲皿，皿之有蟲，蠱壞之義。《左氏傳》云：「風落山、女惑男」，以長女下於少男，亂其情也，風遇山而回，物皆撓亂，是為有事之象，故云「蠱者，事也」。既蠱而治之，亦事也。以卦之象言之，所以成蠱也；以

〔註73〕〔唐〕李鼎祚輯：《周易集解》，卷 5，頁 105。

　　卦之才言之，所以治蠱也。〔註74〕

程頤繼承了蠱由混亂而萌發事端的說法，而又更進一步申述其義理。「蠱」的
文字由蟲、皿二者組成，器皿中有蟲，即是敗壞、混亂之義。〈蠱〉的卦形爲
上艮下巽，以自然而言，艮爲山，巽爲風，風在山下吹動，遇到山壁就反彈
迴轉，將各種物體吹得到處散亂；以人事而言，艮爲少男，巽爲長女，以長
女處於少男之下，是意亂情迷的狀況。這些都是有事端發生的狀況，所以說
「蠱者，事也」。而混亂發生之後，努力整治混亂的情況，也是一種事業。以
卦象來說，它顯示了蠱亂如何形成；而以該卦的才能來說，它可以治理蠱亂，
消除弊端。〔註75〕依照這種論證途徑，則「蠱」字並非直接訓爲「事」，而是
先從腐敗生蟲，引申爲敗壞、混亂，再從混亂會引發事端，而繼續引申爲「事」；
或者因爲混亂需要治理，治理混亂是一種事業，而輾轉引申爲「事」。

　　第二種訓解過程採用假借，例如清代王引之（1766～1834）《經義述聞》
云：

　　　蠱，《正義》引梁褚仲都《講疏》曰：「蠱者，惑也。物既惑亂，當
　　　須有事也。故〈序卦〉云『蠱者，事也』。謂物蠱必有事，非謂訓蠱
　　　爲事。」《集解》引伏曼容注亦曰：「蠱，惑亂也。萬事從惑而起，
　　　故以蠱爲事也。曼容亦梁人。引之謹案：訓詁之體，一字兼有數義。
　　　蠱爲疑惑。《爾雅》曰：「蠱，疑也。」昭元年《左傳》曰：「女惑男
　　　謂之蠱。」此一義也。蠱又爲事。《釋文》曰：「蠱一音故。」蠱之
　　　言故也。《周官・占人》：「以八卦占筮之八故。」鄭注曰：「八故，
　　　謂八事。」襄二十六年《左傳》「問晉故焉」、昭三十年《公羊傳》
　　　「習乎邾婁之故」，杜預、何休注竝曰：「故，事也。」蠱訓爲事，
　　　故《太元》有〈事首〉以象〈蠱〉卦。此又一義也。二義各不相因。
　　　褚氏、伏氏，不解訓蠱爲事之意，乃謂事生於惑，且曰「非謂訓蠱
　　　爲事」，是不達訓詁之體也。且如其說，則「幹父之蠱」、「幹母之蠱」，
　　　亦將以爲幹親之惑亂，其可乎？《正義》、《集解》及史徵《口訣義》
　　　皆沿其誤，蓋古訓之湮久矣。《尚書大傳》曰：「乃命五史以書五帝
　　　之蠱事。」蠱事，猶故事也。說者不得其解，乃曰「時既漸澆，物

〔註74〕　〔宋〕程頤：《易程傳》（臺北：文津出版社，1990 年），卷 2，頁 162。
〔註75〕　以上字詞詮釋參考黃忠天：《周易程傳註評（第三版）》（高雄：高雄復文圖書
　　　　　出版社，2006 年），卷 2，頁 162～163。

　　情惑亂，故事業因之而起」，失之遠矣。見《周易集解》。〔註76〕
王引之從訓詁學切入，認爲一字可有數種意義，「蠱」的一種字義爲疑惑，另
一種字義爲事，兩種互不相干。蠱訓爲事的過程，首先是「蠱」字發音通「故」，
可假借爲「故」，而「故」字即有「事」的意思，《尙書大傳》的「蠱事」就
是「故事」。《周易正義》所引南朝梁褚仲都的說法，以及《周易集解》所引
南朝梁伏曼容的說法，都從「蠱」爲惑亂之意輾轉引申爲事，這是不通古訓
假借之例。

　　比較上述兩種訓解過程，「蠱」訓爲「事」，其一是從迷惑、混亂之意輾
轉引申，其二則是從發音相近假借爲「故」，後者顯然遠較前者直截了當，且
有《尙書大傳》紀載可爲旁證，較符合上古語境。〈蠱〉卦各條爻辭中的「蠱」
字，即假借爲「故」，意爲事業。因此初六到六五爻辭所談的，就是繼承父母
的事業。初六爻的「考」字，或按照金文考、孝相通的原則讀作「孝」〔註77〕，
表示孝順；或按照帛書版本作「巧」，解爲聰明靈巧。〔註78〕整條爻辭的意思
是兒子聰明孝順，能夠繼承父業；而九三到六五爻辭討論的都是繼承父業的
各種情況，總體來說雖然小有困難，但並無大礙，甚至能獲得美譽。只有九
二爻辭說「幹母之蠱，不可貞」，意思是繼承母業，大爲不利。從這一系列爻
辭來看，它預設占問者是男性，並指示占問者可以繼承父業，但不可繼承母
業，也就是男性不得從事女性的工作，這是一種性別分工的禁忌。

　　《周易》對於性別分工的記載主要體現在〈家人〉卦中，該卦卦辭稱「利
女貞」，〈象傳〉對此的解釋是：「家人，女正位乎內，男正位乎外，男女正，
天地之大義也。家人有嚴君焉，父母之謂也。父父，子子，兄兄，弟弟，夫
夫，婦婦，而家道正；正家而天下定矣。」〔註79〕也就是說，當時的性別分
工是男主外、女主內，男性處理家外事務，女性操持家中事務。該卦六二爻
辭還說：「无攸遂，在中饋，貞吉。」〔註80〕這表明所謂的家中事務主要是下
廚做飯。至於更詳細的男女分工規定，則見於《國語・魯語下》公父文伯之
母的言論：「寢門之內，婦人治其業焉。」劃分男女工作空間的界線在寢門，
即住宅的家門，家門以外爲男性工作空間，家門以內則爲女性工作空間；至

〔註76〕　〔清〕王引之：《經義述聞》，卷1，頁16～17。
〔註77〕　于省吾：《雙劍誃易經新證》，卷2，頁104。
〔註78〕　鄧球柏：《帛書周易校釋》，頁153～154。
〔註79〕　《周易正義》，卷4，頁89。
〔註80〕　《周易正義》，卷4，頁90。

於兩性分別的工作內容，庶人是男耕女織，而以貴族來說，是男性主持政事、祭典，女性織布裁衣，為丈夫助祭。〔註81〕無論階級高低，女性的工作都是為全家打理衣食。

這種男主外、女主內的性別分工方式，在大多數文化都能見到，最開始可能只是根據兩性天賦、體力不同來進行分工，後來便逐漸定型成為慣例，甚至出現性別分工的禁忌，男性不做織布、煮飯、育兒等女性的工作，相對地女性也不做種田、打獵、戰鬥等男性的工作。這類禁忌背後的思維是認定某些工作只屬於特定性別，如果由異性參與其中，打破了性別界線，便成為一種「非常」的存在，這樣的人便帶有危險的力量，可能破壞這項工作的成果，也不受同儕認可，因此只能允許子承父業，卻不允許子承母業，其關鍵在於兒子與母親性別不同，所承擔的工作與社會角色亦有差異。

當性別分工以家宅內外做區分的時候，兩性的活動空間也因此產生差異，例如〈觀〉六二爻辭所言：

　　　六二：闚觀，利女貞。〔註82〕

「闚觀」意為從門窗孔隙間窺視，爻辭斷定這種行為利於女性占問者。女性需要從門窗孔隙間窺視才能理解外界情況，做出對自己有利的判斷，這意味著女性的日常活動空間受限在住宅之內，難以走出門外直接觀察全局。這種狀況又再進一步導致女性在家庭中居於從屬地位，例如〈家人〉九三爻辭：

　　　九三：家人嗃嗃，悔厲，吉；婦子嘻嘻，終吝。〔註83〕

「嗃嗃」有嚴酷之意，「嘻嘻」則是喜笑的樣子。整條爻辭意為嚴格治家，能轉危為安；婦女、兒童嘻笑逸樂，則有失家節，隱含有將婦女視為兒童的意味。從這一系列爻辭可以看到，從原本男主外、女主內的性別分工禁忌，衍生出女性不能輕易離家的性別空間禁忌，以及男女被賦予不同社會地位、行為準則的性別角色禁忌。這種從性別分工出發，刻意區別男女角色、避免互相跨越的禁忌生成模式，在史冊中也能找到例證，像是《春秋·莊公二十四年》的記載：

〔註81〕 以上詳見《國語·魯語下》「公父文伯之母如季氏」及「公父文伯退朝，朝其母，其母方績」兩條。〔三國吳〕韋昭注：《國語韋昭註》（臺北：藝文印書館，1959年），卷5，頁144～148。
〔註82〕 《周易正義》，卷3，頁60。
〔註83〕 《周易正義》，卷4，頁90。

秋，公至自齊。八月丁丑，夫人姜氏入。戊寅，大夫宗婦覿，用幣。
〔註84〕

莊公二十四年（前670）秋天，魯莊公（前706～前662）抵達齊國，迎娶哀姜（？～前659）爲夫人，隨後並下令魯國宗室大夫的妻子見哀姜時，都要用絲帛當見面禮。這件事情在《春秋》三傳及《國語》中均有討論，且被當成非禮的舉止，其中《左傳》對此事記述如下：

> 秋，哀姜至，公使宗婦覿用幣，非禮也。御孫曰：「男贄，大者玉帛，小者禽鳥，以章物也；女贄，不過榛、栗、棗、脩，以告虔也。今男女同贄，是無別也。男女之別，國之大節也，而由夫人亂之，無乃不可乎！」〔註85〕

按照原本的禮制，男性的見面禮，貴重的用玉器、絲帛，微薄的用禽鳥，目的在彰顯當事人的地位貴賤；女性的見面禮，一律用果實、肉乾，目的只在表示敬意。但宗室大夫的妻子用絲帛當見面禮獻給哀姜，與男性相同，御孫批評這是混亂了男女之間的區別，破壞國家大節。魯莊公給予夫人超出規格的待遇，讓她收下與男性相同的見面禮，或許有重修齊、魯兩國關係的政治考量〔註86〕，但從御孫的批評可知，男女使用不同的見面禮，是當時性別禁忌的一環。玉器、絲帛爲上層貴族男性彰顯身分之物，一般男性用活禽當見面禮，女性用果實、肉乾當見面禮，則是原始採集狩獵社會性別分工的遺跡，即男性狩獵禽鳥，女性採集果實、製作肉乾，並以自己手頭擁有的物品當作現成的禮物。但當這種習慣轉化爲不成文的規定，使用的見面禮種類成爲特定性別的象徵符號，不准互相跨越，就變成性別角色的禁忌。

當男女性別角色定位進入象徵體系，它便成爲禁忌思維的基礎，而《易傳》正好說明了這種象徵體系。〈繫辭上〉開宗明義便說：

> 天尊地卑，乾坤定矣。卑高以陳，貴賤位矣。動靜有常，剛柔斷矣。
> 方以類聚，物以羣分，吉凶生矣。在天成象，在地成形，變化見矣。
> 是故剛柔相摩，八卦相盪，鼓之以雷霆，潤之以風雨，日月運行，
> 一寒一暑。乾道成男，坤道成女。乾知大始，坤作成物。〔註87〕

〔註84〕《春秋左傳正義》，卷10，頁172。
〔註85〕《春秋左傳正義》，卷10，頁172～173。
〔註86〕陳苑玲：〈論魯莊公迎哀姜之深層意涵〉，《南區第二十一屆中文研究生論文發表會論文集》（2009年4月），頁203～207。
〔註87〕《周易正義》，卷7，頁143～144。

這段話簡單來說，就是將〈乾〉、〈坤〉兩卦作爲天地、尊卑、動靜、剛柔、男女等相對概念的核心，用來解釋自然現象的形成與變化，再對應到人間的等級秩序，而性別即是等級秩序的部分主軸。〈乾〉、〈坤〉兩卦原本並未指涉特定的性別，因爲卦爻辭用「士」、「夫」、「父」等字詞指男性，用「女」、「婦」、「妻」、「母」等字詞指女性，都是人類專用詞彙，不用牲畜的雌雄、牝牡來代表所有生物的性別；〈坤〉卦辭雖提到「利牝馬之貞」，但這與〈離〉卦辭的「畜牝牛，吉」類似，只能視爲繁殖牲畜的吉卦，不能直接視此卦爲女性代號。〔註88〕到了《易傳》則以〈乾〉卦比附男性、天空、陽剛、尊貴、主動等概念，〈坤〉卦比附女性、大地、陰柔、卑賤、順從等概念，讓人類社會的等級秩序有自然哲學上的依據，也將舊有性別禁忌背後的抽象思維架構具體呈現。在這樣的思維架構之下，性別意識既與自然規律緊密連結，便需要嚴守性別禁忌，以免破壞自然運作規律，干擾到先民想像中的天人關係，造成後續的天災人禍。

二、婚姻禁忌

　　凡涉及婚姻關係的禁忌，從擇婚對象到婚後生活的限制，針對婚姻關係建立與解除的不成文規定，以及婚禮流程中的趨吉避凶行爲，都可概括爲婚姻禁忌。先秦的完整婚禮流程，包含納采、問名、納吉、納徵、請期、親迎等六個環節，稱爲六禮。「納采」是男方家請媒人帶著禮物到女方家提親；「問名」是詢問女方的閨名、生辰等背景資料，再將這些資料拿到男方祖廟占問這樁婚事的吉凶；若占得吉兆，便通知女方家，稱爲「納吉」；「納徵」是男方家送聘禮給女方家，訂下婚約；「請期」是男方家占得成婚吉日後，向女方家請示意見；「親迎」則是新郎在成婚當天親自迎接新娘回家，正式完婚。在這些流程中，與《周易》關聯最爲密切的就是介於「問名」與「納吉」之間的占問活動，後世稱爲「合婚」，涉及婚姻的卦爻辭主要是爲了這個環節而設，透過占筮來預測這樁婚事的吉凶，占得吉卦即可下聘訂婚，占得凶卦則不宜訂婚。因此，《周易》中與婚姻有關的禁忌，首推合婚禁忌。

　　「合婚」一般來說是在男方祖廟中占問婚事吉凶，不過這可能是後世婚禮演變爲男方家主導的結果，因爲在《周易》中可以看到，占問婚事吉凶的

〔註88〕關於〈乾〉、〈坤〉兩卦與性別意識的關係，詳見焦杰：《《易》《禮》《詩》對婦女的定位──西周至兩漢主流婦女觀》（西安：陝西師範大學歷史文獻學博士論文，指導教授：賈二強，2010年5月），頁26～30。

卦爻辭，有的是從男方家角度敘述，也有的是從女方家角度敘述。例如〈咸〉卦辭的「取女，吉」、〈蒙〉卦六三爻辭的「勿用取女」，就是從男方家角度來判斷婚事吉凶；而像〈漸〉卦辭的「女歸，吉」，以及提到「歸妹」的一系列爻辭，則是從女方家角度來判斷婚事吉凶。也就是說，在《周易》時代，議婚中的男女雙方家族皆可占問此椿婚事是否合宜，若占得凶卦便不宜締結婚約。

　　前一章談論自然禁忌已說過，婚禮流程中如果出現馬匹逡巡不前或下雨、打雷閃電等自然現象，對古人而言可視為婚事吉凶預兆；而一些人造物品的變化也能作為占斷婚姻的物象徵兆，例如〈小畜・九三〉「輿說輻，夫妻反目」〔註89〕是由車輻脫落聯想到夫妻失和，〈鼎・初六〉「鼎顛趾，利出否，得妾以其子，无咎」〔註90〕是由鼎足朝天翻倒預測納妾順利；但這些都是遠古物占在卦爻辭留下的遺跡，原本均屬偶然現象，並非經常發生，因此需要透過卜筮等人為手段規律地創造各種徵兆，藉此判斷是否締結婚約，一些不言物象而直接斷定婚事吉凶的卦爻辭便是如此產生。而卦爻辭在斷定婚事吉凶之外，有時也會說明判斷的理由，例如〈蒙〉卦九二爻辭：「包蒙，吉。納婦，吉。子克家。」〔註91〕說的就是娶婦吉利，能承擔家事；相對地，某些狀況則不適合婚配，例如以下這四條卦爻辭的敘述：

　　　〈姤〉：女壯，勿用取女。〔註92〕

　　　〈蒙・六三〉：勿用取女，見金夫，不有躬，无攸利。〔註93〕

　　　〈困・六三〉：困于石，據于蒺藜，入于其宮，不見其妻，凶。〔註94〕

　　　〈歸妹・上六〉：女承筐无實，士刲羊无血，无攸利。〔註95〕

〈姤〉卦辭判定不宜娶女的理由是「女壯」，「壯」字有三種解讀，第一種按照字面意思解讀為壯健，並依照〈姤〉的卦形「☰☴」為一陰爻對五陽爻，有如一女遇五男，認為這名女子壯健淫亂〔註96〕；第二種則和前述〈大壯・初九〉、〈夬・

〔註89〕《周易正義》，卷2，頁39。
〔註90〕《周易正義》，卷5，頁113。
〔註91〕《周易正義》，卷1，頁24。
〔註92〕《周易正義》，卷5，頁104。
〔註93〕《周易正義》，卷1，頁24。
〔註94〕《周易正義》，卷5，頁109。
〔註95〕《周易正義》，卷5，頁119。
〔註96〕鄭玄注云：「遘，遇也。一陰承五陽，一女當五男，苟相遇耳，非禮之正，故謂之遘。女壯如是，壯健似淫，故不可娶，婦人以婉娩為其德也。」是鄭玄以「姤」為「遘」，意為相遇。見胡自逢：《周易鄭氏學》，頁56。

初九〉與〈夬・九三〉相同，將「壯」假借爲「戕」，意爲「傷」〔註 97〕，即這名女子將帶來傷害；第三種說法則是將以上兩者調和，認爲這名女子壯大且會帶來傷害〔註 98〕，三種解讀都說得通。〈蒙・六三〉判定不利娶女的理由是「見金夫，不有躬」，即該名女子生性勢利，見到多金男子就會轉向。〔註 99〕〈困・六三〉判定婚事爲凶的理由則在男方身上，筮得此爻的男子將犯下罪行，自取其辱，與妻子分離。而〈歸妹・上六〉判定不利成婚的理由是男女雙方都有分，古人成婚的目的之一是夫妻共同奉祀祖先，由丈夫宰殺牲畜、妻子供奉飯菜，但筮得此爻的男女婚後將無法共同承擔祭祖的責任，使這樁婚事變得毫無利益可言。從這些卦爻辭可以看出，合婚占筮的意圖不僅在預測婚事吉凶，更嘗試推斷男女雙方的人品如何，以彌補雙方可能認識不足的缺陷。

在《左傳》中，曾有四次占問婚姻的紀錄。第一次見於莊公二十二年（前672），追述陳國大夫懿氏想將女兒嫁給公子完（前 706～？），懿氏之妻藉由龜卜預言這樁婚事將會美滿和諧，子孫昌盛。第二次見於僖公四年（前 656），追述晉獻公（？～前 651）想立驪姬（？～前 651）爲夫人，分別採用龜卜和筮占，龜卜爲凶，筮占爲吉，晉獻公不聽卜人勸告，選擇從筮。第三次見於僖公十五年（前 645），追述晉獻公在將女兒伯姬（約前 672～約前 637）嫁給秦穆公（前 683～前 621）之前，筮得〈歸妹〉（☳）之〈睽〉（☲），也就是〈歸妹・上六〉，史蘇認爲不吉。第四次見於襄公二十五年（前 548），齊國大夫崔杼（？～前 546）想娶棠姜（？～前 546）爲妻，筮得〈困〉（☱）之〈大過〉（☴），也就是〈困・六三〉，另一位大夫陳文子認爲是凶卦，但崔杼仍執意要娶棠姜。〔註 100〕這四次占問紀錄中有兩次是男方家占問，另兩次是女方

〔註97〕 于省吾：《雙劍誃易經新證》，卷 3，頁 133。

〔註98〕 虞翻注云：「消卦也。與〈復〉旁通。巽，長女。女壯，傷也。陰傷陽，柔消剛，故女壯也。」是虞翻以〈姤〉的內卦爲巽，有長女之象，長女已經壯大，會帶來傷害，如同此卦陰爻生於下，將逐漸往上消解陽爻。見〔唐〕李鼎祚輯：《周易集解》，卷 9，頁 216。另外，程頤注云：「一陰始生，自是而長，漸以盛矣，是女之將長壯也。陰長則陽消，女壯則男弱，故戒勿用取如是之女，取女者，欲其柔和順從，以成家道。」是程頤純由一陰始生立說，陰氣逐漸壯盛，消解陽氣，如同女子的勢力逐漸壯大，使男子居於弱勢，威脅到男子在家中的地位。見〔宋〕程頤：《易程傳》，卷 5，頁 391～392。

〔註99〕 〔宋〕朱熹：《周易本義》，《周易二種》（臺北：大安出版社，2006 年），卷 1，頁 51。

〔註100〕 以上事蹟詳見《春秋左傳正義》，卷 9，頁 163、卷 12，頁 204、卷 14，頁 232～234、卷 36，頁 617～618。

家占問；而以卜筮方法來說，一次是龜卜，一次是卜筮並用，另外兩次是筮占。這些紀錄呈現了合婚這個婚禮程序的操作方式，但其卜筮結果僅供參考，即使占得凶卦，也未必人人都會遵守禁忌而中止婚事。

　　《周易》中的婚姻禁忌，除了卦爻辭時代固有的合婚禁忌，還包括《易傳》時代後起的新人婚齡差距禁忌。〈大過〉九二、九五爻辭及其〈象傳〉言道：

　　　九二：枯楊生稊，老夫得其女妻，无不利。

　　　〈象〉曰：「老夫」「女妻」，過以相與也。

　　　九五：枯楊生華，老婦得其士夫，无咎，无譽。

　　　〈象〉曰：「枯楊生華」，何可久也？「老婦」「士夫」，亦可醜也。
〔註101〕

從爻辭的敘述可知，它是用物象來預測婚姻配對，枯乾的楊樹生出嫩芽，預示老夫將娶得少妻，這樁婚事沒什麼不好；枯乾的楊樹重新開花，預示老婦將嫁給少夫，這樁婚事平平，不好也不壞。爻辭本身並未批評這種夫妻之間有年齡落差的婚姻，說明在卦爻辭時代，老夫少妻、老婦少夫的婚姻尚能為世人所接受。但是〈象傳〉在解釋這兩條爻辭時，卻在卦名「大過」（從字面上可理解為「太過」）的基礎上，認定老夫少妻是「過以相與也」，是超過分寸的配對；而對於老婦少夫，更從起始的枯楊開花物象便質疑「何可久也」，認為不能長久，對其預示的婚姻配對則抨擊為「亦可醜也」，認定老婦嫁給少夫是一件丟臉的事。比較爻辭與〈象傳〉，即可發現爻辭並不忌諱夫妻之間有年齡落差，但到了〈象傳〉卻質疑這種配對不能長久，這說明從卦爻辭反映的殷末周初時代，到《易傳》產生的戰國時代以降〔註102〕，對新人年齡差距的接受範圍縮減，老夫少妻、老婦少夫的年齡差距便成為禁忌，不再適合婚配，而兩者之中又以老婦少夫更招人物議。

　　老夫少妻與老婦少夫在〈象傳〉中同樣是禁忌，但兩者卻有程度上的差

〔註101〕《周易正義》，卷3，頁70～71。

〔註102〕卦爻辭年代推定可參考屈萬里：〈周易卦爻辭成於周武王時考〉，《臺大文史哲學報》第1期（1950年6月），頁81～100；以及連劭名：〈西周甲骨刻辭與《周易》〉，《周易研究》第40期（1999年5月），頁18～20。《易傳》各篇年代推定則見戴璉璋：《易傳之形成及其思想》（臺北：文津出版社，1989年），頁1～14。

異，九五爻的老婦少夫，比九二爻的老夫少妻接受度更低，這是由《周易》
的核心精神與男女的生理差異共同決定的。〈繫辭上〉拈出「生生之謂易」，
作爲《周易》的核心精神，又說：

> 夫《易》，廣矣！大矣！以言乎遠，則不禦；以言乎邇，則靜而正；
> 以言乎天地之間，則備矣！夫乾，其靜也專，其動也直，是以大生
> 焉。夫坤，其靜也翕，其動也闢，是以廣生焉。廣大配天地，變通
> 配四時，陰陽之義配日月，易簡之善配至德。〔註103〕

〈繫辭上〉以男女兩性的生殖過程來比喻乾與坤，認爲《周易》的精神在於
生生不息，能比配天地生養萬物、創造世間循環秩序的廣大力量。據此則判
斷〈大過〉九二、九五兩者優劣的關鍵在於能否持續生生不息，但男女兩性
生育年齡不同，男性的生育能力可以持續終身，但女性在五十歲左右經歷更
年期後便無法生育，因此老夫少妻尚有生育之功，老婦少夫卻不會再添加子
嗣，因而在爻辭中便稱九二的老夫少妻爲「无不利」，尚爲吉象；九五的老婦
少夫爲「无咎，无譽」，平平而已。到了〈象傳〉已經出現新人婚齡差距的禁
忌，便稱九二爲「過以相與也」，僅是略有微詞；批評九五爲「何可久也」、「亦
可醜也」，視此爲嚴重的禁忌。

第三節 祭祀禁忌

　　祭祀禁忌，泛指一切有關祭祀鬼神活動的人、事、時、地、物等禁忌。《周
易》中涉及祭祀的部分，可分廣義與狹義兩類來看。廣義上來說，任何描述
祭祀活動或包含「亨」、「享」等字眼的經傳文字，都可計算在內，因爲「亨」、
「享」、「亯」本爲一字，象宗廟之形或進獻食器之形，有獻祭之意，故包含
「亨」、「享」等字眼的卦爻辭多數能用於占問祭祀可否舉行，「亨」爲一般祭
祀，「元亨」爲大祭，「小亨」則爲小祭。〔註104〕而從狹義上來說，直接敘述
祭祀活動的經傳文字才符合條件。本節主要採用狹義定義，並將其中蘊含的
禁忌按照祭祀活動的主體及行爲，區分爲「祭者禁忌」以及「祭儀禁忌」。

〔註103〕《周易正義》，卷7，頁149～150。
〔註104〕高亨：《周易古經通說》（臺北：樂天出版社，1972年），頁88；司馬朝軍：〈元
　　　　亨利貞考——兼論《易經》研究的文化人類學視角〉，《船山學刊》1998年第
　　　　1期（1998年6月），頁106。

一、祭者禁忌

　　祭祀活動的主體是舉行祭祀的人員，即標題所稱「祭者」，客體則是接受祭祀的鬼神等對象。在祭者禁忌方面，首要的規則就是主祭者必須擁有特定的身分地位，才能祭祀特定的神祇，沒有此種身分則不能祭祀。《周易》中明確提及主祭者身分與祭祀對象的，在卦辭有兩條：

　　　　〈萃〉：亨。王假有廟，利見大人，亨，利貞。用大牲，吉。利有攸往。〔註105〕

　　　　〈渙〉：亨。王假有廟，利涉大川，利貞。〔註106〕

　　在爻辭有三條：

　　　　〈隨・上六〉：拘係之，乃從維之，王用亨于西山。〔註107〕

　　　　〈益・六二〉：或益之，十朋之龜弗克違，永貞吉。王用享于帝，吉。〔註108〕

　　　　〈升・六四〉：王用亨于岐山，吉，无咎。〔註109〕

　　在〈彖傳〉有一條：

　　　　〈彖〉曰：鼎，象也。以木巽火，亨飪也。聖人亨以享上帝，而大亨以養聖賢。巽而耳目聰明，柔進而上行，得中而應乎剛，是以「元亨」。〔註110〕

　　在〈象傳〉則有兩條：

　　　　〈象〉曰：雷出地奮，豫。先王以作樂崇德，殷薦之上帝，以配祖考。〔註111〕

　　　　〈象〉曰：風行水上，渙。先王以享于帝，立廟。〔註112〕

從這些紀載來看，主持祭祀的人員有王、先王、聖人，「先王」是追述過去的王，「聖人」在祭祀之外還能養聖賢，顯然具有君主的地位，這些詞彙可以概括爲君王身分。接受祭祀的對象，則有帝、上帝、西山、岐山、祖考，另外

〔註105〕《周易正義》，卷5，頁105～106。
〔註106〕《周易正義》，卷6，頁131。
〔註107〕《周易正義》，卷3，頁57。
〔註108〕《周易正義》，卷4，頁97。
〔註109〕《周易正義》，卷5，頁107。
〔註110〕《周易正義》，卷5，頁112～113。
〔註111〕《周易正義》，卷2，頁49。
〔註112〕《周易正義》，卷6，頁131。

還有「廟」。「帝」與「上帝」是至上的天神，「祖考」是祖先神。至於「西山」、「岐山」、「廟」這些名詞，乍看之下只是祭祀地點，但前二者出現的文句「王用亨于西山」、「王用亨于岐山」，和「王用享于帝」語法相類，由此可知西山、岐山也算作祭祀對象，屬於地祇，且二者名稱雖異而實質相同，均指周人根據地岐山〔註113〕；而〈萃‧彖傳〉解釋卦辭道：「王假有廟，致孝享也。」君王進廟祭祀既是爲了表達孝心，那麼此處的「廟」就是奉祀祖先的宗廟，與祖考同爲祖先神。總結來說，《周易》中明言主祭者身分與祭祀對象的，都是君王與各種神祇，這些神祇則包含天神、地祇與君王自身的祖先。

自家的祖先神是上至天子、下至庶人都能祭祀的對象，宗廟數目和祭典規模則隨階級高低而有差異。但在祖先神以外的其他鬼神，就不是人人都能祭祀的。《禮記‧王制》曾敘述祭祀對象與主祭者身分的關聯如下：

> 天子祭天地，諸侯祭社稷，大夫祭五祀。天子祭天下名山大川，五嶽視三公，四瀆視諸侯。諸侯祭名山大川之在其地者。天子、諸侯祭因國之在其地而無主後者。〔註114〕

天子可以祭天地；諸侯可以祭社稷，也就是土地神與穀神；大夫可以祭「五祀」，包括司命、中霤、門、行、厲，也就是命運神、房舍地主神、門神、道路神，以及無主的孤魂野鬼。天子可以遍祭天下的名山大川，祭山神的規格比照祭三公，祭河神的規格比照祭諸侯；諸侯則祭祀自己封國境內的名山大川。除此之外，天子、諸侯還會祭祀自己領土上有功而無後的先王、先公。主祭者身分越低，所能祭祀的對象就越少，例如天神就只有天子能祭，地祇的層級則與主祭者的領土大小成正比。《禮記‧祭法》便如此概括天子與諸侯祭祀對象的差異：

> 有天下者祭百神。諸侯之在其地則祭之，亡其地則不祭。〔註115〕

天子擁有天下，可以遍祭世間所有神祇；諸侯則只能祭祀自己本國境內的神祇，不在該國境內的神祇就不能祭祀。《周易》所敘述的各種祭祀對象，其主祭者身分都是君王，無形中便暗示了只有君王能祭天地眾神，禁忌他人踰越。

沒有足夠身分地位便不能祭祀高階神祇，特別是天神、地祇等自然神，這種禁忌所體現的不僅是人間社會的等級秩序，更包含了臣民對君王本人的

〔註113〕沈志權：〈《周易》祭祀與神道設教〉，《求索》2011年第3期（2011年3月），頁118。

〔註114〕〔清〕孫希旦：《禮記集解》，卷13，頁347。

〔註115〕〔清〕孫希旦：《禮記集解》，卷45，頁1194。

信仰，認為他有控制、影響自然的神力，因此也只有他能祭祀自然神。從《尚書·洪範》第八疇「庶徵」中，即能見到這種思想的基礎：

八、庶徵：曰雨、曰暘、曰燠、曰寒、曰風、曰時。五者來備，各以其敘，庶草蕃廡。一，極備凶；一，極無凶。曰休徵；曰肅，時雨若；曰乂，時暘若；曰晢，時燠若；曰謀，時寒若；曰聖，時風若。曰咎徵：曰狂，恆雨若；曰僭，恆暘若；曰豫，恆燠若；曰急，恆寒若；曰蒙，恆風若。〔註116〕

雨、晴、熱、寒、風等五種天氣，如果按照規律適時出現，能使草木生長繁茂；如果其中一種天氣出現得過多，或者過少，都是壞事。這五種天氣適時出現，便是君王品德高超、治理得當的徵兆；而任何一種天氣長期持續，都是君王行為不端、施政錯誤的徵兆。換句話說，君王個人的行為善惡與施政優劣，與自然天候息息相關，他特定的行為模式會機械地對應產生某種天氣變化。這種思維雖然是以君王的道德操守為標的，但其運作方式卻植基於巫術信仰之上，以為君王本人具有神力，或者如同「天子」之名，將他視為神在人間的化身，可以控制、影響自然，相對地也要為自然災害負起全責。據弗雷澤在《金枝》中提供的例證，日本天皇以及西非剛果、美洲墨西哥的祭司之王，還有古愛爾蘭與埃及的國王，都是這類帶有神性的君王，臣民認為他們是宇宙動力的中心，只要君王有一點輕舉妄動，就會擾亂或破壞自然的既定秩序，像是戰爭、饑饉、瘟疫、火災、洪水、乾旱……等等重大災害，就會降臨全國。〔註117〕從歷史脈絡來看，商周時代的君王可算是政教合一的領袖，天子被視為天神的代表、天下領土的共主，他的行為與天地密切相關，要為自然秩序負責，因此也只有他能祭天神與世間所有山川地祇；諸侯則等同本國領土的地祇，他的行為與本國的自然狀況密切相關，因此必須由他負責祭祀本國領土內的山川地祇。簡而言之，天子、諸侯是與他們所祭祀的神祇站在同等地位，可以與神祇溝通，其他人則並不被認可擁有這種地位與神力，當然不能越級祭祀天神、地祇等自然神。

二、祭儀禁忌

所謂祭儀禁忌，就是關於祭祀儀式的禁忌，包含祭品內容、祭器規格、

〔註116〕屈萬里：《尚書集釋》（臺北：聯經出版事業股份有限公司，2006年），頁124。
〔註117〕〔英〕弗雷澤著，徐育新、汪培基、張澤石譯：《金枝》，頁254～262。

祭禮流程、祭祀時的態度等等，凡與祭祀活動實際操作相關的禁忌都涵蓋在內。在這方面，最典型的就是關於祭品內容的禁忌。前章談過的〈姤〉九四爻辭「包无魚，起凶」便是一例，祭祀時必須有魚，否則為凶，這是因為魚乃豐饒的象徵，要藉由這種祭品來向鬼神祈求富庶。〔註118〕不過，在《周易》中的祭儀禁忌，主要集中在祭祀時的態度，對祭品內容反而不那麼苛求。人們祭祀時是否虔誠莊重，比祭典的儀式排場更為重要，所謂「心誠則靈」，相對地祭祀時若敬意不足，縱使祭品再豐盛、祭禮再繁多，也無濟於事，這點在《周易》中多有體現。例如〈既濟〉九五爻辭云：

　　　　九五：東鄰殺牛，不如西鄰之禴祭，實受其福。〔註119〕

「禴祭」是微薄的祭祀，祭品只有簡單的麥飯、蔬菜和魚，而「殺牛」則是最盛大隆重的祭典規格。爻辭說位於東邊的殷商殺牛大祭，反而不如西邊的周人舉行薄祭，真正受到鬼神福佑。言下之意就是在祭祀活動中，祭品豐盛與否並不是最重要的，但此處並未說明為何西邊的周人舉行禴祭能真正受福，要與〈萃・六二〉、〈升・九二〉這兩條同樣涉及禴祭的爻辭合觀，才能尋見端倪：

　　　　〈萃・六二〉：引吉，无咎，孚乃利用禴。〔註120〕

　　　　〈升・九二〉：孚乃利用禴，无咎。〔註121〕

〈萃・六二〉與〈升・九二〉兩條爻辭都提到「孚乃利用禴」，「孚」一般解釋為「信」，「孚乃利用禴」即心懷誠信才利於舉行禴祭，祭祀人員的心意更勝於祭品內容。與此類似的觀點也見於〈損〉卦辭與初九爻辭：

　　　　〈損〉：有孚，元吉，无咎，可貞，利有攸往。曷之用？二簋可用享。

　　　　初九：巳事遄往，无咎，酌損之。〔註122〕

卦辭意為只要占問者懷有誠信，便大吉大利，即使僅用二簋也適宜祭祀。所

〔註118〕〈姤・九四〉「起」可通「祀」，見高亨：《周易古經今注》，卷3，頁150～151；侯乃峰：《《周易》文字彙校集釋》，頁363。相關討論見第三章第三節「一、水族禁忌」。高亨注釋以為「包无魚，祀凶」的原因是家貧者也可以藉由垂釣或網捕而得到魚，不像牛羊豕需要人工飼養，祭祀無魚是失禮輕慢之舉；但這是水邊居民的生活經驗，對居於乾燥地帶的民眾而言，魚肉未必容易取得，因此不取祭祀無魚為失禮之說。

〔註119〕《周易正義》，卷6，頁136。

〔註120〕《周易正義》，卷5，頁106。

〔註121〕《周易正義》，卷5，頁107。

〔註122〕《周易正義》，卷4，頁94～95。

謂「二簋」相當於兩碗飯食，跟前面的禴祭一樣，祭品都相當簡單。初九爻辭則說明了在祭品微薄的狀況下如何表達對鬼神的誠信之意，即「巳事遄往」，凡有祭祀之事都要迅速前往，不得耽擱，祭典所獻的酒則可斟酌減損。〔註123〕祭祀人員透過準時舉行祭典來表達信仰虔敬，祭典本身是否盛大則無關緊要了。這種誠信至上的想法在〈觀〉卦辭表現得更爲突出：

〈觀〉：盥而不薦，有孚顒若。〔註124〕

「盥」有兩種解釋，一是祭前洗手；二則通「灌」，指將酒灑在地上以祈求鬼神降臨。「薦」指進獻食品，而「顒若」則是嚴正恭敬的樣子。〔註125〕整條卦辭可理解爲祭祀前洗淨雙手，再酹酒降神，即使還未進獻食品，便已表達出誠信莊嚴的態度。也就是說，誠信的態度貫穿了整個祭禮，從祭祀前的準備工作就要嚴正以待，而非將進獻食品當成祭祀典禮的全部，誤以爲只要用豐盛的祭品就能討好甚至收買鬼神。

祭祀時的誠心比祭典排場重要，心不誠則不靈，這種思維模式是在原有的信仰架構上加入道德成分，乍看之下是理性的萌芽，但從本質而言，仍然是以自己的價值觀來造神，想像鬼神與人類有相同的價值觀。殷人屢屢舉辦盛大祭典，是直觀地認爲祭品越豐盛，便能換來越多的福佑，如同人間的交易一般；這種想法在周人則有所轉化，將目光由可量化的祭品轉移到祭祀時的心意、態度上，講求禮輕情意重，如同親人往來一般。從殷商到西周，祭祀對象逐漸人格化，向祖先神集中，祭禮也被賦予社會倫理意義。〔註126〕這種演變趨勢主要是將鬼神想像爲人類的長輩，認爲祂們能像觀察自家晚輩一樣地審視人類的心意與品德，選擇要賜福的對象。人們將自己的形象與價值觀投射到鬼神身上，間接讓「心誠則靈」的觀念誕生，且提供其持續發展的溫床。

第四節　軍事禁忌

軍事禁忌，泛指一切有關作戰準備與實際征戰過程的禁忌。《周易》中關

〔註123〕〔唐〕李鼎祚輯：《周易集解》，卷8，頁201；高亨：《周易古經今注》，卷3，頁140。

〔註124〕《周易正義》，卷3，頁59。

〔註125〕黃玉順：《易經古歌考釋》（成都：巴蜀書社，1995年），頁99～100。

〔註126〕王貴民：《中國禮俗史》（臺北：文津出版社，2001年），頁95。

於軍事的記載頗多，本節將其中包含禁忌之處，按照征戰過程先後區分為「占問用兵禁忌」、「行師征戰禁忌」與「征戰歸來禁忌」。

一、占問用兵禁忌

所謂占問用兵禁忌，就是在出兵作戰之前，在宗廟內進行卜筮，占問此次出兵的勝敗得失，藉以判斷是否應該開戰。一般而言，占得吉卦即可出兵，占得凶卦便不宜出兵。《周易》中涉及軍事的卦爻辭原本即是為了這個環節而設，因此占問用兵禁忌在《周易》的所有軍事禁忌中居於首位。

在占問用兵的卦爻辭中，有些只簡單斷言「征吉」或「征凶」，有些則會說明判斷吉凶的根據，例如〈泰・初九〉「拔茅茹，以其彙，征吉」〔註127〕是由茅草能整片連根拔起聯想到能將敵人斬草除根，〈漸・九三〉由「鴻漸于陸」說到「利禦寇」，是由鴻雁棲於高地視野開闊聯想到利於防守，對戰爭而言均為吉象；而在凶象方面，如前面所提則有〈小畜・上九〉的滿月前夕不宜出征、〈震・上六〉的遇到雷電不宜出征，以及〈大壯・初九〉與〈夬・初九〉的腳趾受傷則戰而不勝，均是由特定現象聯想到作戰失利。以上這些占斷的取象來源包含了植物、動物、天象及人體，是各種雜占的遺跡。

另外一些卦爻辭則不採用物象占斷，而是透過直接預言戰況來帶出吉凶，例如〈同人・九五〉與〈離・上九〉這兩條爻辭：

〈同人・九五〉：同人先號咷而後笑，大師克，相遇。〔註128〕

〈離・上九〉：王用出征，有嘉折首，獲匪其醜，无咎。〔註129〕

〈同人・九五〉預言戰況是先憂後喜，雙方大軍相遇，我軍終能克敵制勝；而〈離・上九〉則預言君王出征順利，成功斬除禍首，沒有災殃。兩者都是出征順利的吉象。

而在凶象方面，則透過預言戰況之艱困慘烈，藉此警告不得出兵，例如〈師〉卦的六三與六五爻辭：

六三：師或輿尸，凶。

六五：田有禽，利執言，无咎。長子帥師，弟子輿尸，貞凶。〔註130〕

〔註127〕《周易正義》，卷2，頁42。

〔註128〕《周易正義》，卷2，頁45。

〔註129〕《周易正義》，卷3，頁74。

〔註130〕《周易正義》，卷2，頁36。

以及〈復〉上六爻辭：

> 上六：迷復，凶，有災眚。用行師，終有大敗；以其國君凶，至于
> 十年不克征。〔註131〕

前兩條屬於〈師〉卦的爻辭都預言出師戰敗，用車運載陣亡士卒屍體而返；
末一條〈復〉上六爻辭則預言行師迷途，將有災殃，終至大敗而歸，連身
爲主帥的國君也不能倖免，使該國在此後十年之內都不能再派兵作戰。從
這些卦爻辭可以看出，占問用兵這一行爲，並未停留在詢問「是否應該出
兵」這個環節上，古人還更進一步地詢問出兵的得失及後續影響如何，以
便作出更完善的決定，而在整體衡量弊大於利的情況下，出兵便成爲禁忌
的舉動。

在《左傳》、《國語》中，都有出兵前占問吉凶的紀錄。《左傳》在這方面
的記載頗多，絕大多數爲龜卜，少數爲筮占，其中包含筮占者凡四見，第一
次見於僖公十五年（前 645），秦晉韓之戰前，卜徒父爲秦穆公筮得〈蠱〉卦
（☶☴），認爲是連續三次擊敗晉國、俘獲晉惠公（？～前 637）的吉卦。第二
次見於僖公二十五年（前 635），周襄王（？～前 619）的異母弟王子帶（前
672～前 635）發動叛亂，晉文公（前 671～前 628）占問是否該出兵勤王，卜
偃用龜卜獲得黃帝戰于阪泉之兆，筮占則獲得〈大有〉（☲☰）之〈睽〉（☲☱），
也就是〈大有·九三〉，都是助周襄王戰勝返國的吉兆和吉卦。第三次見於成
公十六年（前 575），晉楚鄢陵之戰前，晉厲公（？～前 573）就軍師苗賁皇
提供的戰略筮得〈復〉卦（☷☳），史官認爲是擊敗楚國、射中楚共王眼睛的吉
卦。第四次見於哀公九年（前 486），宋國攻打鄭國，晉國大夫趙鞅（？～前
476）用龜卜決定是否出兵援救鄭國，得到水適火之兆，經由史龜、史墨、史
趙三位史官共同判讀，認爲不宜對宋國出兵；針對同一問題，陽虎用《周易》
筮得〈泰〉（☷☰）之〈需〉（☵☰），也就是〈泰·六五〉，判讀結果同樣是不宜
對宋國出兵，於是出兵救鄭的計畫就此作罷。〔註132〕《國語》的占問用兵紀
錄僅有一則，且屬於龜卜，見於〈晉語一〉，晉獻公在征伐驪戎前，曾用龜卜
預測戰事吉凶，史蘇判讀兆象，認爲是戎夏交勝之象，獻公此役雖能取勝，
但將因口舌糾紛使國內離心離德，結果大爲不吉。晉獻公不聽勸告，出征得

〔註131〕《周易正義》，卷 3，頁 66。
〔註132〕以上事蹟詳見《春秋左傳正義》，卷 14，頁 230、卷 16，頁 262～263、卷 28，
　　　　頁 475～476、卷 58，頁 1014。

勝且俘獲驪姬而歸，將她立爲夫人，果然受驪姬言語挑撥而使晉國動盪不安。〔註 133〕這幾例占問紀錄有的預言勝利，有的預言不宜出兵，有的則預言勝而不吉。從這裡可以看到，對於用兵的占問比婚姻更爲複雜，並非只有單純的勝爲吉、敗爲凶，即使征戰勝利，其後續的影響也需列入考量，才能斷定吉凶。

　　如果說，禁忌的產生背景是不確定的環境，那麼出兵作戰的風險之大、耗費成本之高昂、後續影響之深遠，足以使它被重重的禁忌圍繞。占問用兵禁忌，便是在投入戰事之前，試圖預測這場戰役的勝敗得失，藉此降低風險與成本，而預測方式可以是自然預兆，也可以是透過卜筮創造的人爲預兆，古人相信這些預兆能將未來的戰況鉅細靡遺地呈現出來，若不得吉兆便禁忌出兵；即使獲得吉兆，正式開啓戰端，也還有更多的禁忌需要遵守，以確保整個行動順利無虞，這將於下文詳細討論。

二、行師征戰禁忌

　　占問用兵獲得吉兆後，古人才會正式派兵出征。在行師征戰方面，《周易》也會指示某些攻守戰略，例如〈同人・九四〉：「乘其墉，弗克攻，吉。」〔註134〕筮得此爻便不利主動進攻，而利於高據城牆被動防守；而像〈晉・上九〉：「晉其角，維用伐邑。厲，吉，无咎，貞吝。」〔註135〕筮得此爻則必須積極進攻，拿下城池，過程雖有危險，終歸於吉。這些都可以算作實際用兵上的禁忌，得依卦象指示採取某種行動，不能有所違背。

　　不過，在《周易》中最具代表性的行師征戰禁忌，當屬行軍吹律候驗吉凶。此一禁忌見於〈師〉初六爻辭：

　　　　初六：師出以律，否臧，凶。〔註136〕

這條爻辭中的「臧」字，意爲善，「否臧」就是不善，但「律」字卻有不同的解讀，一般通行的注解都根據《左傳》，釋爲紀律、法度。《左傳・宣公十二年》記載，晉國大夫知莊子曾引用這條爻辭來預言晉楚邲之戰的勝負：

　　　　知莊子曰：「此師殆哉！《周易》有之，在〈師〉（䷆）之〈臨〉（䷒），

　　　　曰：『師出以律，否臧，凶。』執事順成爲臧，逆爲否，眾散爲弱，

〔註133〕詳見〔三國吳〕韋昭注：《國語韋昭註》，卷7，頁 182〜188。
〔註134〕《周易正義》，卷2，頁 45。
〔註135〕《周易正義》，卷4，頁 88。
〔註136〕《周易正義》，卷2，頁 35。

川壅爲澤，有律以如己也，故曰『律否臧』。且律竭也，盈而以竭，
天且不整，所以凶也。不行謂之臨，有帥而不從，臨孰甚焉？此之
謂矣。果遇必敗，尨子尸之。雖免而歸，必有大咎。」〔註137〕

知莊子解釋這條爻辭時，是將「律」當成紀律、法度，認爲在晉楚邲之戰中，
晉國中軍佐尨子不聽主將命令，自己行動，是違反了軍紀，即「律否臧」，預
言晉國在此役必敗。後來許多重要的《周易》注家如王弼、朱熹等人，都承
襲知莊子的看法，將〈師‧初六〉的「律」字釋爲紀律、法度，認爲這條爻
辭的意思是軍隊紀律不善爲凶。然而，這種解釋並非它的原始意涵。在殷墟
卜辭中，即有「師惟律用？」（《屯南》119、《懷特》B‧1581）的占問，可視
爲〈師‧初六〉「師出以律」的前身。〔註138〕軍隊要有紀律，這是無庸置疑的
事，不需要占卜，可見這裡的「律」字應作他解。

　　「律」原本是一種管狀樂器，不同長度的律管各自對應不同的音階，引
申爲音律，又因爲律管是確定音階的標準，再引申爲法度、法則（律管形制
見圖 4-1、圖 4-2）。從「律」的本義來說，〈師‧初六〉整條爻辭的意思是出
師行軍之時，以軍隊呼聲與吹奏律管之聲相應，音律不善，則預示本次作戰
將會失敗，是爲凶象。〔註139〕這種以音律判斷戰爭勝負的方式，在其他古籍
中被當成一種固定的制度來記錄，例如《周禮‧春官‧大師》所述：

大師執同律以聽軍聲，而詔吉凶。〔註140〕

鄭玄注解此條時引《兵書》說：「王者行師出軍之日，授將弓矢，士卒振旅，
將張弓大呼，大師吹律合音。商則戰勝，軍士強；角則軍擾多變，失士心；
宮則軍和，士卒同心；徵則將急數怒，軍士勞；羽則兵弱，少威明。」也
就是說，執掌樂律的大師之官，在出師作戰之日，會聽軍隊呼喝的聲音，
並逐一吹奏律管，注意軍隊的呼聲與何種音階相應，產生共鳴，據此判斷
軍情，預測戰事吉凶。這一制度的重要性，在《史記‧律書》中被推崇到
極致：

王者制事立法，物度軌則，壹秉於六律，六律爲萬事根本焉。其於

〔註137〕《春秋左傳正義》，卷 23，頁 391～392。
〔註138〕劉釗：〈卜辭「師惟律用」新解〉，張永山主編：《胡厚宣先生紀念文集》（北
　　　　京：科學出版社，1998 年 11 月），頁 140～142。
〔註139〕聞一多：《周易義證類纂》，《聞一多全集》（臺北：里仁書局，1996 年），頁
　　　　39～40。
〔註140〕《周禮注疏》，卷 23，頁 357。

兵械尤所重，故云「望敵知吉凶，聞聲效勝負」，百王不易之道也。

武王伐紂，吹律聽聲，推孟春以至于季冬，殺氣相并，而音尚宮。

同聲相從，物之自然，何足怪哉？〔註141〕

司馬遷（前145～？）以爲王者制定各種政策、法度，都是根據音律，音律是萬事的根本。音律對於軍事尤其重要，眺望敵陣上的雲氣可知吉凶，聽聞吹奏律管的聲音可明勝負，這是歷代君王沿襲不變的道理。武王伐紂之時，藉由吹律聽聲，推知從孟春到季冬都有殺氣相并，且合於宮調，代表適宜作戰，這是因爲世間事物都會與某種特定的聲音各自呼應相從，所以能用這種方法預知軍情。文中提到武王伐紂即爲吹律聽聲的實例，《國語‧周語下》對這一實例有更詳盡的記述：

> 「王以二月癸亥夜陳，未畢而雨。以夷則之上宮畢，當辰。辰在戌上，故長夷則之上宮，名之曰羽，所以藩屏民則也。王以黃鐘之下宮，布戎于牧之野，故謂之厲，所以厲六師。以太簇之下宮，布令于商，昭顯文德，底紂之多罪，故謂之宣，所以宣三王之德也。反及嬴內，以無射之上宮，布憲施舍於百姓，故謂之嬴亂，所以優柔容民也。」〔註142〕

周景王（？～前520）打算鑄造無射大鐘，就向樂官伶州鳩詢問音律，伶州鳩因此追述武王時事，說武王在二月癸亥夜晚行軍布陣，還沒布陣完成就下雨了。武王先根據夷則之上宮來完成布陣，故該音律名爲「羽」，取羽翼保衛民眾合於法則之義；接著根據黃鐘之下宮在牧野布兵，故該音律名爲「厲」，取激勵六師之義；隨後根據太簇之下宮在商朝都城頒布軍令，彰顯文王之德，指責紂王的眾多罪行，故該音律名爲「宣」，取宣揚三王品德之義；回到嬴內，便根據無射之上宮來頒布法令，對百姓施惠、赦罪，故該音律名爲「嬴亂」，取安撫包容百姓之義。〔註143〕從這個例子可以看到，音律不僅用於判斷戰事吉凶，還用於指揮布陣、激勵軍心，以及號令施政，其效用被古人利用、推崇到無以復加。

〔註141〕〔漢〕司馬遷撰，〔南朝宋〕裴駰集解，〔唐〕司馬貞索隱，〔唐〕張守節正義：《史記》，卷25，頁1239～1240。司馬貞索隱在「其於兵械尤所重」所下按語便引〈師‧初六〉爲證：「按：《易》稱『師出以律』，是於兵械尤重也。」

〔註142〕〔三國吳〕韋昭注：《國語韋昭註》，卷3，頁101～102。

〔註143〕以上對於音律的解讀參見饒宗頤、曾憲通：《隨縣曾侯乙墓鐘磬銘辭研究》（香港：香港中文大學出版社，1985年），頁38～41。

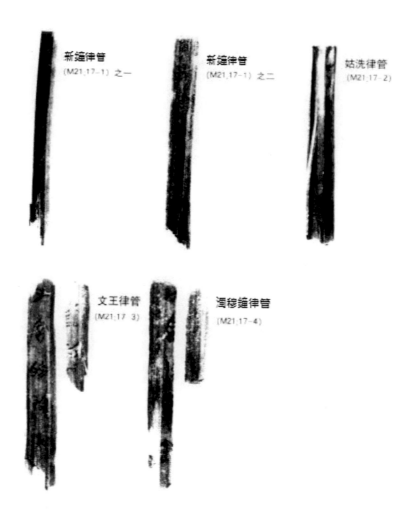

圖 4-1：江陵雨台山 21 號墓竹製律管圖〔註 144〕

圖 4-2：長沙馬王堆漢墓出土律管圖〔註 145〕

〔註 144〕圖 4-1 取自胡企平：《中國傳統管律文化通論》（上海：上海音樂出版社，2003
年），頁 7。圖中的律管爲戰國中期偏早的作品，均爲殘件，是中國現存最早
的律管實物。

〔註 145〕圖 4-2 取自胡企平：《中國傳統管律文化通論》，頁 1。

以吹律聽聲候驗戰事吉凶的方式，到春秋年間尚存餘響。《左傳·襄公十八年》記載楚公子帥師伐鄭時，曾有這麼一段插曲：

> 晉人聞有楚師，師曠曰：「不害，吾驟歌北風，又歌南風，南風不競，
>
> 多死聲，楚必無功。」〔註146〕

晉國人聽說楚國軍隊北上而來，晉國樂官師曠說：「這沒有妨礙的。我吹律詠北方曲調，又詠南方曲調，而南方曲調不夠強勁，多有死亡之聲，楚軍作戰必定不勝。」楚國位在南方，師曠便以南方樂音微弱斷定楚國必敗。從西周初年到春秋時代，吹律聽聲的操作方法已從最初的軍呼與音階共鳴，演變為吹奏各國曲調，但從音律的細微變化來判斷戰事吉凶，這一精神仍沿襲不輟。〈師〉初六爻辭言「師出以律，否臧，凶」，即指此種用音律候驗吉凶的方式，音律不善，則出師無功。

行軍吹律候驗吉凶的運作原理，或者說使用這種占驗方式的思維，就是《史記》所說的「同聲相從，物之自然」，認為聲音相應則吉凶勝負亦能相應，這可算作交感巫術的範疇。交感巫術的原理有二，其一是「相似律」，相似的事物可以帶來相似的結果；其二是「接觸律」，一件事物能將自己的特性透過接觸傳遞給其他事物。〔註147〕出師時吹律聽聲便是運用了相似律，有別於一般的巫術和禁忌都著眼於外觀相似，它是根據聲音相似來作聯想，不管是最初以軍隊呼聲和律管音階共鳴來判斷軍情，還是後來以各國曲調吹奏起來強勁與否來預知勝負，都是從音律美惡、強弱聯想到征戰勝負、軍力強弱。〈師〉初六爻辭其背後的思維運作就是以聲音相似為本，由音律不善聯想到作戰失利，並以此為出師大忌。

三、征戰歸來禁忌

征戰歸來之後，所行之事不外乎戰勝封賞或戰敗究責，但在《周易》中尚有一種特殊的征戰歸來禁忌，是針對戰勝者而設，它見於〈中孚〉六三爻辭：

> 六三：得敵，或鼓或罷，或泣或歌。〔註148〕

這條爻辭的文字本身並不困難，卻有許多種不同的解讀方式。舉例來說，在

〔註146〕《春秋左傳正義》，卷33，頁579。
〔註147〕〔英〕弗雷澤著，徐育新、汪培基、張澤石譯：《金枝》，頁19。
〔註148〕《周易正義》，卷6，頁133。

《周易正義》中，王弼、孔穎達將「罷」理解為作罷退卻，爻辭意為想要進攻敵人，擊鼓出發卻敗退而還，害怕遭到追擊而哭泣，最後因未受傷害而歡樂歌唱。〔註149〕在《周易義證類纂》中，聞一多將「罷」讀為「鼙」，即戰鼓，爻辭意為作戰凱旋歸來，勝者一路擊鼓奏樂慶祝，被俘虜的敵囚則哭泣哀歌。〔註150〕在《周易古經今注》，高亨將「罷」讀為「疲」，即疲勞，爻辭意為戰勝擄得敵人，但自身士卒有人勇猛擊鼓，有人疲憊不堪，有人悲傷哭泣，有人歡樂高歌；可見即使戰爭獲勝，也是有利有害，為好戰者提供警戒。〔註151〕而在《周易通義》，李鏡池則將「罷」理解為班師歸來，爻辭意為克敵制勝，有人擊鼓乘勝追擊，有人凱旋班師，有人喜極而泣，有人放聲歌唱，無論前線、後方都是一片勝利情景。〔註152〕從以上四種解釋舉隅，可以看出造成解讀差異的關鍵有二，一是「罷」字如何解讀，二是鼓、罷、泣、歌等動作的主體是否屬於同一批人，這兩點就決定了整條爻辭的意思。

　　以本論文的觀點而言，解讀〈中孚〉六三爻辭的鎖鑰並不在爻辭本身，而在卦名「中孚」之上。「中孚」意為心中誠信，也是該卦的卦德所在，可據以掌握各爻的精神內涵。如果說，初九爻辭：「虞吉，有它不燕。」是藉由虞祭安魂來表達對已逝家人的誠信；九二爻辭：「鳴鶴在陰，其子和之。我有好爵，吾與爾靡之。」是藉由共同唱和飲酒來表達對朋友的誠信；那麼，六三爻辭：「得敵，或鼓或罷，或泣或歌。」就是試圖用哀悼儀式來表達對被殺敵人的誠信了，整條爻辭意為克敵制勝之後，或用敲擊鼙鼓來驅逐敵人亡靈，或用哭泣哀歌來安撫他們。《金枝》曾歸納世界各民族對於殺人者的禁忌，戰士殺死敵人勝利歸來後，一般都要先與家人隔離，舉行贖罪和淨化的儀式，並且驅逐或安撫被殺敵人的鬼魂，以免他們前來復仇。在驅逐或安撫敵人鬼魂這一部分有許多例證，像東南亞的帝汶島遠征軍在凱旋歸來後，都要祭奠獵來的人頭，並以一套音樂、舞蹈哀悼死者，中西里伯斯的帕羅人也會在廟堂裡祭奠敵人的首級以求寬宥；而從大洋洲的新幾內亞、斐濟，到美洲原住民，以及非洲贊比西河以北的安戈尼人，都會在殺死敵人後，用大聲喊叫、吹海螺、擊鼓、敲打牆壁、點燃火把等各種方式，試圖嚇走敵人的鬼魂。〔註153〕

〔註149〕《周易正義》，卷6，頁133。

〔註150〕聞一多：《周易義證類纂》，頁41。

〔註151〕高亨：《周易古經今注》，卷4，頁212。

〔註152〕李鏡池著，曹礎基整理：《周易通義》，頁121。

〔註153〕詳見〔英〕弗雷澤著，徐育新、汪培基、張澤石譯：《金枝》，頁317～323。

這些行為均與〈中孚〉六三爻辭所呈現的情境如出一轍，而由「中孚」所欲傳達的誠信內涵來看，真誠地「或泣或歌」以求敵人亡靈寬恕當為此爻的主軸。

　　奧地利的精神分析學家佛洛伊德（Sigismund Schlomo Freud，1856～1939）曾將這些對敵人的處置動機視為某種矛盾情感，殺人的戰士對敵人並不只有仇恨，還摻雜了懊悔、對敵人的讚美和殺人後的良心譴責。〔註154〕不過，若把這種驅逐與安撫敵人鬼魂的行為放到禁忌體系下來看，則可算作事後補救的禁忌禳解，亦即先打破了不可殺人的規範，為了避免鬼魂復仇、災難纏身，便祈禳並用，藉由擊鼓出聲驅趕對方是為「禳」，透過祭奠哀悼來安撫對方、祈求寬恕是為「祈」，後者還帶有一些自懲的意味。這類作法背後的思維，就是認為被殺死的鬼魂會像被傷害的活人一樣，滿含復仇意念，緊跟著凶手伺機報復，因此採用類似對待活人的方式，或強力驅逐，或悔過賠禮，希冀鬼魂為此不能或不願再來復仇。

第五節　小結

　　《周易》中的人事禁忌，根據前面的討論與分析，可以總結出以下幾點：

　　第一，《周易》中的人事禁忌，絕大多數可歸入禁忌體系中的預知系統，這點和前一章的自然禁忌相同，都是源自《周易》為卜筮之書的性質。但《周易》中的人事禁忌，主要體現在舉行重大事務前占問吉凶，如合婚、占問用兵之類，試圖透過占問來得知該事務的吉凶、過程與後續影響，獲得凶卦便禁忌執行。這一行為的動機出自對未來的不確定，所欲舉行的事務風險、成本越高，越容易出現禁忌心理，想借助卜筮占問來降低風險與成本。

　　第二，部分卦爻辭會直接表明人事禁忌的內容，例如將庶民小人排除在貴族生活圈外、男女兩性各司其職不相跨越等等。這些禁忌的來源，主要是先將人加以分類，不同人群適用不同的生活與行為規範，一旦有人跨越界線，便成為無法歸類的非常之人，常被視為帶有危險的力量，會不自覺地危害他人，因而需要嚴防跨越之舉。這類禁忌表面上是一種社會規範，但其背後仍有超自然思維運作。

〔註154〕〔奧地利〕佛洛伊德（Freud, S. S.）著，楊庸一譯：《圖騰與禁忌》（臺北：志文出版社，1992年），頁54～57。

　　第三，部分卦爻辭陳述了打破規範後的補救方式，例如征戰勝利歸來後，要為敵人的亡靈擊鼓、哭泣哀歌，祈禳並用，以求平安無恙，這屬於禁忌體系中的禳解系統。這種作法奠基於人死後有靈的思維，且預設其亡靈帶有惡意、亟欲復仇，因而採用類似對付活人的方法，以驚嚇或討好亡靈來避免災厄降臨。

　　以上的人事禁忌，其背後的思維模式較為紛雜，但仍可歸結出兩種概念。其一是對超自然力量的想像與信仰，認為每一個人事活動都隱藏著不可見的力量，能夠事先預知、趨避利害及補救過失。其二是在人際互動觀念上，標舉出了「誠信」，無論是對活人、神祇或亡靈，只要以誠信相待，就能大吉大利，通行無阻。這兩點支配了先民的想像，構成了《周易》的人際世界。

第五章 《周易》禁忌思維的演變與轉化

　　禁忌的本質是禁止某些行爲以求趨吉避凶，其思維核心常與巫術、鬼神等超自然因素有關，而其實行的外部效果往往建立了某種道德價值或社會秩序。在時代變遷中，如果原本支持某種禁忌存在的社會根柢遭到動搖，甚至徹底消失，該禁忌也會隨之煙消雲散；而如果禁忌往人文需求發展，以道德或社會秩序作爲新的思維核心，它便轉化爲禮儀；如果禁忌針對原有的超自然因素持續發展，並進一步形成神學體系，它便轉化爲宗教；若專就實施禁忌所能建立的社會秩序著眼，將禁忌的事項編入成文規定，並附加罰則，它便轉化爲法律。這些都是禁忌常見的演變方向。

　　《周易‧繫辭下》云：「《易》窮則變，變則通，通則久。」〔註1〕《周易》表現在占筮方式上，爻遇老陰、老陽須變，是陰極陽生，陽極陰生；表現在通行本卦序上，各卦兩兩成對，非覆即變，前一卦上下顛倒或陰陽全變，即爲後一卦；而表現在哲理上，則是物極必反，變而後通，可以說整部《周易》都體現了變動的法則，《周易》中的禁忌自然也包含在內。在第三章及第四章所陳述的《周易》禁忌，有一部分在後世歷史發展中有所轉變，而其背後的思維模式也隨之調整、更動。從《周易》卦爻辭成形的殷末周初，到《易傳》寫定的秦漢之間，社會環境的變革頗多，例如政治由貴族主導演變爲平民當道，思想則由巫術籠罩演變爲人文關懷，其間便有多種禁忌的存在根柢遭到

〔註 1〕 〔魏〕王弼注，〔晉〕韓康伯注，〔唐〕孔穎達正義：《周易正義》（臺北：藝文印書館，2015 年），卷 8，頁 167。

動搖或被轉換，而《周易》正介於這多重演變的過程之間。本章便探討《周易》禁忌思維中「變」的部分，第一節到第四節分析《周易》中的禁忌，有哪些隨著社會環境變遷而逐漸消失，哪些則被後人賦予新的意涵，轉化為禮儀、宗教或法律，以不同的面貌繼續流傳下去，第五節則總結前四節的研究成果，並歸納出《周易》禁忌思維的演變趨勢。

第一節　消失的《周易》禁忌

禁忌行為若以文字型態陳述，就是「不准做某件事情，以免發生某種危險」，但其所禁止的事項和所指涉的危險，兩者之間並沒有必然關係。在人類知識進步及社會環境變遷之下，如果某些禁忌已經不合時宜，且打破禁忌者也並未遭遇危險，成為禁忌的反證，該禁忌便會逐漸消失。《周易》卦爻辭反覆提及的水族動物禁忌「十朋之龜弗克違」，以及他人身分禁忌「小人勿用」，便是這樣隨著時代變遷而遭到淘汰。以下逐一探討。

一、從靈龜崇拜到卜法式微

〈頤‧初九〉：「舍爾靈龜，觀我朵頤，凶。」〈損‧六五〉：「或益之，十朋之龜弗克違，元吉。」〈益‧六二〉：「或益之，十朋之龜弗克違，永貞吉。王用享于帝，吉。」以上這三條爻辭共同敘述了龜卜結果不能違背的禁忌，顯見當時普遍相信龜卜靈驗，並因此賦予龜「明智」的形象，是為靈龜崇拜。然而，隨著人文思想提高，以及占卜手續趨於簡便，這項禁忌宣告消失，卜法也逐漸式微。

龜卜盛行於殷商，迄今已出土十餘萬片商代甲骨；1950 年代之後，在陝西、河南、山西、北京等地也陸續出土西周甲骨，另外在河南洛陽東周王城遺址發現的東周甲骨，山西侯馬盟書的春秋晚期卜筮類玉片，與湖北江陵、荊門的戰國楚占卜竹簡，這些考古發現說明了龜卜活動從商代、西周到春秋戰國都相當頻繁。〔註2〕而在文獻方面，除了《周易》之外，《詩經》、《尚書》、三禮、《左傳》、《國語》等典籍也多有龜卜的紀錄。不過，在春秋時代，人們對龜卜的信仰便呈現衰落趨勢，違卜、廢卜的現象增加。違卜就是違背龜卜結果行事，中國歷史上最早的違卜現象見於《史記‧齊

〔註2〕李零：《中國方術正考》（北京：中華書局，2007年），頁184～191。

太公世家》：

> 武王將伐紂，卜龜兆，不吉，風雨暴至。羣公盡懼，唯太公彊之勸
> 武王，武王於是遂行。〔註3〕

武王伐紂之前，用龜卜問事卻得到不吉之兆，同時突然變天，颳起狂風暴雨。在場的人都嚇壞了，唯有姜太公（前1156～前1017）強勸武王出兵，武王這才整軍出發。從這個事例可以看出，殷末周初時人對龜卜仍然相當敬畏，像姜太公這樣敢於打破禁忌、違背龜卜結果行事的人極為罕見。到了春秋，這類違卜事例大增，例如晉獻公卜伐驪戎、卜立驪姬為夫人皆不吉，均違背龜卜結果而一意孤行〔註4〕；秦晉韓之戰，晉惠公卜問用何人居車右，結果顯示慶鄭（？～前645）為吉，但晉惠公不肯採納。〔註5〕而在違卜之外，還有更進一步的廢卜，即不履行必要的龜卜手續。《左傳》曾記載兩次「龜焦」，即龜甲燒焦，卜兆不成，此時應當重新問卜，但當事人都沒這樣做。魯定公九年（前501），衛靈公（前540～前493）要前往五氏，途經晉軍駐紮的中牟，占卜過路吉凶時龜甲燒焦，竟不再問卜便直接通過中牟。魯哀公二年（前493），晉鄭鐵之役，晉人卜戰時龜甲燒焦，晉國大夫樂丁選擇相信過去的吉兆，認為不必再卜，晉軍最終獲勝。〔註6〕而在春秋時代的一連串違卜、廢卜現象中，以《左傳·昭公十三年》的事例最為著名：

> 初，靈王卜曰：「余尚得天下。」不吉，投龜詬天而呼曰：「是區區
> 者而不余畀，余必自取之！」〔註7〕

楚靈王（？～前529）希望能得到天下，卜問結果不吉，便丟了龜甲朝天大罵：「連這一點權力都不給我，我一定要自己取得天下！」在這裡人本身的意志已經凌駕於龜卜之上，不再甘心屈服於龜卜所代表的天意。〔註8〕春秋貴族屢

〔註3〕〔漢〕司馬遷撰，〔南朝宋〕裴駰集解，〔唐〕司馬貞索隱，〔唐〕張守節正義：《史記》（臺北：金川出版社，1982年），卷32，頁1479～1480。

〔註4〕事詳《左傳·僖公四年》、《國語·晉語一》。見〔晉〕杜預注，〔唐〕孔穎達正義：《春秋左傳正義》（臺北：藝文印書館，2007年），卷12，頁203～204；〔三國吳〕韋昭注：《國語韋昭註》（臺北：藝文印書館，1959年），卷7，頁182～188。

〔註5〕事詳《左傳·僖公十五年》。見《春秋左傳正義》，卷14，頁230。

〔註6〕以上事蹟詳見《春秋左傳正義》，卷55，頁969、卷57，頁994。

〔註7〕《春秋左傳正義》，卷46，頁807～808。

〔註8〕對春秋違卜、廢卜現象的討論詳見劉瑛：《《左傳》、《國語》方術研究》（北京：

屢打破禁忌，違反卜兆行事，甚至放棄龜卜，顯見當時貴族之間對龜卜的信仰已經產生動搖。而違卜、廢卜的事例多與軍事有關，這也顯示出兵作戰之前的占問用兵禁忌遭受質疑，與對龜卜信仰動搖是同步發生的狀況，用兵與否逐漸以人類意志及現實考量為決斷標準，舊有的占問用兵禁忌則逐漸退出廟堂之上，終至銷聲匿跡。

　　而在民間，對龜卜的信仰則持續得更為長久。王充《論衡・卜筮》曾談及東漢民間崇信卜筮的程度：

> 俗信卜筮，謂卜者問天，筮者問地。著神龜靈，兆數報應。故捨人議而就卜筮，違可否而信吉凶。其意謂天地審告報，著龜真神靈也。
>
> 〔註9〕

東漢民間崇信龜卜與筮占，認為龜卜是求問天神，筮占是求問地祇，卜筮所用龜甲、蓍草都有神靈，而卜得兆紋、筮得卦數就是天地在回應人的提問。因此凡有疑問便捨棄與人商議而採行卜筮，不管事情能否實行都寧可相信卜筮呈現的吉凶。這段紀載顯示，直到東漢，龜卜在民間都還具有影響力。至於漢代以降，龜卜應用的情形，見諸史傳者不多，最後一次史有明文的龜卜活動紀錄是在唐代，《舊唐書・張公謹傳》記載：

> 及太宗將討建成、元吉，遣卜者灼龜占之，公謹自外來見，遽投於地而進曰：「凡卜筮者，將以決嫌疑，定猶豫，今既事在不疑，何卜之有？縱卜之不吉，勢不可已。願大王思之。」太宗深然其言。
>
> 〔註10〕

唐太宗李世民（598～649）在發動玄武門之變前，曾命人燒灼龜甲占卜此事，幕僚張公謹（594～632）從外面走進來看到這一幕，便將占卜的龜甲扔在地上，向唐太宗進諫說：「卜筮是用來決定有疑問的事，現在這件事沒有疑問，

人民文學出版社，2006 年），頁 67～68、167～169。劉瑛以為龜卜的衰落表現有二：一是龜卜的神聖性下降，大夫之家普遍違禮藏龜；二是違卜、廢卜現象增加。但周代貴族其實從天子到士都用龜卜，只是所用龜甲尺寸有階級差異，因此大夫之家普遍藏龜是正常現象，並非龜卜神聖性下降的表徵，若藏有超過自己身分等級的大型寶龜才是違禮僭越之舉。

〔註 9〕 〔漢〕王充撰，蕭登福校注：《新編論衡（下）》（臺北：臺灣古籍出版有限公司，2000 年），卷 24，頁 2083。

〔註10〕 〔後晉〕劉昫等：《新校本舊唐書附索引》（臺北：鼎文書局，1989 年），卷 18，頁 2506。

何必占卜？就算占卜結果不吉，這件事還是非做不可。希望大王考慮清楚。」唐太宗非常同意張公謹的意見，終於下定決心發動政變。這是正史中最後一次可確定為龜卜活動的紀錄，也是反對凡事專任卜筮的宣言。往後的正史中雖然偶有占卜紀錄，但都不能確定為龜卜，也有可能指《易》卦、擇日或風水等其他占卜方式。

　　要檢測龜卜在後世的流傳狀況，在龜卜活動本身的紀錄之外，也可參考歷代史志目錄所著錄的龜卜相關書籍來做判斷。以龜卜為主題的書目越多，代表龜卜研究越盛行；反之，以龜卜為主題的書目越少，代表龜卜越不受重視。歷代正史包含〈藝文志〉、〈經籍志〉等目錄的共有七種，前四種整理為表 5-1，後三種整理為表 5-2。其他正史不包含經籍目錄的，依據後人考補，將包含龜卜書目的部分整理為表 5-3。

表 5-1：唐代以前正史目錄著錄龜書種類表

史志	《漢書·藝文志》	《隋書·經籍志》	《舊唐書·經籍志》	《新唐書·藝文志》
著錄龜書	《龜書》 《夏龜》 《南龜書》 《巨龜》 《雜龜》	史蘇《龜經》 《史蘇龜經》 葛洪《龜決》 《管郭近要決》 《龜音色》 《九宮蓍龜序》 《龜卜要決》 《龜圖五行九親》 周子曜《龜親經》 《史蘇沉思經》 《龜卜五兆動搖決》	柳世隆《龜經》 劉寶真《龜經》 王弘禮《龜經》 莊道名《龜經》 孫思邈《龜經》	史蘇《沉思經》 柳世隆《龜經》〔註11〕 劉寶真《龜經》 王弘禮《龜經》 莊道名《龜經》 孫思邈《龜經》 孫思邈《五兆算經》 《龜上五兆動搖經訣》
種類	5	11	5	8

〔註11〕《舊唐書》著錄柳彥詢《龜經》三卷，《新唐書·藝文志》則著錄柳彥詢與柳世隆《龜經》各三卷，柳世隆字彥緒，緒、詢二字音近致訛，故柳彥詢與柳世隆兩者實為一人，本表合併為一，並一律稱其本名「柳世隆」。

表 5-2：宋代以後正史目錄著錄龜書種類表

史志	《宋史・藝文志》		《明史・藝文志》	《清史稿・藝文志》
著錄龜書	史蘇《五兆龜經》 《五兆金車口訣》 《五行日見五兆法》 《龜繚繞訣》 《玄女玉函龜經》 《神龜卜經》 毛寶定《龜竅》 《龜兆口訣》 《龜髓訣》 《玄女五兆筮經》 《靈龜經》	史蘇《龜眼玉鈐論》 《五兆祕訣》 《五兆穴門術》 聶承休《龜經雜例要訣》 《古龜經》 劉玄《龜髓經論》 《龜甲曆》 《龜經要略》 《春秋龜策經》 黃法《五兆曉明龜經》 《龜圖》	劉均《卜筮全書》 趙際隆《卜筮全書》〔註12〕	胡煦《卜法詳考》
種類	22		2	1

表 5-3：清代以來補撰歷代史志目錄著錄龜書種類表〔註13〕

朝代	晉	南齊	梁	隋	元
龜書	葛洪《龜決》 庾闡《蓍龜論》 郭璞〈龜目神書〉	柳世隆《龜經》 柳世隆《龜經秘要》〔註14〕	柳惲《十杖龜經》〔註15〕	臨孝恭《九宮龜》	陸森《玉靈聚義》
種類	3	2	1	1	1

〔註12〕 《明史・藝文志・子部・五行類》雖著錄劉均《卜筮全書》、趙際隆《卜筮全書》，但《明史》還會再依照各書內容進行詳細編排分類，《易》占、夢占、遁甲、六壬、擇日、星命、相法、地理堪輿等各種占卜方式，判然有別。觀察劉均、趙際隆此二書編列位置，前面為王宇《周易占林》、錢春《五行類應》，後面為張濡《先天易數》、周視考《陰陽定論》，均為《易》占專書，則劉均、趙際隆的《卜筮全書》，雖然名稱有「卜」字，可能包含龜卜，但也有可能跟前後所列書目一樣是《易》占專書，有筮無卜。

〔註13〕 本表資料來源為王承略、劉心明主編：《二十五史藝文經籍志考補萃編》（北京：清華大學出版社，2014年）第10-12、22卷。

〔註14〕 柳世隆著作在《南齊書》本傳為《龜經秘要》二卷，在《舊唐書・經籍志》題名為柳彥詢《龜經》三卷，不確定是否為同書，此處分別存列。

〔註15〕 「十杖」當為「卜林」之誤。

　　從上述表格可以看出，龜卜在唐代以前民間穩定延續，相關著作數量變動不大，有些是前代流傳下來的，也有一些是當朝著作；到了宋代，有關龜卜的著作最多，除了正史著錄之外，還有邵平軒《玉靈照膽經》、王洙（997～1057）《玉靈聚義》等猶有鈔本或刻本流傳至今，研究風氣極盛。元、明以來，龜卜不再受到學者重視，《明史》只著錄兩部可能包含龜卜的《卜筮全書》，《清史稿》只著錄一部《卜法詳考》，另外民間尚存有作者佚名的《龜卜玉靈經》、《玉靈聚義通》兩部鈔本。〔註16〕今人郭靄春所撰《清史稿藝文志拾遺》雖於子部術數類著錄王維德（1669～1749）《卜筮正宗》，此書至今猶存，但考察其內容乃專論《周易》占法，亦即有筮無卜。〔註17〕雖然《宋史》以前的正史目錄，都是著錄歷代以來流傳至該朝代的書目，而《明史》、《清史稿》只著錄當代著作，且《宋史》並未針對所收書目進行考證，但比對各部正史目錄所收龜卜書目，可以發現前後朝代重複比率並不高，也就是說，宋代可以視爲龜卜研究最後一次風行，而到了元代以後，燒灼龜甲占卜的方法便趨於式微，至今更已失傳。

　　靈龜崇拜消失，從占卜外部方面來看，是人文思想崛起，所謂「卜以決疑，不疑何卜？」當人智所能決定的事情越來越多，對未來的不確定性降低，需要倚賴占卜之處便越來越少，甚至對占卜能不能代表天意產生質疑，這種想法首先表現爲干犯禁忌違卜，最後甚至廢除占卜，直憑己意行事。而從占卜內部方面來看，則是占卜手續趨向簡便。龜卜流程相當繁複，包括取龜、釁龜、攻龜、作龜、刻辭、藏龜等手續，也就是選取占卜用龜、殺龜取甲、修治及鑽鑿龜甲、燒灼求兆、刻上卜辭，最後收藏入檔〔註18〕，整套流程耗費的人力、物力和時間都相當可觀，且只能一事一問，不能透過一次龜卜就解答許多問題。在一事一問的占卜類別中，若有較爲簡便的方法，例如《易》卦、測字、求籤之類，自然會取代龜卜成爲主流。從靈龜崇拜到卜法式微，其間的思維演變關鍵在於，靈龜崇拜是建立在龜卜能代表天意的假設上。如果龜卜與天意之間的連結被經驗徹底否定，或者使用其他占卜方法也能解決疑問，且更爲簡便，龜卜的神聖性便不復存在，龜不再是明智的象徵，而卜法也無存在的必要了。

〔註16〕表格未見而至今猶存的龜卜書籍，見李零：《中國方術正考》，頁47～48。

〔註17〕郭靄春：《清史稿藝文志拾遺》（北京：華夏出版社，1999年），頁88；〔清〕王洪緒撰，〔清〕王道亨編纂，李祥白話釋意：《卜筮正宗》（北京：中醫古籍出版社，2010年）。王維德字洪緒，王維德與王洪緒兩者爲同一人。

〔註18〕李零：《中國方術正考》，頁192～198。

二、從小人勿用到平民崛起

〈師‧上六〉：「大君有命，開國承家，小人勿用。」〈大有‧九三〉：「公用亨于天子，小人弗克。」〈既濟‧九三〉：「高宗伐鬼方，三年克之，小人勿用。」以上這三條爻辭敘述了在任官、外交及軍事上「小人勿用」的禁忌。「小人」在卦爻辭中指庶民百姓，所以「小人勿用」就是一種身分禁忌，由貴族掌握行政權力，而將百姓排除在外。但這種身分禁忌到了春秋戰國時代便被打破，平民崛起，原有的貴族則走向沒落。

身分禁忌的形成與維持，需要世官制度來支撐。「世官」即貴族世代承襲祖先的官職，爲殷商至西周時代任命官員的主要方式。君王任命宗親、姻親爲官，職位世代相襲，冊命誥辭即常見時王令受命者承襲先祖舊職，或承先王舊命令襲祖考舊職，以及追述先祖舊勳勉勵受命者效法先祖。而在軍事方面，雖有平民參軍擔任甲士或徒卒，但王室及貴族子弟才是武裝主力。〔註19〕但進入春秋戰國時代，列國追求富國強兵，亟需各種人才挹注以助稱霸爭雄，於是薦舉制及軍功制等選官方式便大爲盛行，並取代世官制成爲主流。薦舉制一般是由君王或官員個人推薦優秀人才任官，以德行、才能爲選拔標準，這種選官方式在原始社會就已存在，在春秋戰國時代盛行並制度化，例如齊國便創立了「三選法」，通過鄉選、官選、君選三個環節來薦舉選拔官吏，《國語‧齊語》記載這套流程如下：

> 正月之朝，鄉長復事。君親問焉，曰：「於子之鄉，有居處好學、慈孝於父母、聰慧質仁、發聞於鄉里者，有則以告。有而不以告，謂之蔽明，其罪五。」有司已於事而竣。桓公又問焉，曰：「於子之鄉，有拳勇股肱之力秀出于眾者，有則以告。有而不以告，謂之蔽賢，其罪五。」……是故鄉長退而修德進賢，桓公親見之，遂使役官。桓公令官長期而書伐，以告且選，選其官之賢者而復用之，曰：「有人居我官，有功休德，惟慎端愨以待時，使民以勸，綏謗言，足以補官之不善政。」桓公召而與之語，訾相其質，足以比成事，誠可立而授之。設之以國家之患而不疾，退問之其鄉，以觀其所能而無大厲，升以爲上卿之贊。謂之三選。〔註20〕

〔註19〕 王貴民：《商周制度考信》（臺北：明文書局，1989年），頁194～196、229～230；汪中文：《西周冊命金文所見官制研究》（臺北：國立編譯館，1999年），頁137～138、192～194。

〔註20〕 〔三國吳〕韋昭注：《國語韋昭註》，卷6，頁167～168。

齊桓公（？～前 643）在正月時召見鄉長，要求鄉長推薦各地聰明好學、慈孝父母以及勇力出眾之人，隨後親自面試這些人並任用爲官。又令各部門長官逐年考核基層官員功績，將其中的賢者推薦上來，由桓公親自面試其才能，並在鄉里上考察其實際德行，再升爲上卿的助理。類似「三選法」這種制度化的薦舉方法可以選拔出大批基層人才，但在沒人引薦的狀況下，也可以由人才主動獻策自我推薦，郭隗（約前 351～前 297）自薦於燕昭王（前 335～前 279）、毛遂（前 285～前 228）自薦於平原君（？～前 251）等均爲其例。〔註 21〕軍功制則是依照作戰功績大小來賞賜爵位和官職，這種選官方式誕生於春秋時代，齊、楚、秦、晉等幾個大國率先建立軍功制，其中最典型的就是魯哀公二年晉鄭鐵之役時，晉國大夫趙鞅誓師所提出的懸賞條件：

> 克敵者，上大夫受縣，下大夫受郡，士田十萬，庶人工商遂，人臣
> 隸圉免。〔註 22〕

攻克敵人的，上大夫可得縣邑，下大夫可得郡邑，士授田十萬畝，庶人及工商等平民都能做官，人臣、隸圉則可免除奴隸身分。這種制度突破了貴族身分限制，讓平民也能依靠戰功獲得官職，從而達到激勵軍隊士氣的目的。而由於從春秋後期開始，戰爭規模擴大，爲了擴充兵源，住在城外、屬於平民的「野人」也加入行伍，因此實施軍功制能讓許多平民提高身分，獲得仕進之階。進入戰國時代，韓、趙、魏、齊、楚、燕、秦等戰國七雄，紛紛變法廣爲推行軍功制，而以秦國實施得最爲徹底，並依此制定了嚴密的二十等爵制，可依照戰績逐步升遷。〔註 23〕無論是薦舉制還是軍功制，這些選才任官的方式都不受出身限制，官員可以來自社會各個階層，這就打破了「小人勿用」的身分禁忌，大量平民入仕，原有貴族則逐漸沒落成爲平民。

　　身分禁忌消失，其外部原因是受現實環境左右，在各國競爭激烈、需才孔急的環境下，亡國滅家的實際風險，遠遠高於打破禁忌這種想像中的風險，一旦有平民打破禁忌進入原本貴族活動的政治、外交、軍事等領域，所帶來的利益大於弊端，身分禁忌便失去存在的理由。而內部思維變遷的關鍵則在

〔註 21〕鄭玲玲：《先秦人才選拔的全景式考察——以「三維結構」爲視閾》（曲阜：曲阜師範大學教育史碩士學位論文，指導教授：廣少奎，2013 年 4 月），頁 29～32；齊秀生：《社會環境與人才》（濟南：齊魯書社，2005 年），頁 362～366。

〔註 22〕《春秋左傳正義》，卷 57，頁 994～995。

〔註 23〕齊秀生：《社會環境與人才》，頁 86、377～382；秦黎：《選官制度變革視野下的商周至秦漢宗族變遷》（蘇州：蘇州科技學院專門史碩士學位論文，指導教授：葉文憲，2010 年 5 月），頁 31～32。

於，當身分定義上的「常」與「非常」出現位移，使群體組成改變，嚴格劃分不同群體的界線便顯得多餘。一般而言，平民百姓為常人，貴族則為非常之人，「小人勿用」的身分禁忌即是為了劃清兩種群體界線、避免互相干擾傷害而設，無形中規定不同出身的群體應有不同的活動領域和工作內容。但從西周到春秋這幾百年之間，貴族人口膨脹，後代大多已無田可分，成為平民，是由「非常」下降為「常」；而平民中的秀異之士則乘勢而起，是由「常」上升為「非常」。新平民中有舊貴族，新貴族中有舊平民，群體組成改變，過往嚴格區分「常」與「非常」的身分禁忌也就毫無意義，最終遭到揚棄。

第二節　從禁忌到禮儀

　　禁忌的內容為禁止某些行為或言詞，其本身便是社會上的某種不成文規定，但其成因往往並不明確，有時就直接歸咎於神秘因素。一旦將支持禁忌的理由置換為某種道德或社會秩序，或者將它按照實際需求加以改頭換面，禁忌就轉化為禮儀。《周易》中的祭祀與軍事禁忌，便是經過這樣的思維核心置換與轉移，發展成郊祀禮儀與軍樂。以下分別論述。

一、祭者禁忌與郊祀禮儀

　　在《周易》中，卦爻辭凡明確指出主祭者身分的都是「王」，在《易傳》則是「聖人」及「先王」，可概括為君王；接受祭祀的對象則有至上天神「帝」或「上帝」、地祇「西山」或「岐山」，祖先神則立廟或配天祭祀。這裡面包含了某種祭者禁忌，即主祭者須有君王身分才能祭祀天地。按照周代等級制度，周王可祭天下所有神祇，諸侯則可祭自己受封境內的名山大川，大夫可祭地方小神，士以下則只能祭拜自己的祖先。秦代之後，天下共主由「王」變成了「皇帝」，祭祀天地就成為皇帝的專利，祭者禁忌一部分保存了下來，但其名目、內涵則轉化為郊祀禮儀。

　　秦漢的郊祀禮儀，主要見於《史記‧封禪書》與《漢書‧郊祀志》。秦代的郊祀禮儀，《史記‧封禪書》總結如下：

> 昔三代之（君）〔居〕皆在河洛之閒，故嵩高為中嶽，而四嶽各如其
> 方，四瀆咸在山東。至秦稱帝，都咸陽，則五嶽、四瀆皆并在東方。
> 自五帝以至秦，軼興軼衰，名山大川或在諸侯，或在天子，其禮損

益世殊，不可勝記。及秦并天下，令祠官所常奉天地名山大川鬼神
可得而序也。

於是自殽以東，名山五，大川祠二。曰太室。太室，嵩高也。恆山，
泰山，會稽，湘山。水曰濟，曰淮。春以脯酒為歲祠，因泮凍，秋
涸凍，冬塞禱祠。其牲用牛犢各一，牢具珪幣各異。

自華以西，名山七，名川四。曰華山，薄山。薄山者，衰山也。岳山，
岐山，吳岳，鴻冢，瀆山。瀆山，蜀之汶山。水曰河，祠臨晉；沔，
祠漢中；湫淵，祠朝那；江水，祠蜀。亦春秋泮涸禱塞，如東方名山
川；而牲牛犢牢具珪幣各異。而四大冢鴻、岐、吳、岳，皆有嘗禾。
陳寶節來祠。其河加有嘗醪。此皆在雍州之域，近天子之都，故加
車一乘，騮駒四。

霸、產、長水、灃、澇、涇、渭皆非大川，以近咸陽，盡得比山川
祠，而無諸加。

汧、洛二淵，鳴澤、蒲山、嶽嶰山之屬，為小山川，亦皆歲禱塞泮
涸祠，禮不必同。

而雍有日、月、參、辰、南北斗、熒惑、太白、歲星、填星、〔辰
星〕、二十八宿、風伯、雨師、四海、九臣、十四臣、諸布、諸嚴、
諸逑之屬，百有餘廟。西亦有數十祠。於湖有周天子祠。於下邽有
天神。灃、滈有昭明、天子辟池。於（社）〔杜〕、亳有三社主之祠、
壽星祠；而雍菅廟亦有杜主。杜主，故周之右將軍，其在秦中，最
小鬼之神者。各以歲時奉祠。

唯雍四時上帝為尊，其光景動人民唯陳寶。故雍四時，春以為歲禱，
因泮凍，秋涸凍，冬塞祠，五月嘗駒，及四仲之月（祠若）月祠，
〔若〕陳寶節來一祠。春夏用騂，秋冬用騮。畤駒四匹，木禺龍欒
車一駟，木禺車馬一駟，各如其帝色。黃犢羔各四，珪幣各有數，
皆生瘞埋，無俎豆之具。三年一郊。秦以冬十月為歲首，故常以十
月上宿郊見，通權火，拜於咸陽之旁，而衣上白，其用如經祠云。
西畤、畦畤，祠如其故，上不親往。

諸此祠皆太祝常主，以歲時奉祠之。至如他名山川諸鬼及八神之屬，
上過則祠，去則已。郡縣遠方神祠者，民各自奉祠，不領於天子之

祝官。祝官有祕祝，即有菑祥，輒祝祠移過於下。〔註24〕

夏、商、周三代的主要居所都在黃河、洛水之間，嵩山即為中嶽，而東嶽泰山、西嶽華山、南嶽衡山、北嶽恆山這四嶽的方位都和名稱相符，長江、黃河、淮河、濟水這四瀆都在崤山以東。到了秦始皇（前259～前210）稱帝，以咸陽為都城，則五嶽、四瀆都在東方。從五帝時代到秦代，歷朝興衰更替，各名山大川有的在諸侯分封境內，有的在天子直轄境內，祭祀禮儀都不相同。直到秦國統一天下，命令祠官固定祭祀天地、名山大川及各種鬼神，才有一套統一、制式的祭禮。各名山大川直接於其所在地設祠供奉，而日月星辰風雨等天神、四海社主等地祇，以及歷代聖賢鬼神，則在都城附近的雍州立祠供奉，這些祠廟都由太祝主持，一年四季按時祭祀，皇帝本人則每三年郊祭天地一次。至於其他山川鬼神的祠廟，只在皇帝路過時才祭，皇帝離開後就不祭。各郡縣遠方的神祠，由民眾自行祭祀，不歸朝廷的祝官管轄。國家遇到災禍時，祝官就祕密祝禱，將過失轉移到臣下身上。秦代實施中央集權的郡縣制，沒有諸侯，因此祭祀天地及各名山大川的權利都集中到皇帝身上，由朝廷設置祝官來統領一切事宜。庶民本來只能祭拜自己的祖先，但而由於選官方式改變，大夫等中層貴族消失，各地郡縣的小神便由民眾自行立祠祭祀，等於是將屬於大夫的祭祀權利下放到民間。原本具有多重等級的祭者禁忌，在秦代劃分為朝廷、民間兩類的郊祀禮儀，諸侯以上歸朝廷，大夫以下歸民間。

到了漢代，初期大致沿襲秦代的郊祀禮儀，除了增設某些祠廟之外，較為重大的變動就是漢高祖（前256～前195）將重要神祇從都城附近移到宮中供奉，以及漢文帝（前203～前157）將每逢災禍便移過到臣下的祕密祝禱廢除。另外，由於漢初實施郡國並行制，分封宗室為諸侯，因此位在諸侯封土境內的名山大川都由諸侯自己的祝官各自奉祀，不受中央朝廷管轄，但在齊國、淮南國廢除後，該地山川又歸朝廷太祝主持奉祀。漢武帝（前157～前87）在位時崇信鬼神，郊祀禮儀又大幅更動，《史記‧封禪書》簡述其制度如下：

今天子所興祠，太一、后土，三年親郊祠，建漢家封禪，五年一修封。
薄忌太一及三一、冥羊、馬行、赤星，五，寬舒之祠官以歲時致禮。
凡六祠，皆太祝領之。至如八神諸神，明年、凡山他名祠，行過則祠，
行去則已。方士所興祠，各自主，其人終則已，祠官不主。他祠皆如

〔註24〕〔漢〕司馬遷撰，〔南朝宋〕裴駰集解，〔唐〕司馬貞索隱，〔唐〕張守節正義：《史記》，卷28，頁1371～1377。

其故。今上封禪，其後十二歲而還，徧於五岳、四瀆矣。而方士之候
祠神人，入海求蓬萊，終無有驗。而公孫卿之候神者，猶以大人之跡
爲解，無有效。天子益怠厭方士之怪迂語矣，然羈縻不絕，冀遇其眞。

　　自此之後，方士言神祠者彌眾，然其效可睹矣。〔註25〕

漢武帝在沿襲原有祠廟之餘，還每三年親自郊祭太一天神、后土地神，每五
年封禪一次，「封」是在泰山上祭天，「禪」則是在泰山下的小山祭地，都城
設六處朝廷常祀祠廟，由太祝掌管。其他各路山川神祇的祠廟，只在皇帝出
行路過時祭祀，離開後就不祭。表面上看來，郊祀禮儀似乎簡化了不少，但
實際上還增設了許多方士們所立的祠廟，由創立的方士自己主持，該祠廟在
其人死後便廢除，不歸祠官管轄。五嶽、四瀆等名山大川，雖不再由朝廷常
設祠廟按時供奉，但漢武帝出巡時已行遍這些地點並分別祭祀。王莽（前 45
～23）篡漢之後，雖仿照《周禮》刻意復古，但始終未能恢復周代的祭祀等
級制度，依然如秦漢以來一樣是朝廷祭天地社稷、民間祭各路鬼神。

　　從周代的祭者禁忌到秦漢的郊祀禮儀，天子由「王」變成「皇帝」，保留
了天子遍祭天下百神的部分，但各地小神則歸民間祭祀，從天子到庶人的多
重祭祀等級因社會環境變遷而形成朝廷、民間二元分立，其思維內涵也有所
轉變。在原有的祭者禁忌中，天子被視爲天神的代表，諸侯則等同本國的地
祇，具有神性，可以影響自然秩序，因此由他們來祭祀天地山川，與自然神
祇溝通。這種君王爲神的思維在秦漢以後仍然持續作用，卻逐漸淡化，取而
代之的是君臣倫理觀念。《史記・禮書》云：

　　　　天地者，生之本也；先祖者，類之本也；君師者，治之本也。無天
　　　　地惡生？無先祖惡出？無君師惡治？三者偏亡，則無安人。故禮，
　　　　上事天，下事地，尊先祖而隆君師，是禮之三本也。

　　　　故王者天太祖，諸侯不敢懷，大夫士有常宗，所以辨貴賤。貴賤治，
　　　　得之本也。郊疇乎天子，社至乎諸侯，函及士大夫，所以辨尊者事
　　　　尊，卑者事卑，宜鉅者鉅，宜小者小。〔註26〕

天地生人類，先祖生己身，君師維持社會秩序，因此「禮」的根本在於事奉天
地、尊崇先祖與君師。據此則祭祀有其等級，只有帝王能郊祭天地，並以其太

〔註25〕　〔漢〕司馬遷撰，〔南朝宋〕裴駰集解，〔唐〕司馬貞索隱，〔唐〕張守節正義：
　　　　　《史記》，卷28，頁 1403～1404。
〔註26〕　〔漢〕司馬遷撰，〔南朝宋〕裴駰集解，〔唐〕司馬貞索隱，〔唐〕張守節正義：
　　　　　《史記》，卷23，頁 1167～1168。

祖配天祭祀，諸侯頂多祭祀社稷土穀之神，大夫、士以下各有一定制度，這些都是爲了分別尊卑貴賤而設。從這段敘述可知，漢代是用倫理觀念來解釋郊祀禮儀中的等級差異，帝王能祭祀位階最高的神祇，原因在於君爲「治之本」，維持社會秩序，因而地位崇隆。天子祭天地、諸侯祭山川社稷，原是建立在君王本身的神性之上，但當此種禁忌轉化爲郊祀禮儀，其精神便置換爲崇敬君王所代表的社會秩序，神秘性質下降，由倫理觀念取而代之，成爲禮儀內涵。

二、吹律聽聲與軍樂

〈師・初六〉：「師出以律，否臧，凶。」敘述出師行軍之時，從軍隊呼聲與吹奏律管音階共鳴來預測戰事吉凶，稱爲「吹律聽聲」，對應音階不善便意味著作戰失利，即《周禮》所謂「大師執同律以聽軍聲，而詔吉凶」，是一種行師征戰禁忌。武王伐紂時便藉由吹律聽聲來預測軍情，並將音律應用於指揮布陣及激勵軍心，「師出以律」至此被發揮得淋漓盡致。吹律聽聲爾後從單音發展成曲調，預測吉凶的神秘性質逐漸消失，作爲指揮信號與鼓舞士氣的功能則保留下來，演變成軍樂，是軍中禮儀的一部分。

吹律聽聲原本是逐一吹奏律管，並聆聽軍隊呼喝的聲音與哪一個音階產生共鳴，藉此判斷戰事吉凶與指揮作戰方式。不過，到了春秋時代，吹律聽聲的操作方式開始出現變化，從單一音階共鳴發展爲演奏交戰雙方曲調，例如魯襄公十八年（前555），南方的楚國北上伐鄭，晉國樂官師曠分別吹律詠北方與南方的曲調，並由南方曲調不夠強勁判斷楚國此役必敗，這次占斷便是演奏完整的曲調，而非復西周初年實行的單音共鳴。此外，該次戰役實際交戰的楚國與鄭國雙方都未採用吹律聽聲來預測軍情，反而是旁觀的晉國在占斷，可見行軍吹律候驗吉凶在此時已非固定常備的出兵程序，作爲禁忌的影響範圍縮小，而在師曠之後，也鮮少有人以音律占斷軍情。

而在作爲戰役指揮信號的樂器編制上，律管並不單獨使用，而是搭配金鼓共同運作，後兩種樂器在戰場上的運用甚至比律管更爲頻繁。《周禮・地官・鼓人》提到金鼓的分類與用途如下：

> 鼓人：掌教六鼓、四金之音聲，以節聲樂，以和軍旅，以正田役。
> 教爲鼓而辨其聲用：以雷鼓鼓神祀，以靈鼓鼓社祭，以路鼓鼓鬼享，以鼖鼓鼓軍事，以鼛鼓鼓役事，以晉鼓鼓金奏，以金錞和鼓，以金鐲節鼓，以金鐃止鼓，以金鐸通鼓。凡祭祀百物之神，鼓兵舞帗舞

者。凡軍旅，夜鼓鼜，軍動則鼓其眾，田役亦如之。救日月，則詔
王鼓。大喪，則詔大僕鼓。〔註27〕

簡單來說，「鼓」按照形制、大小的不同而各有用途，其中用於軍事的是八尺
長的兩面大鼓「鼖鼓」；「金」則包含錞、鐲、鐃、鐸等形狀各異的金屬製打
擊樂器，與鼓搭配使用，代表不同的信號。一般而言，擊鼓代表發起進攻，
鼓聲節奏則指示進攻衝鋒的步調；而敲擊金類樂器代表防禦、退卻或停止行
動，總體來說是鳴鼓而攻，鳴金收兵（各種形制的金鼓見圖 5-1 到圖 5-7）。〔註
28〕自商周以來，律管與金鼓便構成了軍中樂器的編制系統，這種編制到了秦
漢之間，又受外來音樂影響而有所擴充。《漢書・敘傳上》記載：

始皇之末，班壹避墜於樓煩，致馬牛羊數千羣。值漢初定，與民無
禁，當孝惠、高后時，以財雄邊，出入弋獵，旌旗鼓吹，年百餘歲，
以壽終，故北方多以「壹」爲字者。〔註29〕

秦始皇末年，班固（32～92）的祖先班壹避地於北方邊境樓煩，放牧維生，
到了漢初孝惠帝（前 210～前 188）、呂后（前 241～前 180）之時，已經富甲
一方，日常出入打獵都備有旌旗鼓吹等儀仗樂隊。「鼓吹」是受到北方遊牧民
族影響而產生，在西漢時被採用爲軍樂，其樂器編制爲吹管樂器的排簫、笳，
以及打擊樂器的單面建鼓、鐃。排簫是由多支竹管編成的樂器（排簫形制見
圖 5-8、圖 5-9），源於律管，鼓、鐃也是繼承自先秦，但笳卻是捲蘆葉製成的
吹管樂器，來自北地胡人，又名「胡笳」。而在鼓吹之外，又有「橫吹」，由
鼓、角組成，角是類似號角的吹管樂器「胡角」，來自西域，同樣用於軍樂。
〔註30〕也就是說，在西漢以後，軍中樂器編制又添入笳與角兩種吹奏樂器。
到了東漢靈帝中平五年（188），笳與角也被列爲正式的指揮信號樂器來訓練
軍隊。〔註31〕

〔註27〕　〔漢〕鄭玄注，〔唐〕賈公彥疏：《周禮注疏》（臺北：藝文印書館，2007 年），
　　　　卷 12，頁 189～190。

〔註28〕　黃樸民：《中國軍事通史：第二卷　春秋軍事史》（北京：軍事科學出版社，
　　　　1998 年），頁 101～102；吳如嵩、黃樸民、任力、柳玲：《中國軍事通史：第
　　　　三卷　戰國軍事史》（北京：軍事科學出版社，1998 年），頁 153～154。

〔註29〕　〔漢〕班固撰，〔唐〕顏師古注，〔清〕王先謙補注，〔清〕錢大昕考異：《漢
　　　　書補注》（臺北：新文豐出版公司，1975 年），卷 100 上，頁 1734。

〔註30〕　許芳萍：《漢代樂府之研究》（臺北：國立臺灣師範大學音樂研究所碩士論文，
　　　　指導教授：陳萬鼐，1988 年 5 月），頁 35～36、41～42。

〔註31〕　常朝棟：《中國軍樂發展之研究》（臺北：國立臺灣師範大學音樂研究所碩士
　　　　論文，指導教授：劉德義，1985 年 6 月），頁 61。

圖 5-1：戰國銅鑒水陸攻戰飾紋圖〔註 32〕

圖 5-2：西周〈大克鼎〉銘文鼓字　圖 5-3：戰國銅壺飾紋擊鼓圖〔註 34〕
　　　　圖〔註 33〕

圖 5-4：編鐃圖〔註 35〕

〔註 32〕 圖 5-1 取自藍永蔚、黃樸民、劉慶、鍾少異：《鼓角爭鳴──閱讀中國‧軍事
史卷》（上海：華東師範大學出版社，2006 年），頁 44。1935 年在河南汲縣山
彪鎮戰國墓中出土兩件銅鑒，上面鏤刻水陸攻戰飾紋，從左右兩片飾紋上排
中央均可見到戰鼓置於鼓架上，鼓旁各有一人站立，手持鼓桴，正在擊鼓。

〔註 33〕 圖 5-2 取自吳如嵩、黃樸民、任力、柳玲：《中國軍事通史：第三卷　戰國軍
事史》，頁 152。圖爲西周〈大克鼎〉銘文中的「鼓」字，象一具大鼓置於鼓
架上，一隻手從旁錘擊。

〔註 34〕 圖 5-3 取自吳如嵩、黃樸民、任力、柳玲：《中國軍事通史：第三卷　戰國軍
事史》，頁 152。北京故宮博物院收藏有戰國初期的嵌錯賞功宴樂射獵紋銅壺，
本圖即爲該壺紋飾的一部分，圖中的大鼓同樣是橫放在鼓架上，從兩面敲擊。

〔註 35〕 圖 5-4 取自胡企平：《中國傳統管律文化通論》（上海：上海音樂出版社，2003
年），頁 1。圖爲殷墟婦好墓出土編鐃，使用時把柄朝下置於器座上，敲擊口部。

　　圖 5-5：青銅鐸圖

　　圖 5-6：青銅錞于圖

　　圖 5-7：青銅鐲（鉦）
　　圖〔註36〕

圖 5-8：淅川下寺 1 號墓石排簫圖

圖 5-9：湖北隨縣曾侯乙墓出土
　　　排簫圖〔註37〕

　　軍中樂器編制擴充之後，針對音律作為「指揮信號」與「鼓舞士氣」的兩種不同功能取向，負責演奏樂器的兵卒位置安排也出現分化。1949 年在朝鮮黃海南道安岳郡發現十六國時期前燕將領多壽（289～357）的墳墓，墓室

〔註36〕以上圖 5-5 到圖 5-7 均取自吳如嵩、黃樸民、任力、柳玲：《中國軍事通史：第三卷　戰國軍事史》，頁 154。圖 5-5 的鐸是一靠搖動發聲的大鈴；圖 5-6 的錞于簡稱「錞」，頂部有鈕可以懸掛，靠敲擊發聲；圖 5-7 的鐲又名「鉦」，使用時一手持其長柄，一手敲擊發聲。

〔註37〕圖 5-8、圖 5-9 均取自胡企平：《中國傳統管律文化通論》，頁 6。圖 5-8 的石排簫是春秋晚期作品，圖 5-9 的排簫則是戰國早期前段的作品。

東側的迴廊東壁上描繪墓主冬壽率軍出行的壁畫，主帥冬壽坐鎮中央，隊伍
最前方排列著兩面大鼓和一具鉦，鉦就是先秦流傳下來的「鐲」，是形如小鐘
的敲擊樂器，這些都由步兵扛抬、敲擊，是作為指揮信號的「金鼓」；車後排
列著騎馬樂隊，分別演奏建鼓、鐃、排簫、笳，則是奏樂鼓舞士氣的「鼓吹」
（見圖 5-10 到圖 5-13）。〔註38〕自此以後，雖然歷代對於哪些樂器列為指揮
信號、哪些則用來演奏樂曲振奮人心，各有安排，但依照兩種功能差異分別
編制兵卒卻自此沿襲不變。

奧室東側的迴廊東壁　　　　前室東側室的入口

圖 5-10：冬壽出行圖（全景摹繪示意圖）〔註39〕

圖 5-11：冬壽出行圖（中段主帥）

〔註38〕 易水：〈漢魏六朝的軍樂──「鼓吹」和「橫吹」〉，《文物》1981 年第 7 期（1981
　　　　年 7 月），頁 85。
〔註39〕 圖 5-10 取自共同通信社、ナリタ・エディトリアル・オフィス編集：《高句
　　　　麗壁画古墳》（東京都：共同通信社，2005 年），頁 87。

圖 5-12：冬壽出行圖（前段金鼓）　　圖 5-13：冬壽出行圖（後段鼓吹）
〔註40〕

　　從集候驗吉凶、指揮信號、激勵軍心等功能於一身的吹律聽聲演變為軍樂，再進一步分化為信號與樂曲，其中的思維演變經歷了兩個過程：首先是關於候驗吉凶的巫術思維弱化，從音律美惡、強弱聯想到戰爭勝負，這種聲音上的相似律巫術應用逐漸從正式的出兵程序中消失，最終從禁忌體系中的預測系統退出，不再使用音律占斷軍情；其次則是音律在實用功能方面趨於專精分化，作為指揮信號的聲音需要單純易懂，而用以激勵軍心的樂曲則著重表達慷慨激昂的情緒，音律強弱對應戰爭勝負的相似律被轉移應用到軍隊心理方面，兩種不同要求導致軍中信號與樂曲編制分道揚鑣。整體而言，從吹律聽聲到軍樂，在音樂表現上是趨於複雜變化，而在禁忌思維上則抽離了神秘性質，往戰場實用與軍隊心理需求這兩種方向發展，原本的征戰行師禁忌即轉化為軍中禮儀。

〔註40〕圖 5-11 到圖 5-13 均取自共同通信社、ナリタ・エディトリアル・オフィス編
　　　　集：《高句麗壁画古墳》，從圖 5-11 到圖 5-13 依序摘自該書頁 88〜89、頁 91、
　　　　頁 87。

第三節　從禁忌到宗教

　　禁忌起源於人們無須經過驗證，便認定某種人、事、物具有危險性，從此消極地避開這些人、事、物。換句話說，禁忌來自原因不明的恐懼。如果將恐懼的根源歸咎於鬼神等超自然因素，並據此建立一套神學理論，禁忌就轉化為宗教。《周易》中的方位禁忌，便是按照這種發展模式，將不吉利的方位指定為鬼魂專屬的幽冥空間，並以此為中心創造出帶有宗教意涵的宇宙空間圖式。

　　〈坤〉卦辭：「元亨，利牝馬之貞。君子有攸往，先迷後得主，利西南得朋，東北喪朋。安貞，吉。」〈蹇〉卦辭：「利西南，不利東北。利見大人。貞吉。」〈解〉卦辭：「利西南。无所往，其來復，吉。有攸往，夙吉。」以上這三條卦辭共同闡述了一種方位禁忌，即前往西南方有利，將可進財或得朋友幫助；前往東北方則不利，將會破財或失去朋友。這種方位禁忌不只適用於出外遠行，也被周人應用於建築內部空間，無論是門戶方向、室內空間或中庭迎賓面朝方向，均以西南為尊位，東北為卑位。這種「利西南，不利東北」的概念，隨後演變為西南生人空間與東北幽冥空間的對立，神秘性質加強，逐漸由方位禁忌轉化為宗教宇宙觀。

　　從原始的方位禁忌轉化為宗教，這個轉捩點首先出現在《論衡‧訂鬼》所引《山海經》佚文：

> 《山海經》又曰：「滄海之中，有度朔之山。上有大桃木。其屈蟠三千里，其枝間東北曰鬼門，萬鬼所出入也。上有二神人。一曰神荼，一曰鬱壘；主閱領萬鬼。惡害之鬼，執以葦索而以食虎。於是黃帝乃作禮，以時驅之。立大桃人，門戶畫神荼、鬱壘，與虎；懸葦索以禦。」〔註41〕

《山海經》說海中有度朔之山，山上有大桃木，彎曲盤繞達三千里遠，在它的枝葉間朝東北方向為鬼門，是萬鬼出入的地方。鬼門上由神荼、鬱壘兩位神人看守，遇到作惡為害的鬼，就用蘆葦繩把它綁起來餵老虎。於是黃帝便根據這個神話傳說來制定禮儀，按時驅鬼，豎立大桃人，在門戶上畫神荼、鬱壘和老虎，懸掛蘆葦繩來抵禦惡鬼。這一神話傳說替「不利東北」的方位禁忌賦予了超自然的詮釋，東北方之所以不利，原因在於它是鬼門，有萬鬼出入，須由門神看管才能防止惡鬼作亂。在這裡東北方先獲得了幽冥空間的定位，充實了「不利東北」的內涵；相對地西南方的定位則尚未出現，「利西南」的內涵仍不明確。

〔註41〕〔漢〕王充撰，蕭登福校注：《新編論衡（下）》，卷22，頁1939。

不過，至遲到西漢初年，東北與西南各自的定位即已成形。1977 年在安徽阜陽的西漢汝陰侯墓，出土了六壬式盤，是天文推算及占卜的用具，它在東南、西南、西北、東北等四維方位上，依序標示著「土斗戊」、「入（人）日己」、「天臚己」、「鬼月戊」，也就是天、土、人、鬼四門（見圖 5-14、圖 5-15）。〔註 42〕此處不僅延續了東北方與鬼的關係，與此相對的西南方也已被定位為人的空間，西北方與東南方則分別與天、土（地）連結，由四維方位所共同建構出的宇宙空間圖式就此確立。

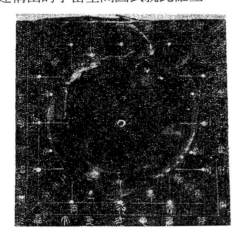

圖 5-14：六壬式盤原儀器圖　　圖 5-15：六壬式盤摹本圖〔註 43〕

至於四維方位分屬四門的理由，《易緯·乾坤鑿度·立乾坤巽艮四門》云：

> 乾為天門，聖人畫乾為天門，萬靈朝會眾生成，其勢高遠。重三三而九，九為陽德之數，亦為天德，天德兼坤數之成也。成而後有九，《萬形經》曰：「天門闢元氣，易始於乾也。」

> 坤為人門，畫坤為人門，萬物蠢然，俱受陰育，象以準此。坤能德厚迷遠，含和萬靈，資育人倫，人之法用。萬門起於地利，故曰人門，其德廣厚，迷體無首，故名無疆。數生而六，六者純陰，懷剛殺德，配在天。坤形無德，下從其上，故曰順承者也。

> 巽為風門，亦為地戶。聖人曰：乾坤成氣，風行天地，運動由風氣

〔註 42〕嚴敦杰：〈關於西漢初期的式盤和占盤〉，《考古》第 158 期（1978 年 9 月），頁 334；殷滌非：〈西漢汝陰侯墓出土的占盤和天文儀器〉，《考古》第 158 期（1978 年 9 月），頁 338、340。

〔註 43〕圖 5-14、圖 5-15 均取自殷滌非：〈西漢汝陰侯墓出土的占盤和天文儀器〉，頁 340。兩圖均為西方朝上。

成也。上陽下陰，順體入也。能入萬物，成萬物，扶天地，生散萬
物。風以性者，聖人居天地之間，性稟陰陽之道，風爲性體，因風
正聖人性焉。《萬形經》曰：二陽一陰，無形道也。風之發洩，由地
出處，故曰地戶。戶者牖戶，通天地之元氣，天地不通，萬物不蕃。

艮爲鬼冥門，上聖曰：一陽二陰，物之生於冥昧，氣之起於幽蔽。《地
形經》曰：山者艮也，地土之餘，積陽成體，石亦通氣，萬靈所止，
起於冥門，言鬼其歸也。眾物歸於艮，艮者，止也。止宿諸物，大
齊而出，出後至於呂申，艮靜如冥暗，不顯其路，故曰鬼門。

庖犧氏畫四象，立四隅，以定羣物。發生門，而後立四正。〔註44〕
簡單來說，乾爲天，且爲西北之卦，形勢高遠，所以西北方被定爲天門；坤
爲地，對應西南，地能生長萬物，蕃育人類，所以西南方被定爲人門；巽爲
風，對應東南，風由地面孔竅發出，所以東南方被定爲風門，又名地戶；艮
爲山，且爲東北之卦，山靜止幽暗，是鬼魂的歸所，所以東北方被定爲鬼冥
門。這四個方位又稱爲「四隅」，庖犧氏先畫出四種卦象來代表這四個角落方
位，定爲萬物生發之門，然後才建立東、南、西、北等四正方位的象徵意涵。
乾、坤、巽、艮所代表的自然事物與對應方位主要出自〈說卦傳〉，《易緯》
嘗試結合〈說卦傳〉的理論來完整解說天、地、人、鬼四隅門戶的命名緣由，
但〈說卦傳〉的方位概念與四隅門戶其實頗有扞格之處，最明顯的就是在〈說
卦傳〉中坤爲地且對應西南，但西南卻不是地戶，而是人門。不過，《易緯》
敘述天門形勢高遠，以及地戶爲大地牖戶，已經暗示「天門」與「地戶」這
組概念，主要源自於中國整體地勢西北高、東南低，西北高處接近天空，故
稱「天門」；東南低處通往海濱，爲陸地盡頭，故稱「地戶」。至於「人門」
與「鬼門」這組概念，應是源自《周易》經文，〈坤〉卦辭說「利西南得朋，
東北喪朋」，若循神秘途徑來詮釋，便是往西南方能得人助，故爲生人出入的
「人門」；往東北方將喪失人和，代表它並不適合人居，可能爲鬼魂出沒之所，
故爲「鬼門」，《山海經》的傳說正好補足了對此一方位的空間想像。

天地人鬼四隅門戶的宇宙空間圖式，在後世爲制度化宗教與風水俗信所繼
承。在道教科儀中，齋醮壇場空間的四個角落就代表天地人鬼四隅門戶，且廣泛
應用於安壇、告盟、救度、潔淨等儀式（見圖 5-16、圖 5-17）。「安壇」就是在齋

〔註44〕 〔清〕趙在翰輯，鍾肇鵬、蕭文郁點校：《七緯（附論語讖）》（北京：中華書
　　　　局，2012 年），卷 1，頁 7～8。

醮儀式舉行前，建設道場以降神的程序，過程中會用四門咒語將壇場的四個角落分別開通為天門、地戶、人門、鬼門，以便迎神驅邪。「告盟」是盟告天地諸神以傳授經訣，度師先到東北鬼戶為弟子去除死籍，再依序到地戶、人門、天門等方位，引領弟子作儀式性的離地飛升，成為仙官。「救度」是濟度亡靈，開通天地人鬼四隅門戶，並攝召亡靈由東北鬼戶出來，聚集壇前接受救度。「潔淨」是象徵性地淨化壇場空間，過程中會由地戶開始，依序到人門、天門施法結界，最後到鬼門方位「封鬼門」，將所有妖魔鬼怪封禁在鬼門之內。〔註45〕這一系列儀式都完整應用了天地人鬼四隅門戶的概念，但以鬼門所扮演的角色最為重要且突出，它不僅如傳說一般是萬鬼出入的門戶，也是記錄死亡名籍的所在、封禁各種妖魔邪靈的關鍵地點，被系統化為承載所有死亡、陰邪意象的幽冥空間。

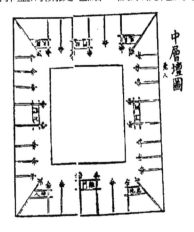

圖 5-16：中層壇圖

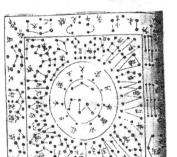

圖 5-17：周天燈圖〔註46〕

　　而在風水俗信中，天地人鬼四隅門戶又有不同的應用，例如《黃帝宅經》就沿用天門、鬼門、地戶、人門等四隅方位名稱，並結合陰陽理論來安排住宅內部格局（見圖 5-18、圖 5-19）。〔註47〕而在日本則特別著重鬼門信仰，會在

〔註45〕　詳見謝聰輝：〈四隅方位：漢代式盤與道教科儀的運用析論〉，《第二屆儒道國際學術研討會——兩漢論文集》（2005 年 8 月），頁 666～675。東北艮位在不同文獻中有「鬼冥門」、「鬼門」、「鬼戶」、「鬼路」等異稱，其內容含義均同。

〔註46〕　圖 5-16、圖 5-17 均取自謝聰輝：〈四隅方位：漢代式盤與道教科儀的運用析論〉，頁 665。圖 5-16 為北方朝上，為道教三層壇圖的中層，該層建立八卦八門；圖 5-17 為南方朝上，是配合祈禳燃燈科儀的壇場布置圖式。兩圖的四個角落均代表天地人鬼四隅門戶。

〔註47〕　杜正勝：〈內外與八方——中國傳統居室空間的倫理觀和宇宙觀〉，黃應貴主編：《空間、力與社會》（臺北：中央研究院民族學研究所，1995 年 12 月），頁 247～249。

城池外面的東北方建立宗教場所，希望藉由神佛的力量來壓制鬼魂，例如在平安京（今京都市）外東北方的比叡山上建造延曆寺來鎮守鬼門；江戶城（今東京市）外東北方有東叡山與筑波山，便在東叡山上建造寬永寺，並將筑波山作爲封閉鬼門的祈願所，共同鎮守鬼門。至於建築內部則空出東北角，不作任何用途，例如京都御所（昔日的天皇宮殿），宮內便空出東北角，並刻上在日語中與「去」（離開）同音的「猿」，希望鬼魂離去（見圖 5-20）。〔註48〕

圖 5-18：二十四方位圖〔註49〕

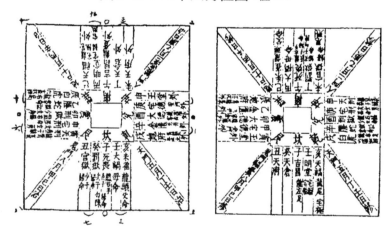

圖 5-19：陰陽二宅圖（左陽宅，右陰宅）〔註50〕

〔註48〕〔日〕吉野裕子著，汪平譯：《易經與祭祀──對神道的一個視點》（瀋陽：遼寧教育出版社，1990 年），頁 145、151～152；何曉昕、羅雋：《風水史》（上海：上海文藝出版社，1995 年），頁 225～226、233。

〔註49〕圖 5-18 取自杜正勝：〈內外與八方──中國傳統居室空間的倫理觀和宇宙觀〉，頁 247。該圖爲後天八卦與八天干（從原本的十天干扣掉代表中央的戊、己）、十二地支結合而成，一共二十四個方位。

〔註50〕圖 5-19 取自杜正勝：〈內外與八方──中國傳統居室空間的倫理觀和宇宙

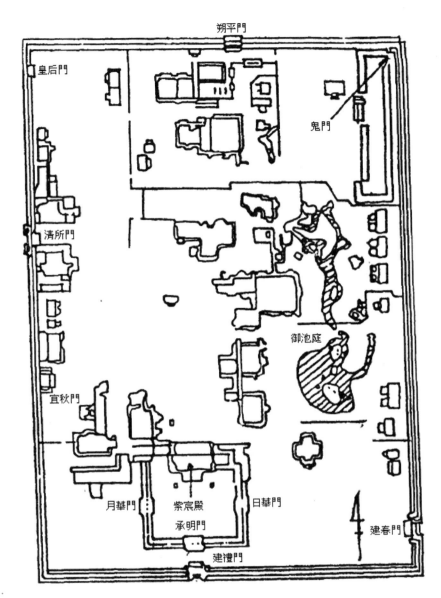

圖 5-20：京都御所平面圖〔註51〕

觀〉，頁 248。現今稱活人住宅為「陽宅」，墳墓為「陰宅」；但在《黃帝宅經》
中，「陽宅」和「陰宅」不是以生死區分，而是以方位區分。從西北戌乾之間
到東南辰巽之間畫一條對角線（可參考圖 5-18 的二十四方位），為陰陽之界，
坐西北乾位、北方坎位、東北艮位、東方震位等陽卦方位的住宅稱為「陽宅」，
而坐東南巽位、南方離位、西南坤位、西方兌位的住宅則稱為「陰宅」。

〔註51〕 圖 5-20 取自何曉昕、羅雋：《風水史》，頁 236。此圖為北方向上，從圖中可
以看到，在御所內的東北鬼門方向一帶被圍起來，採取了留空手法，沒有設
置任何宮殿或園林。

　　從「利西南，不利東北」的方位禁忌，到天地人鬼四隅門戶這種帶有宗教內涵的宇宙空間圖式，其中的思維演變主要在於將「不利東北」歸咎於鬼魂作祟，將東北方定為鬼門，並賦予死亡、陰邪等與鬼魂屬性相關意象，成為幽冥空間。與之相對的「利西南」，則依照「生為人，死為鬼」的生死相對概念，將西南定為生人空間，形成西南人門與東北鬼門對立的宗教宇宙觀。「利西南，不利東北」原本有自然與人文的雙重因素，在殷末周初時，周人以洛陽為天下中央，往西南環境乾燥、日照充足，且多友邦；往東北則易犯洪水、氣候寒冷，且多敵人，因而形成西南勝於東北的方位禁忌，並將此種禁忌延伸應用到建築內部空間，可視為當時的住宅風水。不過，隨著歷史變遷，「利西南，不利東北」的方位禁忌流傳下來，支撐此種禁忌的客觀因素卻並非隨時隨地均適用，故需要加入新的內涵來解釋舊有禁忌。「不利東北」結合神話傳說，被理解成東北方有鬼作祟才會不利，而當東北方與鬼的關係確立之後，「利西南」才因生死相對的概念，得到西南方屬人的定位。也就是說，在從方位禁忌轉化為宗教宇宙觀的過程中，東北鬼門先於西南人門；而在後世的道教科儀與風水俗信中，東北鬼門也較其他門戶重要，集合了所有與鬼相關的陰暗、危險內涵，需要更多手續來化解、鎮壓。因此，《周易》方位禁忌轉化成宗教，可說是以東北方被劃定成幽冥空間為核心發展出來的。

第四節　從禁忌到法律

　　從表面行為來看，禁忌是禁止做某件事，以避免厄運降臨。不論這種行為是否合乎邏輯，就其結果而言，實施禁忌可以維護社會秩序，減少混亂。如果著眼於禁忌維護社會秩序的功能，將它明文公布，並附有罰則，以政治力量貫徹實施，禁忌就轉化為法律。《周易》所包含的一部分禁忌，如季節、環境、性別之類，即是依循這條路線，進入成文法典，而其背後的思維模式也因此有所改變。以下便依序論述。

一、至日閉關與《月令詔條》

　　〈復·象傳〉：「雷在地中，復。先王以至日閉關，商旅不行，后不省方。」敘述至日當天封閉關口，商人、旅客不得出外遠行，君王亦不出外巡視的禁忌。單就「至日」一詞而言，它可以指夏至與冬至這兩天，若配合〈復〉卦

為陰極陽生的卦象，則以冬至的可能性更高。在專門記錄每月節候變化與人類活動的月令類文獻中，至日閉關這一禁忌，僅見於十二月曆系統的《呂氏春秋·十二紀》、《淮南子·時則》、《禮記·月令》，而不見於十月曆系統的《大戴禮記·夏小正》與《管子·幼官》。〔註52〕而隨著《禮記·月令》這一系統的文獻影響漢代的律令制定，至日閉關的禁忌也因此具備了法律的強制性。

　　1991 年，甘肅敦煌懸泉置遺址出土了《使者和中所督察詔書四時月令五十條》，簡稱《月令詔條》，是以隸書寫在泥牆上，用來詔示官民百姓每月所應遵守事宜。該詔條是在西漢平帝元始五年（5）五月，以太皇太后的名義頒布施行，內容制定參考《呂氏春秋·十二紀》、《淮南子·時則》與《禮記·月令》，每條規定底下都附有注解。在仲夏之月，《月令詔條》共有五條規定如下：

●毋□【藍】以染。　　　　●謂□……。

●毋燒灰□。　　　　　　　●謂□……。

●門閭毋□。　　　　　　　●□……。

●關市毋索。　　　　　　　●盡八【月】。

●毋用火南方。　　　　　　●盡……。

●右中（仲）夏月令五條。〔註53〕

這些規定的正文及注解都有文字缺漏，如對照《呂氏春秋》、《淮南子》與《禮記》，第一條「毋□【藍】以染」應為「毋刈藍以染」或「毋艾藍以染」，即不要割藍草來染布；第二條「毋燒灰□」可直接讀作「毋燒灰」，即不要燒草為灰；第三條「門閭毋□」應為「門閭毋閉」，即城門、里門不得關閉；第四條「關市毋索」配合注解「盡八【月】」，即關卡、市集直到八月底都不得徵稅；第五條「毋用火南方」，即不要在南方用火。

　　而在仲冬之月，《月令詔條》亦有五條規定如下：

●土事毋作。　　　　　　　●謂掘地深三尺以上者也，盡冬。

●慎毋發蓋。　　　　　　　●謂毋發所蓋藏之物，以順時氣也，盡冬。

●毋發室屋。　　　　　　　●謂毋發室屋，以順時氣也，盡冬。

〔註52〕關於月令類文獻所用曆法區別，詳見黃人二：《敦煌懸泉置詔書四時月令五十條試析》（臺中：高文出版社，2002 年），頁 46～49。

〔註53〕黃人二：《敦煌懸泉置詔書四時月令五十條試析》，頁 6。

●毋起大眾，□固而閉。●謂聚民繕冶也，盡冬。

●塗闕廷門閭，築囹圄。【●】……□□□……。

【●右中（仲）冬月令】五條。〔註54〕

配合注解，第一條「土事毋作」，即直到冬天結束都不得進行需要掘地深三尺以上的重大土木建築工程；第二條「慎毋發蓋」，即直到冬天結束都不得打開儲藏糧食、財物的倉庫，以順應時氣；第三條「毋發室屋」，即直到冬天結束都不得開拆房屋，以順應時氣；第四條「毋起大眾，□固而閉」應為「毋起大眾，以固而閉」，即直到冬天結束都不得發動大量民眾，以配合陰氣的封固和閉藏；第五條「塗闕廷門閭，築囹圄」，即粉刷修繕城樓庭院、城里門戶，修築監獄。

在十二月曆系統中，夏至在仲夏之月，冬至則在仲冬之月，觀察仲夏與仲冬的禁令，即可得知夏至與冬至的活動禁忌。從《月令詔條》在仲夏禁止關閉門閭，以及在仲冬禁止動員民眾，「以固而閉」來看，其措施是配合夏季陽氣發散、冬季陰氣閉藏的原則，因此所謂至日閉關不得遠行的禁忌，應是實施於冬至，而非夏至，正好呼應〈復〉卦陰極陽生的卦象。雖然《禮記·月令》在夏至與冬至都要求君子齋戒、百官靜事，〈復·象傳〉所謂「后不省方」，亦即君王本人不出外巡視四方的禁忌，是不分夏至、冬至均一體適用；但對民眾而言，〈復·象傳〉所謂「至日閉關，商旅不行」，亦即封閉關市、商人旅客不得出外遠行的禁忌，僅限於冬至實施，君民上下所遵行的禁忌並不完全相同。〔註55〕而《月令詔條》在仲冬之月規定「土事毋作」，於冬至所在月份禁止進行重大土木工程，則與《左傳》稱土木工程「日至而畢」〔註56〕，到了冬至就必須結束全部工事，兩者用意相仿，應為一脈相承的禁令。

冬至閉關不行，原本只是一種禁忌，因為它曾實際影響先秦施政，故可視為某種習慣法。但是當它被編進《月令詔條》，向大眾公布施行，就演變為

〔註54〕黃人二：《敦煌懸泉置詔書四時月令五十條試析》，頁7。

〔註55〕《禮記·月令》於仲夏之月云：「是月也，日長至，陰陽爭，死生分。君子齋戒，處必掩身，毋躁，止聲色，毋或進，薄滋味，毋致和，節嗜欲，定心氣。百官靜事毋刑，以定晏陰之所成。」仲冬之月則云：「是月也，日短至，陰陽爭，諸生蕩。君子齋戒，處必掩身，身欲寧，去聲色，禁耆慾，安形性，事欲靜，以待陰陽之所定。」見〔清〕孫希旦：《禮記集解》（臺北：文史哲出版社，1990年），卷16，頁453、卷17，頁497。

〔註56〕《左傳·莊公二十九年》：「凡土功，龍見而畢務，戒事也。火見而致用，水昏正而栽，日至而畢。」見《春秋左傳正義》，卷10，頁178～179。

成文法。漢代的法律形式，可分為律、令、科、比四種。「律」是基本的法律
形式，一般是由臣下草擬議奏，皇帝批准頒布，一經頒布後便長期保持法律
效力，且普遍適用，不限於特定案件；「令」是皇帝的詔令，可以隨時發布，
無須既定的程序，且往往具有較律更高的法律效力；「科」是給不依法行事者
斷定罪責，多用於規定刑罰及官吏處分；「比」是判例比附斷案，以過去的舊
案類推現在審理的、以及律無明文的案件。〔註57〕漢平帝（前9～6）年幼，
由太皇太后臨朝，王莽主政，詔令均以太皇太后的名義發布，因此《月令詔
條》屬於「令」。如果違反這份詔條的規定，當時朝廷亦有相關罰則，《漢書‧
王莽傳》云：

　　　又增法五十條，犯者徙之西海。徙者以千萬數，民始怨矣。〔註58〕

「又增法五十條」，指的就是這份《月令詔條》。凡違反《月令詔條》規定者，
王莽均強迫其遷徙到西海郡，亦即今青海省境內。由於《月令詔條》的擬訂
並未考慮到全國各地區氣候的差異，其內容禁令又與民生經濟活動息息相
關，因此觸法而遭到流放者眾，引發民怨。〔註59〕

　　至日閉關從禁忌演變為成文法，從思維上來說，它一方面是延續了原本
的陰陽概念，以冬至諸事不宜來模擬自然休眠的狀態，等待陽氣復甦；而在
另一方面，它的強制性加重了，將人們配合季節自發的行為禁忌，轉化為外
在的法律約束，並以刑罰處置違反禁令者，即使季節氣候與法律設定不同的
地區也要共同遵行。在這一演變中，禁忌原本是用來應對一年中白晝最短的
極端天象，乃為非常狀態而設，但透過法律制定，卻將這種禁忌推行開來，
要求各地一體適用，這是將非常措施轉變為常態規定。

二、山林禁忌與〈田律〉

　　〈屯‧六三〉：「即鹿无虞，惟入于林中，君子幾不如舍，往吝。」敘述
山林為禁忌之地，沒有虞人引導便不得任意進入其中追捕獵物。「虞」是管理
山林的官職，負責限制民眾入山伐木的時間，祭祀山林，並於君王狩獵時提

〔註57〕鄭秦：《中國法制史》（臺北：文津出版社，1997年），頁90～91。

〔註58〕〔漢〕班固撰，〔唐〕顏師古注，〔清〕王先謙補注，〔清〕錢大昕考異：《漢
　　　書補注》，卷99上，頁1696。

〔註59〕關於《月令詔條》的法律形式歸類與歷史背景考證，詳見洪惠瑜：〈《敦煌懸
　　　泉月令詔條》及其相關問題之探討〉，《有鳳初鳴年刊》第3期（2007年10
　　　月），頁149～159。

供協助。管理山林郊野的禁令，在《周禮‧秋官‧士師》稱為「野禁」，注解說是「野有田律」〔註60〕，即相當於秦漢的田律，也是由習慣法演變為成文法。

1975 年，湖北雲夢睡虎地發掘秦墓，獲得竹簡一千餘支，內容大部分是秦代法律和公文。墓主「喜」生於秦昭（襄）王四十五年（前 262），卒於秦始皇三十年或三十一年（前 217 或前 216），生前曾擔任治獄吏，故以大量法律竹簡陪葬，其中的〈秦律十八種〉便包含了〈田律〉，是與農田水利、山林保護相關的法律。〈田律〉在山林保護這一部分寫到：

> 春二月，毋敢伐材木山林及雍（壅）隄水。不夏月，毋敢夜草為灰，取生荔、麛䴠（卵）𪃟，毋□□□□□□毒魚鱉，置穽罔（網），到七月而縱之。唯不幸死而伐綰（棺）享（槨）者，是不用時。邑之斩（近）皂及它禁苑者，麛時毋敢將犬以之田。百姓犬入禁苑中而不追獸及捕獸者，勿敢殺；其追獸及捕獸者，殺之。河（阿）禁所殺犬，皆完入公；其它禁苑殺者，食其肉而入皮。〔註61〕

律文規定，春天二月以後，不准到山林砍伐木材及堵塞水道。不到夏季，不准燒草為灰作肥料，也不准採取剛發芽的植物，或捕捉幼獸、幼鳥及取鳥卵，不准……毒殺魚鱉，也不准設置捕捉鳥獸的陷阱和網罟，到七月才解除禁令。只有不幸死亡需要伐木製作棺槨的，不受季節限制。居邑靠近養牛馬的皂及其他禁苑的，幼獸繁殖時不准帶狗進去狩獵。百姓的狗進入禁苑而沒有追獸及捕獸的，不可殺；有追獸及捕獸的，要殺。在專門設置警戒的地區所殺的狗，都要完整地上繳官府；而在其他禁苑所殺的，可以吃掉狗肉而上繳狗皮。〔註62〕這些規定既保護了荒野山林、水流與該地出產的動植物，也涵蓋了秦代的國家苑囿，如牧養牛馬的皂，以及專門飼養其他禽獸的禁苑。

無獨有偶，1983 年底至 1984 年初，湖北江陵張家山二四七號漢墓出土了呂后二年（前 186）所頒布的《二年律令》，其中也包含了〈田律〉。漢初〈田律〉針對山林保護的條款如下：

> 禁諸民吏徒隸，春夏毋敢伐材木山林，及進〈壅〉隄水泉，燔草為

〔註60〕 《周禮注疏》，卷 35，頁 526。

〔註61〕 睡虎地秦墓竹簡整理小組：《睡虎地秦墓竹簡》（北京：文物出版社，1990 年），頁 20。

〔註62〕 以上譯文參考睡虎地秦墓竹簡整理小組：《睡虎地秦墓竹簡》，頁 21；徐富昌：《睡虎地秦簡研究》（臺北：文史哲出版社，1993 年），頁 68～69、94。

灰，取產麛（麑）卵鷇（轂）；毋殺其繩重者，毋毒魚。〔註63〕

律文規定，所有民眾、官吏、刑徒、奴隸，在春季和夏季，都不准到山林砍伐木材及堵塞水道、水源，不准燒草爲灰作肥料，也不准捕捉幼獸、幼鳥或取鳥卵；不准獵殺懷孕將產的野獸，不准毒殺魚類。對照上面的秦律，可知此處的漢律自「毋毒魚」以下有缺損，並非完整條文，但其內容應是承襲秦律而來，並更進一步標明法律實施的對象。這一系列保護山林的規定源於先秦，隨後即以各種律令的形式延續到東漢。〔註64〕

先秦的山林禁忌，到了秦漢演變爲〈田律〉，而「律」又是秦漢最基本的法律形式，具有長期、普遍效力，代表國家對山林極度重視，但重視的理由和從前的禁忌思維已經有所不同。在山林禁忌的思維運作下，負責管理山林的「虞人」或「山虞」有一項重要工作，即代表君王祭祀山林。祭祀山林的理由是它們具有神靈，《禮記‧祭法》云：

山林、川谷、丘陵，能出雲，爲風雨，見怪物，皆曰神。〔註65〕

山林、河谷、丘陵，凡是能產生雲氣風雨，乃至種種異象的地方，都被視爲神靈，也就是「地祇」，不能輕易闖入打擾，且需要祭祀以求庇佑；而這些地方所出產的動物、植物，也被視爲神靈的財產，不能隨便奪走據爲己有。這些禁忌源自對神靈的敬畏，卻間接達成山林資源永續發展的結果，並反過來影響人們對此一禁忌的詮釋，例如《逸周書‧大聚》：「春三月，山林不登斧，以成草木之長；夏三月，川澤不入網罟，以成魚鼈之長。」〔註66〕即春天時不入山伐木，是爲了保障草木生長；夏天時不用網捕魚，是爲了保障魚鼈生長。

沿著資源永續的這條思路出發，法家的《管子‧禁藏》更進一步說：

當春三月，萩室熯造，鑽燧易火，杼井易水，所以去茲毒也。舉春祭，塞久禱，以魚爲牲，以蘗爲酒，相召，所以屬親戚也。毋殺畜生，毋拊卵，毋伐木，毋夭英，毋拊竿，所以息百長也。〔註67〕

〔註63〕張家山二四七號漢墓竹簡整理小組：《張家山漢墓竹簡〔二四七號墓〕》（北京：文物出版社，2001 年），頁 167。

〔註64〕關於〈田律〉對漢代法律、政令的影響，詳見朱紅林：《張家山漢簡《二年律令》集釋》（北京：社會科學文獻出版社，2005 年），頁 164～165。

〔註65〕〔清〕孫希旦：《禮記集解》，卷 45，頁 1194。

〔註66〕〔清〕朱右曾：《逸周書集訓校釋》（臺北：世界書局，1957 年），卷 4，頁 109。

〔註67〕〔唐〕房玄齡注，〔明〕劉績增注：《管子》（上海：上海古籍出版社，1989 年），卷 17，頁 165。

春天時點燃灶火燻烤房間，重新鑽木取火，清除井底淤泥取水，是為了消毒。
舉行春日祭典，酬神還願，用魚作祭品，用麴蘗釀酒，祭祀過後互相宴請，
是為了凝聚親戚感情。不殺動物，不擊破鳥卵，不伐木，不採花，不折斷竹
筍，是為了讓百物生長。這種說法不僅將禁止傷害動、植物解讀成讓它們有
生長空間，也將春天的各種活動賦予實用意涵，如將取火、易水解讀成消毒
環境，將春日祭典解讀成為聯絡親戚而設，已經脫離原始的禁忌思維，去除
活動中的神秘成分。

　　另一方面，同樣從資源永續來解讀禁忌措施，在儒家的《孟子·梁惠王
上》則朝「王道」的方向來詮釋：

> 不違農時，穀不可勝食也；數罟不入洿池，魚鼈不可勝食也；斧斤
> 以時入山林，材木不可勝用也。穀與魚鼈不可勝食，材木不可勝用，
> 是使民養生喪死無憾也。養生喪死無憾，王道之始也。〔註68〕

不違背農作時間，便有吃不完的穀物；不用細網捕撈，便有吃不完的魚鼈；
配合時節才入山伐木，便有用不完的木材。有足夠的食物和木材，民眾的生
存、喪葬所需都不會有缺憾，這就是施行王道的開始。這種說法從資源永續
出發，著眼點在於民眾的飲食、建屋、製棺等需求，滿足這些民生基本需求，
才談得上是君王施政之道。耐人尋味的是，素來被視為嚴苛的秦律，在喪葬
方面有所放寬：「唯不幸死而伐縮（棺）享（槨）者，是不用時。」一般人入
山伐木都需要配合特定季節，唯獨家有死喪需要伐木製棺者不在此限，不排
除是孟子（前372～前289）「養生喪死無憾」的思想發揮了部分作用。

　　原始的山林禁忌，是建立在土地皆有神的思維上，山林即是土地的一部
分，不得任意打擾破壞，這種禁忌使山林資源能夠永續存在。思想家著眼於
資源永續，針對舊有禁忌提出偏向人文、實用的詮釋，這種思維上的轉化為
〈田律〉等成文法提供了立法依據。從原本的山林禁忌，演變為秦漢的〈田
律〉，其間差異主要有三：一是山林禁忌隨時存在，〈田律〉則限定季節；二
是山林禁忌涵蓋所有生物，〈田律〉則特別著重保護幼獸、幼苗；三是山林禁
忌包含祭祀神靈，〈田律〉則無。整體而言，從山林禁忌到〈田律〉之間，資
源永續的精神有一部分維持，但山林有神、不可侵犯的觀念卻大為淡化，在
法條背後更強調資源的合理利用。

〔註68〕〔宋〕朱熹：《孟子集注》，《四書章句集注》（臺北：大安出版社，2007年），
　　　卷1，頁282。

三、夫妻地位與〈法律答問〉

〈家人‧九三〉:「家人嗃嗃,悔厲,吉;婦子嘻嘻,終吝。」即嚴格治家,能轉危為安;婦女、兒童嘻笑逸樂,則有失家節。爻辭將婦女與兒童等同視之,且暗示丈夫、父親應嚴格執行家法,以維護家庭內部秩序。這種思維認定男女兩性在家庭中應有不同的地位,男性是家庭秩序的主導者,女性則與兒童一樣需要接受管教,可說是一種性別角色禁忌。而隨著此類禁忌滲透到法律條文之中,夫妻在家庭中的地位,也開始比照父子、長幼,強制劃出尊卑上下的區隔。

前述的睡虎地秦簡一共包含五篇法律文書,在〈法律答問〉這篇,用問答形式來解釋秦律的條文、術語以及立法的意圖,裡面即有關於家庭婚姻的解釋。舉例來說,如果丈夫或妻子犯罪,在妻子陪嫁財產歸屬認定上,〈法律答問〉寫道:

> 「夫有罪,妻先告,不收。」妻媵(媵)臣妾、衣器當收不當?不當收。
>
> 妻有罪以收,妻媵(媵)臣妾、衣器當收,且畀夫?畀夫。〔註69〕

第一條先敘述秦律內容:「丈夫有罪,妻子先向官府告發,妻子本人便不收執為官婢。」至於妻子陪嫁的奴婢、衣物是否應該沒收?答案是不應該沒收。第二條則敘述相對情況,若妻子有罪被收執,妻子陪嫁的奴婢、衣物應該沒收,還是交給丈夫?答案是交給丈夫。由此可見,秦律對夫妻財產的規定並不對等,丈夫有罪,妻子非但不會得到丈夫的財產,且必須先告發官府才能保障自己的財產不被充公;妻子有罪,其財產則歸丈夫所有。也就是說,妻子的財產基本上被認定為丈夫所有,會因為受丈夫犯罪連坐處分,使其財產充公;但妻子犯罪時,丈夫就是妻子財產的法定繼承人。

而在夫妻離婚方面,〈法律答問〉如此解釋針對丈夫休妻的規定:

> 「棄妻不書,貲二甲。」其棄妻亦當論不當?貲二甲。〔註70〕

秦律規定:「如果丈夫休妻卻不向官府報告登記,就罰繳兩副鎧甲。」至於被休的妻子是否也該連帶論罪?答案是她也該罰繳兩副鎧甲。也就是說,丈夫休妻應當報官登記,以便官府掌握戶籍狀況;若未登記,便須罰繳兩副鎧甲,以供應國家軍用需求,被休的妻子也要連坐接受同樣刑罰。另外,〈法律答問〉

〔註69〕睡虎地秦墓竹簡整理小組:《睡虎地秦墓竹簡》,頁133。
〔註70〕睡虎地秦墓竹簡整理小組:《睡虎地秦墓竹簡》,頁133。

並沒有針對妻子休夫的規定，卻有三則針對妻子離夫逃亡的規定：

> 女子甲爲人妻，去亡，得及自出，小未盈六尺，當論不當？已官，當論；未官，不當論。

> 女子甲去夫亡，男子乙亦闌亡，相夫妻，甲弗告請（情），居二歲，生子，乃告請（情），乙即弗棄，而得，論可（何）殹（也）？當黥城旦舂。

> 甲取（娶）人亡妻以爲妻，不智（知）亡，有子焉，今得，問安置其子？當畀。或入公，入公異是。〔註71〕

第一則說女子甲嫁爲人妻，私自逃亡，被捕獲及自首，年紀還小，身高不滿六尺，是否應當論罪？如果婚姻已經向官府報告登記，便應當論罪；如果還沒有登記，就不應當論罪。第二則說女子甲離夫逃亡，男子乙也無通行憑證而逃亡，兩人結爲夫妻，甲沒有把自己私逃的實情告訴乙，等過了兩年生下孩子，才告知實情，乙沒有休棄甲，結果被捕獲，該如何論罪？答案是兩人都罰在面上刺字，男的服築城勞役、女的服舂米勞役。第三則說甲娶了別人私逃的妻子爲妻，不知道她私逃的事，並與她生下孩子，現在妻子被捕獲，這孩子該如何安置？答案是應該還給後夫。有人認爲孩子應該沒收入官府，但沒收入官府不合法律原意。將丈夫休妻與妻子私逃的條文兩相比較，可以判斷秦律規定結婚、離婚都要到官府登記，並給予丈夫片面休妻的權利，妻子則沒有休夫的權利，如果對婚姻不滿，離夫私逃，可依法追捕論罪。〔註72〕

丈夫爲妻子財產的所有者，且擁有片面休妻的權利，這兩者共同指向一個事實，即丈夫在家庭中的地位高於妻子。只有在夫妻互毆受傷的狀況下，秦律對夫妻雙方施加的刑責相等，其條文解釋如下：

> 妻悍，夫毆治之，夬（決）其耳，若折支（肢）指、膚體（體），問夫可（何）論？當耐。

> 律曰：「鬭夬（決）人耳，耐。」今夬（決）耳故不穿，所夬（決）

〔註71〕 睡虎地秦墓竹簡整理小組：《睡虎地秦墓竹簡》，頁132～133。
〔註72〕 關於秦律中的婚姻關係，詳見瞿宛革：〈從出土《秦律》看秦的婚姻家庭制度〉，《社會科學》1988年第5期（1988年10月），頁72～73、75～76；傅榮珂：〈秦律婚姻與親屬、繼承關係研究〉，《嘉義技術學院學報》第63期（1999年4月），頁86～89。

非珥所入毆（也），可（何）論？律所謂，非必珥所入乃爲夬（決），

夬（決）裂男若女耳，皆當耐。〔註73〕

第一條說妻子兇悍，丈夫加以責打，撕裂她的耳朵，或折斷四肢、手指，或造成脫臼，這名丈夫該如何論罪？答案是應該處以剃光鬢毛並服勞役的耐刑。〔註74〕第二條先敘述律文規定：「鬬毆撕裂他人耳朵，應處以耐刑。」如果撕裂的耳朵本來沒有穿過戴耳飾的孔，所撕的地方不是掛耳飾的部位，該如何論罪？按照律文的意思，並沒有限定傷到掛耳飾的部位才算撕裂，撕裂男子或婦女的耳朵，都應該處以耐刑。〈睽〉六三爻辭云：「見輿曳，其牛掣，其人天且劓。无初，有終。」〔註75〕爻辭中的「天」字，即爲此處所言的耐刑。〔註76〕從這兩條問答來看，秦律對於夫妻互毆傷害所課罪責相等，代表夫妻任何一方都沒有使用肢體暴力管教對方的權利；但是到了後世的唐律，又是另一番光景。《唐律疏議》中針對夫妻互毆的規定如下：

〔註73〕睡虎地秦墓竹簡整理小組：《睡虎地秦墓竹簡》，頁112。

〔註74〕剃光犯人鬢毛的耐刑，在秦律中並不作爲主刑單獨使用，而是和其他的勞役徒刑結合，「耐」字即爲耐刑加徒刑的省稱。詳見徐富昌：《睡虎地秦簡研究》，頁272～276。

〔註75〕《周易正義》，卷4，頁91。

〔註76〕《說文解字》云：「天，顚也。至高無上，從一大。」是「天」有巔峰、頂端的意思。見〔漢〕許慎撰，〔清〕段玉裁注：《新添古音說文解字注》（臺北：洪葉文化事業有限公司，2005年），1篇上，頁1。〈睽·六三〉云「其人天且劓」，「天」和「劓」都是形容這個人的狀態，而從「劓」爲割鼻之刑，指此人受過劓刑來看，「天」應該也是一種刑罰，施加在此人身體的頂端，也就是頭上。但「天」字究竟指何種刑罰，向來有兩種說法。第一種說法認爲「天」指墨刑。《經典釋文》曰：「天，剠也。馬云：『剠鑿其額曰天。』」也就是在額頭上刺字的墨刑。《周易集解》引虞翻曰：「黥額爲天。」「黥」與「剠」相通，是虞翻亦贊同馬融的說法。以上分別見〔唐〕陸德明：《經典釋文》（臺北：藝文印書館，2015年），卷1，頁200；〔唐〕李鼎祚輯：《周易集解》（臺北：臺灣商務印書館股份有限公司，1996年），卷8，頁189。第二種說法認爲「天」指耐刑。程頤曰：「天，髡首也。」也就是剃掉頭髮的刑罰。不過，剃掉頭髮的刑罰實際上可再細分爲髡和耐兩種，髡刑是剃光全部頭髮，耐刑是剃掉兩鬢毛髮。黃忠天爲《程傳》此句作注時，認爲「天」當作「而」，以泰山刻石「天」字與會稽刻石「而」字爲例，兩者古文字形相近，應是形近而訛，「而」借爲「耏」，也就是耐刑。以上分別見〔宋〕程頤：《易程傳》（臺北：文津出版社，1990年），卷4，頁336；黃忠天：《周易程傳註評（第三版）》（高雄：高雄復文圖書出版社，2006年），卷4，頁332。對於剃髮刑罰的分類、考證與定義，詳見徐富昌：《睡虎地秦簡研究》，頁266～293。由於墨刑與耐刑均是先秦確實存在的刑罰，且都施行於人的頭面上，因此兩說皆可通。

325. 毆傷妻妾

諸毆傷妻者，減凡人二等；死者，以凡人論。毆妾折傷以上，減妻
二等。

若妻毆傷殺妾，與夫毆傷殺妻同。（皆須妻妾告乃坐。即至死者，聽
餘人告。殺妻仍爲不睦）。過失殺者，各勿論。

326. 媵妾毆詈夫

諸妻毆夫，徒一年；若毆傷重者，加凡鬪傷三等。（須夫告乃坐）。
死者，斬。

媵及妾犯者，各加一等（加者，加入於死）。過失殺傷者，各減二等。

即媵及妾詈夫者，杖八十。若妾犯妻者，與夫同。媵犯妻者，減妾
一等。妾犯媵者，加凡人一等。殺者，各斬。（餘條媵無文者，與妾
同）。〔註77〕

唐律規定，在丈夫毆傷妻妾方面，毆傷妻，相較於毆傷凡人可減刑二等；如
果打死妻，便與打死凡人同罪。如果毆傷妾，相較於毆傷妻可再減刑二等。
如果妻毆妾以致受傷、死亡，刑責與丈夫毆妻受傷或死亡相等。如果丈夫毆
打妻妾受傷，都必須由妻妾提告才論罪，毆打妻妾致死則可由他人提告，如
果是過失致死便算無罪。而在妻妾打罵丈夫方面，妻毆傷丈夫，處以一年徒
刑；如果打成重傷，相較於一般鬪毆傷害罪加三等，這些須由丈夫本人提告
才論罪。如果打死丈夫，便應處斬。妻陪嫁的媵和丈夫另納的妾，如果毆傷
丈夫，相較於妻毆傷丈夫罪加一等，丈夫傷重則須處死。如果是過失致死或
傷害，相較於故意致死或傷害，可減刑二等。媵妾罵丈夫，應處以杖刑八十
下。如果妾打罵妻，與打罵丈夫同罪。媵打罵妻，相較於妾可減罪一等。妾
打罵媵，相較於打罵凡人罪加一等。如果媵妾毆妻致死，都應處斬。其他對
於媵沒有明文規定的地方，就與妾相同。

　　觀察唐律對於夫妻互毆的規定，可以發現它有明顯的尊卑上下區隔，家
庭地位由高到低依序爲夫、妻、媵、妾，地位高者傷害地位低者可以減輕刑
罰，地位低者傷害地位高者則須加重刑罰。如果說，妻、媵、妾之間的高低

〔註77〕〔唐〕長孫無忌等撰，岳純之點校：《唐律疏議》（上海：上海古籍出版社，
2013 年），卷 22，頁 350～352。第 326 條該書標題下作「媵妾毆詈夫」，根據
律文內容應爲「妻妾毆詈夫」。

排序來自階級差異，那麼夫與妻之間的落差便來自性別了。《唐律疏議》對於丈夫毆傷妻子可以減罪二等的解釋是：

> 妻之言齊，與夫齊體，義同於幼，故得減凡人二等。〔註78〕

「妻」可以音訓為「齊」，即妻子的地位與丈夫相等，但在義理上，夫妻關係比照長幼關係，因此相較於毆傷凡人可以減罪二等。在這裡「妻之言齊，與夫齊體」是沿襲自先秦的概念，「義同於幼」來自儒家的倫理觀，而後者才是減刑的依據。如果說秦律針對夫妻互毆傷害的刑責相等，還有一部分保留著夫妻齊體的概念；那麼到了唐律，夫毆傷妻與妻毆傷夫的刑責有別，便是比照兄弟的長幼關係。〔註 79〕夫妻關係準同長幼關係，互相傷害時刑度有別，便等於給予丈夫片面用肢體暴力管教妻子的權利，與〈家人·九三〉隱含的性別禁忌思維吻合。

〈家人·九三〉暗示丈夫、父親應該嚴格執行家法，以免婦女、兒童放縱失序，這是將男性比為長輩、女性比為幼輩的性別角色禁忌，但尚未明示男性對待女性的「家法」能執行到哪些層面。這種禁忌演變到秦律，就賦予丈夫擁有妻子財產及片面休妻的權利，「家法」涵蓋了經濟控制與關係終結；到了唐律，更賦予丈夫以肢體暴力懲治妻子的權利，如同長兄懲治幼弟一般，於是「家法」又再加入了武力管教。從爻辭隱含的禁忌，演變到後世夫妻同罪異罰的法律，基本上都是沿著以男性為家庭秩序主導者的核心概念發展，但其間的思維已有轉變，這種轉變不僅是多了法律的強制性，也是將丈夫單方面的管教權利強化、擴張。

第五節　小結

《周易》中的禁忌及其背後的思維模式，就其因時代而「變」的部分，可以總結如下：

第一，部分禁忌隨著人類知識提升及社會環境改變而消失。例如人文思想興起，使人們對龜卜的信仰動搖，靈龜崇拜減退；而違卜、廢卜的事例多與軍事有關，顯示戰爭前的占問用兵禁忌也趨於衰退。另外，由於春秋戰國

〔註78〕〔唐〕長孫無忌等撰，岳純之點校：《唐律疏議》，卷22，頁351。
〔註79〕劉燕儷：《唐律中的夫妻關係》（臺北：五南圖書出版股份有限公司，2007年），頁182～183。

時代各國競爭激烈，急需各種人才挹注，徵調兵源、選拔官吏都不再限制出身，由貴族掌控政局、排除庶民百姓的身分禁忌便宣告消失，這種局面又回過頭來影響《周易》的詮釋，「小人勿用」的「小人」定義從此由身分低微之人變為品行低劣之人。

第二，部分禁忌往人文需求發展，被賦予道德或社會秩序方面的意涵，轉化為禮儀。例如主祭者須有君王身分才能祭祀天地的祭者禁忌，由秦漢以後的皇帝所繼承，但其思維核心從君王藉由本身神性與天地神祇溝通，置換成尊崇皇帝治理天下、維持社會秩序的貢獻，祭者禁忌就此轉化成郊祀禮儀。而由軍隊呼聲與律管音階共鳴來預測戰事吉凶的吹律聽聲，一方面由單音發展成曲調，另一方面則漸以作為指揮信號及鼓舞士氣的功能為主，形成了軍樂，這種演變同樣影響到對《周易》的詮釋，「師出以律」的「律」自此由本義音律變為引申義紀律。

第三，部分禁忌針對原有的超自然因素持續發展，將禁忌背後隱藏的恐懼指向鬼神，並據此建立神學理論，轉化為宗教。例如「利西南，不利東北」的方位禁忌，主要是將不吉利的東北方指定為幽冥空間「鬼門」，與之相對的西南方則指定為「人門」，其餘的西北方與東南方則劃定為「天門」與「地戶」，形成帶有宗教意涵的宇宙空間圖式，廣泛運用於道教科儀與風水俗信之中。

第四，部分禁忌被當政者相中其維護社會秩序的功能，以明文規定公布，並附加罰則，轉化為法律。例如至日閉關諸事不宜的禁忌，被納入西漢末年的《月令詔條》，將人們配合季節的自發行為，轉化為外在的法律約束，即使季節氣候與法律設定不同的地區也要共同遵行。而由虞人管理山林不得隨意進入捕獵的禁忌，被納入秦漢的〈田律〉，資源永續的精神維持下來，山林有神不可侵犯的觀念則被淡化了。由男性主導家庭秩序，管教女性、兒童的性別角色禁忌，被納入秦代的〈法律答問〉，在唐代的《唐律疏議》更進一步強化，夫妻在家庭中的地位差異愈形擴大。

整體而言，《周易》禁忌思維中「變」的部分，主要在於政治、軍事、經濟活動、社會秩序等公眾領域，朝向神秘性質消退、人文需求提升的趨勢發展，與公眾領域有關的禁忌，或者弱化乃至於消失，或者轉化為禮儀及法律。少數禁忌的神秘性質不減反增，這種禁忌便會朝向系統化的理論發展，並轉化為宗教。這兩種演變途徑是以神秘性質的弱化或強化為依據，同時也反映了《周易》介於巫術神性與人文思維之間，可朝兩端移動的過渡性質。

第六章 《周易》禁忌思維在現代的遺留

　　禁忌作為一種文化現象，它具有五種特點：原始性、神秘性、沿習性、趨同性、隱秘性。〔註1〕從前面對《周易》禁忌的分析可知，許多禁忌可以追溯到原始時代，奠基於原始直觀的思維，此即所謂「原始性」；禁忌背後的思維模式，經常預設為有一套超自然的神祕力量在運作，此即所謂「神秘性」；禁忌能約束個人的心理，促使群體中的每個成員共同遵守規則，維持社會秩序，此即所謂「趨同性」；禁忌本身往往缺乏實際、公開而明確的理由，就連遵行禁忌的人也不一定知道為何不能做某些事，此即所謂「隱秘性」。至於「沿習性」，指的就是禁忌可以在人類社會中長期流傳，即使人們未必明白它的用意，仍可感受到它所帶來的心理壓力，世世代代因襲下去。隨著時代變遷，有些古老的禁忌會消失，但也有些禁忌會延續下來，為後人所遵守。而這些延續至今的禁忌，往往保存在民俗之中，為後人提供追溯源流的線索。

　　《周易‧繫辭下》云：

> 夫乾，天下之至健也，德行恒易以知險；夫坤，天下之至順也，
> 德行恒簡以知阻。能說諸心，能研諸侯之慮，定天下之吉凶，成
> 天下之亹亹者。是故變化云為，吉事有祥，象事知器，占事知來。
>
> 〔註2〕

〔註1〕陳來生：《中國禁忌》（臺北：萬象圖書有限公司，1991年），頁8～11。
〔註2〕〔魏〕王弼注，〔晉〕韓康伯注，〔唐〕孔穎達正義：《周易正義》（臺北：藝文印書館，2015年），卷8，頁176。

《周易》中的「乾」代表天下最剛健的力量，它的表現就是持續變動，而「坤」代表天下最柔順的力量，它的表現就是持續靜止，兩者配合即能預知各種危險、阻礙。這種性質使它能使占問者內心喜悅，通曉占問者的思慮，決定天下諸事的吉凶，使天下人勤勉不倦。人們根據《周易》的陰陽變化，施行吉事者可以得到祥瑞的預兆，觀察卦象者可以知道製作器物的方法，熟習占筮者可以預知未來。由此可以看出，《周易》的外在形式雖然千變萬化，但它的核心精神始終保持一貫，即乾道運動不息，坤道靜止不移，兩者相配，便能預知險阻。在第三章及第四章所陳述的《周易》禁忌，有一部分也是依循這種路線發展，即使外在形式有所改易，但其內在仍然保持著禁忌的核心精神，並遺留至今，持續影響當代社會的運作，讓人們能事先排除各種危險、阻礙。本章便探討《周易》禁忌思維中「不變」的部分，第一節和第二節敘述《周易》中的禁忌，有哪些還保存在民間習俗之中，並持續影響著現代人的婚姻、喪葬與術數雜占，第三節則總結前兩節的研究成果，並歸納出《周易》禁忌思維能流傳至今的原因。

第一節　婚喪風俗中的禁忌

　　禁忌誕生於不確定的環境，只要不確定的因素仍然存在，禁忌便不會止息。在人的一生中，凡遇到身分角色轉換的過程，如出生、成年、結婚、死亡等，在前後兩種身分過渡的時期，由於身分不明確，禁忌便伴隨而生，這是古今皆然的情況。尤其在婚姻與死亡這兩個環節，既包含從單身到已婚、從存在到消亡等當事人身分角色轉換的不確定性，還包含對選錯配偶、死亡厄運散布的恐懼，這種高度的不確定性，使《周易》中關於婚姻與死亡的禁忌能夠流傳至今，保存在婚喪風俗之中，成為現代的議婚禁忌與喪葬禁忌。以下分別陳述。

一、議婚禁忌

　　《周易》中與婚姻有關的禁忌主要有兩類，一是卦爻辭中占斷婚事吉凶的合婚禁忌，二是《易傳》中的婚齡差距禁忌。這兩種禁忌直到現代仍持續影響人們的議婚擇偶過程，可概括為議婚禁忌。

　　合婚禁忌，原本是將男女雙方的姓名、生辰等基本資料拿到祖廟中，透

過卜筮來占問這樁婚事的吉凶，如果占得吉兆，就能訂下婚約，反之則不宜訂婚。這種禁忌流傳到今日，內容更趨精細，並衍生出合八字與看屬相。所謂「八字」，是將人的出生年、月、日、時配上天干地支，假設某人生於民國五十三年（1964）農曆八月二十一日晚上八點，配上干支就是甲辰年癸酉月戊寅日壬戌時，甲辰、癸酉、戊寅、壬戌等所有干支加起來一共八個字，故名「八字」。男女雙方的姓名和生辰八字共同寫在一張紅紙條上，稱為「庚帖」，內容如下：

男×××乾造○○年○○月○○日○○時（健）生〔註3〕

女×××坤造○○年○○月○○日○○時（瑞）生

兩邊字數均須為偶數，取成雙成對之意，如果遇到奇數，就在男方底下添加「健」或「建」字，女方底下添加「瑞」字，湊成偶數。男女兩家交換八字後，就將庚帖放在自宅的神龕上面，對神明、祖先焚香占問，如果三炷香燒得參差不齊，便視為「有長短」，不可訂婚。另一種方式是將一碗清水供在神座旁邊，三天之內如有飛蛾蟲子掉入即為凶，無則為吉。此外，在收到八字的三天之內，如果家裡發生碗盤摔破、人畜生病、爭吵鬥毆，或是遭遇竊盜、火災、狗嚎、鬼哭之類意外事故，就認為是神明、祖先示警，應該退還八字，取消婚事，如果三天下來一切順遂，就認為是吉兆，可以繼續談論婚事。接著再將男女雙方的八字交給算命師占卜推算，判斷兩人命格是否相合，此即為「合八字」，命格相合才能考慮訂婚，如有相剋之虞，或是命中犯再娶、再嫁、對後代不宜等狀況，就要立刻停止。〔註4〕

而所謂「屬相」，指的就是十二生肖，看屬相就是看兩人生肖是否相合。臺灣農民曆後面經常會附上男女婚配吉凶表，內容版本眾多，此處採用其中一種整理成表6-1。

〔註3〕男方八字下所添「健」字，亦有寫作「建」的。

〔註4〕林明峪：《臺灣民間禁忌》（臺北：聯亞出版社，1983年），頁 57～58；吳存浩：《中國民俗通志【婚嫁志】》（濟南：山東教育出版社，2005年），頁 160～163。

表 6-1：男女婚配吉凶表〔註5〕

生肖	鼠	牛	虎	兔	龍	蛇	馬	羊	猴	雞	狗	豬
宜配	龍猴牛，其他次吉	鼠蛇雞，其他次吉	馬狗，豬吉凶相半，其他次吉	羊狗豬，其他次吉	鼠猴雞，其他次吉	牛雞，其他次吉	虎羊狗，其他次吉	兔馬豬，其他次吉	鼠龍，其他次吉	牛龍蛇，其他次吉	虎兔馬，其他次吉	羊兔，虎吉凶相半，其他次吉
忌配	羊馬兔雞	龍馬羊狗	蛇猴	鼠馬龍雞	牛兔狗龍	虎猴豬	鼠牛兔馬	鼠牛狗	虎蛇豬	鼠兔雞狗	牛龍羊雞	蛇猴豬

　　表 6-1 的男女婚配吉凶，大致上的原則是相差六個生肖為對沖，相差三或九個生肖為偏沖，相差四個生肖為三合，也就是民間常說的男女相差三、六、九歲為凶，相差四歲為吉。十二生肖是用來搭配十二地支的，依序為子鼠、丑牛、寅虎、卯兔、辰龍、巳蛇、午馬、未羊、申猴、酉雞、戌狗、亥豬。陰陽術士將十二地支搭配五行，寅、卯屬木，巳、午屬火，辰、未、戌、丑屬土，申、酉屬金，亥、子屬水。所謂生肖婚配宜忌，主要就是看兩人出生年份的地支，其所屬五行是相生或相剋，相生則吉，相剋則凶。而這類地支生剋的原則，在民間甚至有許多相關的歌謠流傳，例如以下這幾首：

　　子鼠見羊萬年愁，不叫白馬見青牛。虎見巳蛇如刀割，兔子見龍不長久。酉雞不與犬相見，亥豬不可見猿猴。

　　自古白馬不配牛，羊鼠相配一旦休。金雞不與狗相見，青龍見兔淚交流。豬猴見面如刀割，虎蛇相配不到頭。

　　辰子申忌蛇雞牛，巳酉丑忌虎馬狗。寅午戌忌豬兔羊，亥卯未忌龍鼠猴。

〔註5〕臺灣宣德堂造曆館：《己亥年農民曆》（臺北：信義房屋仲介股份有限公司，2018 年），頁 48。

這些歌謠取自中原一帶，其內容就和各家農民曆所附的男女婚配吉凶表一樣，版本眾多，反映了不同地區或不同命理流派的看法。〔註6〕不過，看男女生肖是否相合來決定婚配，這種禁忌雖然普遍流傳，卻非合婚的首要條件。這種婚配吉凶表常附註說明若八字相合則不在此限，表 6-1 所參考的農民曆便在表上附註寫道：「若本命八字中有三奇二德及吉星扶助，能逢凶化吉。」也就是說，合八字比看屬相更為重要。

　　前述的婚配吉凶是將男女雙方的生肖放在一起比較，看彼此是否適宜，但實際上亦有單方面忌諱女性生肖屬虎或屬羊的。民間相信，一個人出生年份所對應的生肖是什麼動物，這個人的秉性就會與那種動物相似，所以把生肖屬虎、屬羊的女性，當成是真正的老虎和羊。由於老虎總是夜間出來吃人，所以特別避忌夜間出生的屬虎女性，還進一步區分成上半夜出生的「上山虎」和下半夜出生的「下山虎」，認為「上山虎」可能已吃飽回家，不再害人，因此還有議婚迴旋的餘地；而「下山虎」尚飢腸轆轆，正要下山吃人，因此絕對不能娶進門。而羊本身雖非凶猛動物，但因為羊眼四周會露出眼白，民間有「眼露四白，五夫守宅」的說法，認為眼露四白的女性會剋死丈夫，連帶地即使女性本身並未眼露四白，只是單純屬羊，男性同樣不敢娶進家門。這些禁忌導致屬虎或屬羊的女性需要謊報歲數，像是多報一歲成為屬牛、屬馬，或是少報一歲成為屬兔、屬猴，以求破解禁忌。〔註7〕這種單方面對女性屬虎或屬羊的禁忌，可以算作某種性別歧視，而其思維則與第四章所論〈姤〉卦辭「女壯，勿用取女」相通，即認為女性若勢力壯大，或將帶來傷害，則會使男性居於弱勢，威脅到男性在家中的地位，因此絕不可娶。而視該女性為「女壯」的理由，就是生肖，認為肖虎女性如虎一般強壯兇猛，肖羊女性如羊一般將帶來傷剋，完全是從直觀聯想與男權至上的觀點出發。

　　合八字與看屬相、燒香、放水、擲筊等合婚方式，與《周易》所記載的卜筮類似，都是透過人為手段來創造吉凶徵兆。《周易》中也有一些關於婚姻的物占，例如馬匹逡巡不前或下雨、打雷閃電等自然現象，或車輻脫落、鼎足朝天翻倒等人造物品的變化，則是藉由偶然現象來占斷婚事吉凶，前面敘述看收到八字後家中是否發生意外，便屬於這一類別。以上這些現存的合婚

〔註6〕林明峪：《臺灣民間禁忌》，頁 59〜61；任騁：《中國民間禁忌》（北京：中國社會科學出版社，2004 年），頁 115〜118。
〔註7〕任騁：《中國民間禁忌》，頁 113〜115。

禁忌，與《周易》中的婚姻占斷，在精神上可說是一脈相承，保持了天人感應、萬物一體的思維，認爲外在事物的變化可以指示婚姻的吉凶禍福。而在合婚的操作方式上，則呈現多元化、專業化的趨勢，《周易》原本僅有觀察偶然現象以及採用卜筮，到了現代則更發展出許多有系統的占問方式，且可交由算命師負責，不限於自行占問。惟因現代人多爲自由戀愛結婚，會進行到合婚階段代表已有強烈結婚意願，這使得合婚禁忌往往徒具形式，算命師爲避免壞人姻緣，即使推算出男女雙方命格相剋或有再婚之虞，也會修改八字宣稱兩人相合，或是提供一些禁忌禳解的方法，例如命犯再娶或再嫁者，可舉辦兩次婚禮；雙方命格相剋者，則可透過婚禮擇日或打點臥室風水來化解，讓當事人能夠順利完婚。

婚齡差距禁忌，指的是男女雙方年齡落差太大則不宜結婚，這種禁忌在卦爻辭中原本並不存在。〈大過〉九二、九五爻辭分別說：「枯楊生稊，老夫得其女妻，无不利。」「枯楊生華，老婦得其士夫，无咎，无譽。」亦即老夫娶少妻並沒有什麼不好，老婦嫁少夫則不好也不壞。但〈象傳〉對這兩條爻辭所下的斷語卻是：「老夫女妻，過以相與也。」「枯楊生華，何可久也？老婦士夫，亦可醜也。」認爲老夫少妻是過分的配對，老婦少夫則是丟臉的組合，婚齡差距禁忌於焉浮現，而這種禁忌直到今日依然影響人們的擇偶觀念。游美華根據內政部「臺閩地區結婚對數按新郎及新娘年齡分」的大樣本人口統計資料分析，男性比女性大五歲以內或同齡的婚配模式，在 1980 年約佔全體結婚對數 68.9%，到了 2007 年約佔 57.3%，雖呈下降趨勢，但仍爲主流；男性比女性大六歲以上的婚配模式，在 1980 年約佔 21.7%，到了 2007 年約佔 27%，有上升趨勢；女性年紀大於男性的婚配模式，在 1980 年約佔 9.4%，到了 2007 年約佔 15.7%，也呈現上升趨勢，但數量較少（見表 6-2、圖 6-1）。〔註 8〕整體而言，夫妻雙方的婚齡差距禁忌雖有鬆動的趨勢，但仍然存在，男性與女性同齡或略大於女性的婚配模式爲常態，男性比女性年長許多的配對次之，而女性比男性年長的配對則最少。而若單就 2005 這一年結婚的夫妻來看詳細的年齡差距，則男比女大五歲以內或同齡者佔 58%，男比女大六歲到十五歲的「輕度男高女低」佔 22.8%，男比女大十六歲以上的「高度男高女低」

〔註 8〕游美華：《臺灣地區結婚年齡與年齡差距之關係趨勢分析》（臺北：國立臺北教育大學社會與區域發展學系教學碩士論文，指導教授：張榮富，2009 年 10 月），頁 46～47。

佔 5.4%，女比男大五歲以內的「輕度女高男低」佔 12.4%，女比男大六歲到十五歲的「高度女高男低」佔 1.3%，而女比男大十六歲以上的配對則幾乎沒有，無法反映在統計比率上（見表 6-3）。〔註 9〕也就是說，老夫少妻的婚配模式雖非主流，但仍存有一定比例，而女大於男的婚配組合實際上集中在女性略大於男性這個區塊，真正意義上的老婦少夫組合可以說並不存在。

表 6-2：長期臺灣地區婚配性質之結婚對數比率表

年齡差距	1980	1990	2000	2007
男高女低	0.216990	0.215786	0.342406	0.270389
夫妻年齡同質	0.689388	0.663626	0.544786	0.572912
女高男低	0.093622	0.120588	0.112808	0.156699
合計	1	1	1	1

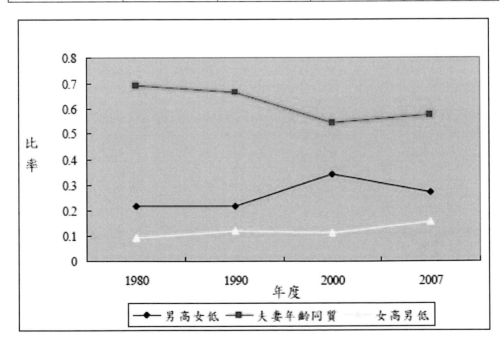

圖 6-1：長期臺灣地區婚配性質之結婚對數比率趨勢圖〔註 10〕

〔註 9〕 張榮富、唐玉蟬：〈個人結婚年齡與配偶年齡差距的關係〉，《教育與社會研究》第 19 期（2009 年 12 月），頁 115～116。

〔註 10〕 表 6-2 與圖 6-1 均取自游美華：《臺灣地區結婚年齡與年齡差距之關係趨勢分析》，頁 46。

表 6-3：2005 年夫妻年齡差距統計表〔註11〕

夫妻年齡差距	比率	婚配型態
正 31 以上	0.1%	高度男高女低 5.4%
正 26～30 歲	0.5%	
正 21～25 歲	1.4%	
正 16～20 歲	3.4%	
正 11～15 歲	6.5%	輕度男高女低 22.8%
正 6～10 歲	16.3%	
正 1～5 歲	45.9%	年齡同質 58%
差 0 歲	12.1%	
負 1～5 歲	12.4%	輕度女高男低 12.4%
負 6～10 歲	1.1%	高度女高男低 1.3%
負 11～15 歲	0.2%	
負 16 以上	0.0%	
總百分比	100.0%	

　　從現代婚姻配對的夫妻婚齡差距來看，《易傳》敘述的婚齡差距禁忌可說是持續影響人們的思維。這種禁忌長期存在的原因有二，一是男女生育年齡有別，二是男女所得差異。男性的生育能力是隨年齡緩慢下降，但女性的生育能力是在五十歲左右完全關閉，而男性薪資所得隨年齡成長的幅度遠比女性要大，兩種因素共同作用之下，便出現了年長男性以經濟優勢換取年輕女性生育能力的交換婚配。〔註12〕雖然男女薪資所得差距因社會環境變遷及性別平權觀念提升而縮小，但男女生育年齡有別的自然條件並沒有改變，而締結婚姻的目的之一就是生育，因此年輕男女的組合一直是主流婚配模式，其次是年長男性配年輕女性的組合，年長女性配年輕男性的組合很少，且集中在女性仍有生育能力的年限之內。

　　合八字、看屬相等合婚禁忌，以及預設年齡條件的婚齡差距禁忌，在昔日講究父母之命、媒妁之言的時代相當重要，新人彼此之間可能從未見過面，即使互相打過照面，相處時間也不長，無法仔細觀察對方與自己是否適合婚配，僅能透過雙方命格與年齡差距，間接推斷這樁婚姻的吉凶。但在實行自由戀愛的今日，

〔註11〕表 6-3 取自張榮富、唐玉蟬：〈個人結婚年齡與配偶年齡差距的關係〉，頁 116。
〔註12〕相關論述見張榮富、唐玉蟬：〈個人結婚年齡與配偶年齡差距的關係〉，頁 120～123。

議婚中的雙方早已相處過一段時間，甚至有可能已見過彼此的親戚、朋友，既能自行觀察彼此的行為、了解彼此的價值觀念，也能向親朋好友尋求建議，因此舊有的合婚禁忌與婚齡差距禁忌，可預期將會持續淡化，不再具有任何權威性。

二、喪葬禁忌

《周易》中與死亡有關的禁忌可分為三種，一是將活人與死者隔離的葬法，二是避免接觸非正常死者，三是限制死者家屬居喪期間的行為。這三種禁忌至今仍延續不輟，可統稱為喪葬禁忌。

在葬法這一部分，〈繫辭下〉云：「古之葬者，厚衣之以薪，葬之中野，不封不樹，喪期无數，後世聖人易之以棺槨，蓋取諸〈大過〉。」原始時代安葬死者，只是將屍體覆蓋上柴草，放在曠野之中，後世演變為用棺槨入殮屍體埋入土中，並在埋葬地點堆墳、植樹作為標記。儘管葬法有所差異，其核心精神則相同，都是將死者與活人區隔開來，彼此互不干擾。現代為了環保衛生及節省土地空間而提倡火葬，多數民眾會在屍體火化之後，將骨灰放進骨灰罈裡，再安置於納骨塔或墓園之中，另外也有人會將骨灰灑到海裡，稱為「海葬」，或是灑在土地上並栽種植物，稱為「樹葬」。葬法至此又有大幅度的變革，但將死者與活人區隔開來的基本精神依然延續下來，安置死者的納骨塔、墓園、海洋與環保自然葬區，都遠在活人的居住區域之外（見圖6-2），鮮少有人會將骨灰迎回家中供奉。

圖6-2：新北市公墓地圖〔註13〕

〔註13〕以筆者現居新北市為例，圖6-2取自新北市公墓地圖，Google地圖，https://

在非正常死者這一部分，〈離‧九四〉云：「突如其來如，焚如，死如，棄如。」意爲行人外出往來，遇到火災被燒死，屍體則被棄置不管。〔註14〕這是由於民間普遍相信非正常死者會變成厲鬼，傷害所有生靈，因此一般活人不敢接觸，以免接收到晦氣。傳統上，被殺、自殺、意外死亡、孕婦難產而死、未成年夭折、客死異鄉等都算是非正常死亡，這類死者不能進入祖墳，也不能抬進家中正廳停靈，只能暫放在屋外等候處置，喪禮從簡，嬰幼兒夭折甚至不辦喪禮。而發生非正常死亡的地點，如溺斃的池塘溪流、上吊的屋樑樹木、遭殺或暴死之處，常被認爲有死者冤魂徘徊，尋找替死鬼，一般人不敢接近，須聘請道士、法師來作法超渡，才能免除危害。〔註15〕

時至今日，由於都會區的正常死者也是停靈在殯儀館或生命禮儀公司裡面等待火化，並未抬進家中，喪禮也爲了配合家屬時間而有所簡化，因此非正常死者本身的喪禮已與正常死者相差無幾。不過，曾發生自殺、他殺命案或意外事故死亡的地點，仍被當作鬼魂作祟之所，通常會請人作法超渡，被除邪祟；例如臺北捷運在 2014 年 5 月 21 日發生隨機殺人案，捷運公司便舉辦平安祈福大法會，請專人超渡死者，發生命案的車廂無論裡外，都要作法除穢（見圖 6-3、圖 6-4），民眾才敢放心搭乘。〔註16〕若非正常死亡發生的地點在房舍之中，該房舍便稱爲「凶宅」，會影響民眾入住、承租及購買的意願。這些行爲都是非正常死亡禁忌的遺留，惟恐非正常死者化爲厲鬼，傷害活人，因而特意避開或設法禳解。

---

www.google.com.tw/maps/search/%E6%96%B0%E5%8C%97%E5%B8%82%E5
%85%AC%E5%A2%93%E5%9C%B0%E5%9C%96/@25.0428902,121.1693114,
10z?hl=zh-TW。查詢時間：2019 年 8 月 21 日 15:02。圖中可見多數公墓坐落於淺綠色郊區或其邊緣，而非有格紋街道的市區中央。

〔註14〕〈離‧九四〉的「突」字，在馬王堆帛書與阜陽漢簡中均作「出」，爻辭相關考證與詮釋詳見第四章第一節「二、他人禁忌」。

〔註15〕詳見林明峪：《臺灣民間禁忌》，頁 283～284；任騁：《中國民間禁忌》，頁 419；萬建中：《中國民間禁忌風俗》（北京：中國電影出版社，2005 年），頁 199～200。

〔註16〕相關新聞與圖 6-3、圖 6-4，均取自莊淇鈞：〈36 法師祈福法會　超渡北捷往生者〉，台灣壹週刊，https://www.nextmag.com.tw/realtimenews/news/3960142，2014 年 5 月 30 日。查詢時間：2019 年 5 月 20 日 17:27。圖片均由莊淇鈞攝影。

圖 6-3：祈福灑淨法事準備開始圖

圖 6-4：去穢儀式圖

在居喪這一部分，〈中孚‧初九〉云：「虞吉，有它不燕。」意爲死者
下葬後，家屬舉行虞禮，迎接亡魂回家祭祀，在此期間家屬仍心神不安，
不能參加宴飲。〔註17〕這種禁忌用意在限制死者家屬居喪期間的心態及
行爲，以免觸怒亡魂，或將晦氣傳播出去，傷害他人。從死者斷氣到服
喪期滿之間，家屬通常不得修飾外表、不能造訪親友、不能參加宴會娛
樂、不准進入宮廟參拜，而這些禁忌實行的時間長短，則視地方風俗習
慣以及當事人和死者關係的親疏遠近而定。以〈中孚‧初九〉敘述的居
喪不能參加宴飲爲例，在現代的實行狀況就有不少地區差異，像河北固
安、河北雄縣、山東冠縣、山東泰安、湖南嘉禾、重慶江津、福建漳州
等地方，在服喪期滿之前都不能赴宴；而像山西翼城、陝西米脂、貴州
平壩、雲南宜良、雲南祿勸，以及臺灣，是在百日之內不能赴宴；在四
川合江，是在四十九日之內不能赴宴；在吉林通化，是服喪在小功五月
以上不與宴樂；在山西榆社，則是服喪在大功九月以上不與宴樂。〔註18〕
服喪期滿之前都不能參加宴飲，算是這一禁忌執行時間最長的，因爲喪
期最長可達三年；居喪百日、四十九日以內不能赴宴，則是針對禁忌執
行時間進行限縮的變通方式；而小功五月、大功九月以上不與宴樂，則
是依照家屬與死者的親疏關係來決定禁忌執行對象的範圍。儘管這一禁
忌在各地流傳與執行的狀況有別，但用意均在限制居喪家屬的行爲，避
免喪家外出傳播晦氣，爲他人帶來厄運。

以上這些喪葬禁忌的執行細節或隨時代、地區而改變，但其基本精神
卻保持一貫，就是將「死亡」視爲一種可以透過接觸而傳播的物質，因而
設法隔離死者，甚至隔離死者家屬，避免死亡的厄運散布開來。無論歷史
如何演進，死亡始終是人類的大敵，充滿不確定性，不知會在何時、以何
種方式降臨，是以喪葬方式雖配合時代需求改變，人們依然用各種方法躲
避與死亡相關的人、事、物，與死亡相關的禁忌思維也沿襲至今，未曾衰
歇。

〔註17〕《周易學說》引清代劉沅的說法，釋「虞」爲「虞禮」，見馬振彪遺著，張善
　　　　文整理：《周易學說》（廣州：花城出版社，2002年），頁590。爻辭相關詮釋
　　　　詳見第四章第一節「二、他人禁忌」。
〔註18〕石奕龍：《中國民俗通志【喪葬志】》（濟南：山東教育出版社，2005年），頁
　　　　174～177。

第二節　術數雜占中的禁忌

　　《周易》本身為卜筮之書，內容也包含各種遠古雜占的遺跡，舉凡天象、地理、動物、植物、人體、器物，無一不能用來取象，預測吉凶休咎。這些占斷方法流傳至今，如鳥占、身占與夢占等，仍保留在民間的術數雜占之中，且各自發展出一套完整的系統，繼續向人們提示潛藏未知的危險，或是意料之外的好運。以下即分別敘述。

一、鳥占禁忌

　　《周易》卦爻辭中記錄了透過鳥類活動來預測吉凶的占斷方式，例如〈明夷‧初九〉以明夷鳥垂翼低飛預示出行不利，〈漸‧九三〉以鴻雁棲息在高平之地預示丈夫出征不返、婦人懷孕流產，〈小過〉卦辭以飛鳥鳴聲指示「不宜上，宜下」，都是藉由鳥占來指出禁忌所在。這種認為鳥類活動可用來預測人事吉凶的思維，保留在民間術數之中，是為鳥占禁忌。

　　以家禽來說，關於雞的禁忌最多，雞的任何反常舉動都有可能被視為凶兆。一般而言，公雞報晨是常態，若有母雞啼叫報晨，往往被當作家境窮困或將有死人的預兆，要將這隻母雞殺掉斬頭，在臺灣甚至要把斬下來的母雞頭連同冥紙紮在竹竿上，豎立在田頭田尾，才能禳解禍害。〔註19〕公雞若不報晨，而是在黃昏或夜晚鳴叫，也是異常現象，在江蘇南京及湖南一帶，即認為公雞在黃昏或一更天（約晚上七點到九點）鳴叫預示將有火災，在二更天（約晚上九點到十一點）鳴叫則代表將有盜賊。雞經過人類馴養，飛行能力已經減弱，若能高飛上屋則為異常，在河南、湖南、江蘇、安徽等地都認為是家中將有火災的預兆。〔註20〕最後一項以雞能高飛為凶兆，則和〈中孚‧上九〉「翰音登于天，貞凶」忌諱祭祀用雞高飛上天若合符節，可視為同一禁忌的延續。另外，在河南方城一帶，則忌諱家裡養的鵝跑到外村中去，認為是主人要破財、破產和逃亡在外的徵兆，民俗學家任騁推測這是由於「鵝」諧音「餓」所致〔註21〕，但這更有可能是由於「鵝」諧音「我」，將鵝等同於人，形成「鵝跑出去」預示「我逃亡在外」的鳥占禁忌。

〔註19〕林明峪：《臺灣民間禁忌》，頁262。
〔註20〕任騁：《中國民間禁忌》，頁474。
〔註21〕任騁：《中國民間禁忌》，頁475。

　　而以野禽來說，流傳最廣的鳥占禁忌就是烏鴉報凶，喜鵲報喜。一般相信烏鴉鳴叫預示將有人死傷、發生火災或口舌爭端，喜鵲鳴叫則代表將有吉慶之事。不過，也有些地方認為喜鵲鳴叫並非全是吉兆，例如在臺灣農民曆中就記錄了一套「鵲噪法」，是依照喜鵲鳴叫的時辰來區別吉凶，茲整理成表6-4如下。

表6-4：鵲噪法十二時辰吉凶表〔註22〕

鵲噪時辰	子	丑	寅	卯	辰	巳	午	未	申	酉	戌	亥
吉凶預兆	主有遠親人至大吉	主有大喜慶事大吉	主有詞訟之事小吉	主有財喜酒食大吉	主有行人回家大吉	主有喜事臨門大吉	主有疾病宜求神祐	主失六畜不見事凶	主有吉兆之事大吉	主被劫失意不安事	主有財帛亨通事吉	主有口舌爭鬧之事

　　從表6-4可以看出，雖然喜鵲鳴叫多數時候都是大吉之兆，但若發生在寅時（清晨三點到五點）代表將與人打官司，在午時（上午十一點到下午一點）代表即將生病，在未時（下午一點到三點）代表將有家畜走失，在酉時（下午五點到七點）代表將被劫財，在亥時（晚上九點到十一點）則代表將有口舌糾紛，都不算是很好的兆頭。喜鵲至此已成為特殊的占斷靈鳥，其鳴聲預兆可吉可凶，所指示的事項類別也相當繁雜多樣。

　　在烏鴉與喜鵲之外，也有別的野禽鳴聲可作為鳥占預兆，不過大多是凶兆。例如民間俗信貓頭鷹鳴叫是預告人畜生病、死亡，浙江一帶甚至以為主有火災；在舟山群島，若聽到一種名叫勾蟹的海鳥叫聲，便以為是附近有鬼魂遊蕩；在安徽一帶，若早起聽到食肉的沙和尚鳥叫聲，便以為是疾病之兆；伯勞鳥叫是不祥之兆，而杜鵑鳥叫則主離別。至於野鳥死亡墜落路邊，或者拉屎在人身上，更是不祥之兆，前者須避免撿拾回家以免帶回厄運，後者若

─────────────────

〔註22〕高銘德：《福祿壽農民曆》（臺南：世一書局，1991年），頁145。

在臺灣便須吃豬腳麵線消災，若在河南林縣則須用鋼針在衣服沾上鳥屎處挑三針來化解災厄。〔註23〕這些鳥占禁忌，如以特定鳥鳴為凶兆，多是因該種鳥類長相兇惡、叫聲難聽而產生負面聯想；路有死鳥、鳥屎擊中人身為凶兆，則是因其為反常現象而產生恐懼心理。

以上這些根據鳥類鳴聲、動作等自然行為所產生的鳥占禁忌，都是立足於偶然現象，這類預兆並不會隨時隨地出現，告訴人類每件事情的未來發展。如果要滿足人類問事的需求，勢必得創造出一套規格化的鳥占方法。在敦煌《鳥占書》殘卷中，即已出現有規則可循的「鳥跳」占卜，在地面鋪上預先寫好占辭的「十二地支圖」或「十時辰九方圖」，讓鳥在圖上隨意跳格子，跳中哪一格就以格中的占辭預言吉凶。以伯 3479《鳥占習事要法》的「十二地支圖」為例，它的占辭依序是：

> 鳥鳴坐子地，酒食事。
>
> 丑地，官事。
>
> 寅地，遠人來。
>
> 卯地，買賣事。
>
> 辰地，客至。
>
> 巳地，得財物。
>
> 午地，有文書事。
>
> 未地，宅舍事。
>
> 申地，酒實（食）事。
>
> 酉地，有憂事，慎之吉。
>
> 戌地，病患事。
>
> 亥地，盜賊事。〔註24〕

以上的占辭與十二地支相配，和表 6-4 的鵲噪法十二時辰吉凶概念互通，而內容敘述的事項主要為酒食、官司、賓客、得財、憂慮、病患、盜賊等事務，也與鵲噪法相類。而後世在中國南方也有所謂「靈雀算命」，算命師飼養十姊

〔註23〕 任騁：《中國民間禁忌》，頁 476～478；林明峪：《臺灣民間禁忌》，頁 263～264。

〔註24〕 高國藩：《中國巫術通史》（南京：鳳凰出版社，2015 年），頁 861。關於各種敦煌《鳥占書》的詳細討論，詳見該書第三十六章〈敦煌本《鳥占書》系列與吐蕃吞併西羌、東女國〉。

妹鳥，讓牠用喙銜取籤卦，並以該籤的占辭做出預言。〔註25〕「靈雀算命」在臺灣流衍為「鳥卦」，算命師飼養白文鳥，讓牠銜出籤卦，算命師再負責解說，這種鳥占方法在現今市集中的命理攤位都還能看到。

從《周易》中觀察鳥類飛行、棲息、鳴叫等活動來預言吉凶的卦爻辭，到現今兼具偶然與制式的鳥占禁忌，用來預測人事吉凶的鳥隨著時代、地域不同而有種類差異，但其中蘊含的基本思維依然相同：其一是根據鳥的部分生活習性與人相似，以鳥喻人，如〈旅・上九〉「鳥焚其巢，旅人先笑後號咷」，及河南方城以鵝跑到村外為主人破產逃亡的預兆，都是從鳥失居所聯想到人失財物。其二是將鳥的反常現象視為危險徵兆，如〈中孚・上九〉「翰音登于天，貞凶」，及民間以雞高飛上屋頂為火災預兆，即來自於雞罕能高飛。其三則是將鳥的過人之處加以神化，從鳥能預知自然環境變化，更進一步詮釋為鳥能預知人事未來，這也是最重要的一點，鳥占禁忌主要便是基於這點而始終延續不墜。從〈漸〉卦與〈小過〉卦分別由鴻雁棲息地帶與飛鳥鳴聲來指出吉凶禁忌，到現今以烏鴉、喜鵲等野鳥鳴聲作為吉凶預兆，乃至用鳥卦算命等等，都是此種將鳥類神化的思維反映。

二、身占與夢占禁忌

《周易》所記錄的自身禁忌，有的直接說明禁忌內容，如〈艮〉卦敘述人體個別部位保持靜止，避免有所動作；有的則藉由身體的某些徵兆來預言吉凶，間接指出禁忌所在，例如〈咸〉卦以人體個別部位的感應來決定出行與否，〈剝〉卦則以身體在現實與夢境中受傷來預測病況。這類禁忌在後世也持續流傳，且分別歸入身占禁忌與夢占禁忌兩類。

在身占禁忌這個類別中，歷代曾出現過根據眼跳、耳鳴、耳熱、噴嚏、面熱、手癢、足癢、心驚、肉顫、嘔吐等十種不同人體徵兆來進行占斷的方法〔註26〕，這些身占方法仍有部分保存在現今的臺灣農民曆中，此處即按照各種徵兆所屬人體部位，分為面部身占與軀體身占，並整理成表 6-5 與表 6-6 如下。

〔註25〕尹榮方：〈談談「鳥占」〉，《華夏文化》2011 年第 4 期（2011 年 12 月），頁 53 ～54。

〔註26〕身占方法分類及解析詳見彭穗娟：《傳世身占術研究》（臺中：靜宜大學中國文學系在職碩士論文，指導教授：邱德修，2014 年 6 月），頁 75～102。

表6-5：面部身占十二時辰吉凶表〔註27〕

時辰／身占	子	丑	寅	卯	辰	巳	午	未	申	酉	戌	亥
眼跳法	左有貴人右有飲食	左有憂心右有人思	左遠人來右喜事至	左貴客來右平安吉	左遠客來右主損害	左有飲食右主凶惡	左主飲食右有凶事	左主吉昌右有小喜	左有損財右有女思	左有客來右遠客至	左有客至右主聚會	左主客至右主官非
耳鳴法	左主女思右主失財	左主口舌右主爭訟	左主失財右主心急	左主飲食右主客至	左主遠行右主客至	左主凶事右主大吉	左主遠信右有親來	左主飲食右遠人來	左主行人右主喜事	左主失財右主大吉	左主飲食右主客至	左主大吉右主飲食
耳熱法	主有僧道來商量事	主有喜事臨身大吉	主有飲食相會大吉	主有遠人來相見吉	主有財喜大通達吉	主失財物之事不利	主有飲食喜事來吉	主有客至相求之事	主有喜事酒食宴樂	主有人來言婚姻事	主有爭訟口舌之事	主有官非詞訟之事
面熱法	主有喜事又主得財	主有煩惱憂愁之事	主有遠客來聚會吉	主有飲食及友人來	主有遠客喜相逢吉	主有要事人相見吉	主姻親來相見大吉	主有爭訟口舌是非	主有貴人會道相見	主遠人來相會吉	主有酒食自送來事	主有官非口舌之事
噴嚏法	主有飲食相會宴樂	有女人思客來求事	主女人相會飲食事	主有飲食人來問事	主終日有飲食大吉	主有吉人來求財利	主有貴客遠人宴會	主有飲食吉利之事	夜夢驚恐飲食不利	主女人來求請問事	主女人思會和合事	主有虛驚反得吉利

〔註27〕高銘德：《福祿壽農民曆》，頁144～145。

表 6-6：軀體身占十二時辰吉凶表〔註28〕

時辰／身占	子	丑	寅	卯	辰	巳	午	未	申	酉	戌	亥
肉顫法	主有尊長人來大吉	主有財及自身喜慶	主有凶事速解除吉	主有得財物事大吉	主有灾惡臨身大凶	主有客來相見大吉	主有憂疑事占身吉	主有財喜事臨身吉	主有口舌解之大吉	主失財物禍事大凶	主有遠行人事大吉	主有大吉喜慶之事
心驚法	主有女子思喜事至	主有惡事臨門大凶	主有客來飲食大吉	主有飲食及外人來	主有成合喜事大吉	主有女思及喜事至	主有飲食自然而來	主有女人思念大吉	主有大喜之事至吉	主有人送喜信至吉	主有貴人即至大吉	主有喪服及惡夢凶

從表 6-5 與表 6-6 可知，現存的身占方法不論採用何種徵兆，均是以發生時辰來論斷吉凶，而像眼睛、耳朵等成對的器官再依左右劃分兆象。以眼跳法來說，丑時（凌晨一點到三點）、申時（下午三點到五點）忌諱跳左眼皮，辰時（早上七點到九點）、巳時（上午九點到十一點）、午時、亥時則忌諱跳右眼皮；在耳鳴法中，巳時、酉時忌左耳鳴，子時（半夜十一點到一點）忌右耳鳴，丑時、寅時則無論左右耳鳴皆忌諱。其他身占方法則相對簡單，耳熱發生在巳時、戌時（晚上七點到九點）、亥時為不利，面熱發生在丑時、未時、亥時為不利，噴嚏只有發生在申時為不利，心驚發生在丑時、亥時為不利。在這些身占方法中，以肉顫法最為特殊，因為其他身占方法只敘述吉凶事項，但肉顫法在說明吉凶之餘，還會提供相關建議，例如寅時發生肉顫主有凶事，若事先設法解除可轉凶為吉；午時發生肉顫主有憂心疑慮之事，但對自身尚無妨害；申時發生肉顫主有口舌糾紛，但若設法化解，則大吉無事。

在這些身占方法之中，以眼跳法流傳最廣，甚至有區分男女或上下眼皮的占法，不過在民間口訣中通常一概簡化為「左眼跳財，右眼跳災」，較少區分上下、性別或時辰。當右眼皮跳動時，常見的事前禳解方法是在右眼皮上黏貼席篾、草棒，以厭勝不祥〔註29〕，也有人會輕捏一下右眼皮再吹口氣，象徵吹走厄運。

〔註28〕高銘德：《福祿壽農民曆》，頁 144。
〔註29〕任騁：《中國民間禁忌》，頁 64。

　　比對《周易》的身占卦爻辭和現今的身占禁忌，可以發現《周易》的身占主要是以人體部位來下占斷，尚未發展到以特定徵兆論吉凶的地步，但已具備某些身占方法的雛形，例如〈咸・六二〉：「咸其腓，凶。居吉。」以小腿肚感應為凶象，最好安居不動，可視為肉顫法的先聲；而〈咸・九四〉：「貞吉，悔亡。憧憧往來，朋從爾思。」以心動不定為吉象，將有朋友相從，則可視為心驚法的濫觴。

　　而在夢占禁忌這個類別中，夢占方法經過漫長的發展，已逐漸擴張為一套龐大的象徵體系，其中尤以《周公解夢》一類的相關著作影響最為深遠。《周公解夢》是依照夢境內容分類成章，夢境事類與預示徵兆隨時代變遷而不斷修訂、增補，自明代以降即包括二十七個類別（見表 6-7），坊間根據此書而作的白話翻譯及現代詮釋更是不計其數。〔註30〕

表 6-7：《周公解夢全書》夢境分類表〔註31〕

章次	夢境分類	章次	夢境分類
1	天地日月星辰	15	飲食酒肉瓜果
2	地理山石樹木	16	塚墓棺槨迎送
3	身體面目齒髮	17	文書筆硯兵器
4	冠帶衣服鞋襪	18	哀樂病死歌唱
5	刀劍旌節鐘鼓	19	佛道僧尼鬼神
6	帝王文武呼召	20	殺害鬥傷打罵
7	宮室屋宇倉庫	21	捕禁刑罰獄具
8	門戶井灶廚廁	22	田園五穀耕種
9	金銀珠玉絹帛	23	水火盜賊燈燭
10	鏡環釵釧梳篦	24	垢污沐浴凌辱
11	床帳氈褥匙箸	25	龍蛇禽獸等類
12	船車遊行物件	26	牛馬豬羊六畜
13	道路橋樑市集	27	龜鱉魚蝦昆蟲
14	夫妻產孕交歡		

〔註30〕張之傑：〈通書玉匣記周公解夢全書初探〉，《中華科技史同好會會刊》第1卷第1期（2000年1月），頁41～45；于凌霄：《人類學視野下的周公解夢》（蘭州：西北民族大學民族學與社會學學院人類學碩士論文，指導教授：看本加，2015年5月），頁12。

〔註31〕本表內容參考張之傑：〈通書玉匣記周公解夢全書初探〉，頁43；于凌霄：《人類學視野下的周公解夢》，頁15～17。

　　《周易》的夢占爲直解，例如〈剝〉卦初六與六二爻辭分別說：「剝牀以足，蔑貞凶。」「剝牀以辨，蔑貞凶。」夢見腳或膝蓋撞到牀，就像在現實中撞到牀受傷一樣，都是壞事，對健康不利。而在後世的夢占中，除了延續好夢爲吉、惡夢爲凶的直解方法以外，還衍生出「反說」與「轉釋」兩種解釋方法。「反說」是夢境內容與預示徵兆剛好相反，例如夢見放聲大哭預示將有歡樂之事、夢見觀賞歌舞表演預示將有口舌糾紛。「轉釋」是將夢境中的人、事、物轉換成其他意義來解釋，這種解夢方法最爲複雜，常見的轉換途徑有六種：一是象徵法，將夢境內容轉換成它所象徵的東西，例如日象徵帝王、月象徵后妃或大臣，夢見背負或懷抱日月即預示將貴爲王侯。二是連類法，將夢境內容轉換成與之相關的東西，例如穀物在農業社會中是財源，夢見五穀茂盛即預示獲得財富。三是類比法，從夢境內容抽取部分特點類推到現實人事上，例如夢見道路充滿泥濘、荊棘，難以行走，即代表諸事不成、所求不遂。四是破譯法，將夢境內容轉換成特定符號來解說，而此一符號可以是陰陽、五行、八卦或數字，例如夢見山上有水，山爲艮（☶）、水爲坎（☵），可譯爲艮下坎上的〈蹇〉卦，直接以卦辭占斷。五是解字法，將夢境內容轉換成漢字，再將漢字拆解、組合來解說，例如夢見被狼咬住腳，「腳」被咬掉左邊的「肉」（月）就是「卻」，表示退卻不前，無法出行。六是諧音法，將夢境內容轉換成諧音字來解說，例如棺材諧音「官」與「財」，夢見棺材抬進屋內即預示升官發財。〔註32〕不論是直解、反說還是轉釋，這些解釋方法仍應用於現行的夢占之中，而在解夢吉凶之外，民間亦盛行將夢境內容轉換成簽樂透彩的數字，則可視爲「轉釋」中的破譯法應用。

圖6-5：《新集周公解夢書》厭禳惡夢符

〔註32〕夢占解釋方法詳見劉文英：《星占與夢占》（北京：中央編譯出版社，2008年），頁158～175；羅建平：〈論古代解夢的幾種方法及運用〉，《華東理工大學學報（社會科學版）》2000年第3期（2000年8月），頁6～12。

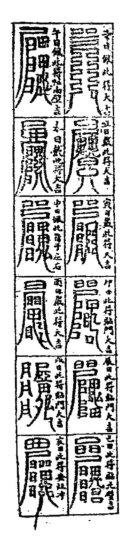

圖 6-6：《周公解夢全書》鎮惡夢符

　　如果做了凶夢，可在夢境所示災禍降臨之前設法禳解。在《周公解夢》一類夢占著作中便載有禳夢的方法，例如 1900 年敦煌石室發現的唐代《新集周公解夢書‧厭禳惡夢章》即已記載，凡是夜晚做了惡夢，早上起來不要向別人說，虔誠地用墨書寫該章所附的符（見圖 6-5），並將它壓在床腳下，不要讓人知道，然後默唸咒語：「赤赤陽陽，日出東方。此符斷夢，辟除不祥。讀之三遍，百鬼潛藏。急急如律令。夫惡夢姓雲名行鬼，惡想姓賈名自直，吾知汝名識汝字，遠吾千里。急急如律令，敕。」而在現今的《周公解夢全書》所附「鎮惡夢符法」則記載，從該書所附的十二道符（見圖 6-6）中，選

出與當日所屬干支相符者來畫，並且在口中含著淨水，右手持刀揮動六、七下，向東方噴出口中的水，然後誦唸咒語：「赫赫陽陽，日出東方，此符斷卻惡夢，掃除不祥。急急如律令，敕。」最後再將畫好的符按照圖上指示，或配戴在身上，或貼在門上、牆壁上。這類符中都有「鬼」字，加上敦煌咒語中稱惡夢爲「雲行鬼」，可見是將惡夢當成鬼來看待。〔註33〕

　　上述的禳夢方法頗有宗教意味，也較爲繁複。在民間也另外流傳了一些較爲簡易的凶夢禳解辦法，種類五花八門，其一即是禁忌說夢。俗信以爲吉夢說了就不會實現，凶夢說了卻會加速應驗，因此在早晨起來到中午吃飯前，都不要對別人說出自己做夢的內容，也不要說出「夢」這個字。其二是在做了凶夢以後，就在西邊牆壁上寫：「夜夢不祥，寫在西牆。太陽出來，化爲吉祥。」也有的是在一張剪成圓形的紅紙上寫：「做夢不祥，書在高牆。日出一照，化戾爲祥。」然後將這張紅紙貼在任何一面能曬到太陽的牆壁上。其三是在南邊牆壁上吐一口唾液，再畫圓圈起來，表示將凶夢隨著唾液禁錮在其中。其四是將寫著「噩夢出賣」的字條貼在街頭巷尾，將凶夢轉移到別人身上。其五是在夢醒之後，將一種類似民謠的咒語誦唸三遍：「太陽出來日朝西，我奴夢夢神不知，好夢變成財和寶，歹夢化作水和泥，言言哉。」最後，在各種禳夢方法之外，人們也相信能以自己的「善德」及誠心誠意來感動上蒼，將凶夢帶來的災難轉化爲吉祥。〔註34〕

　　在諸多凶夢禳解辦法中，有半數以上都與太陽直接或間接相關，像是在咒語中提到太陽、讓陽光照射，而將凶夢寫在圓形紅紙上則是藉由模擬太陽的形象，來加強驅邪效果。這類作法是將夜間凶夢與黑暗連結起來，利用陽光照亮黑暗的特性，將想像中的凶夢邪祟連同黑暗一同驅離。其次則是將夢當作一種有形的物質，可以禁錮或轉移，但在禳夢的過程中不能告訴別人，應是爲了防止語言的力量打破這種禁錮，以免讓夢兆自行發展不受人意控制。至於依靠善心德行禳夢，期望能憑誠心感動上蒼的方式，則如〈乾・九三〉所云：「君子終日乾乾，夕惕若，厲，无咎。」〔註35〕君子努力進德修業，時時小心謹愼，即使遇到危險也能平安度過。《周易》的修身禳災之法，至此

〔註33〕以上禳夢方法與圖 6-5、圖 6-6，均取自張之傑：〈通書玉匣記周公解夢全書初探〉，頁 44～45。《解夢書》的詳細內容解說，見高國藩：《中國巫術通史》，頁 655～673。

〔註34〕任騁：《中國民間禁忌》，頁 586～587。

〔註35〕《周易正義》，卷 1，頁 9。

仍延續不輟，而其背後都是靠著以正破邪的信念在支撐。

　　從《周易》的自身禁忌，到現今的身占與夢占禁忌，整個系統隨著歷史演進，漸趨龐大完備，但其核心思維仍保持一貫，即對人類本身精神、魂魄的信仰。身體的各種徵兆，以及夢境的內容，都被當成自身精魂或外在神靈感召的結果，因而能用來預知前途吉凶，進而設法避開危險，讓吉兆實現，凶兆消弭於無形。另一方面，由於這類禁忌是以個人的身體徵兆和夢境內容為出發點，因此在預示吉凶和實施禁忌的對象上，都帶有很強的私人性質，身占的兆示內容完全圍繞在當事人身上，用來預測當事人的心情、健康、生活與人際關係；夢占雖因夢境變化多端而使兆示內容較為寬廣，但也主要集中在當事人自身及其家庭的命運上，與公眾事務相關者並不多見，而伴隨預兆而來的禁忌事項與禳解辦法，也都得由當事人自己執行。從這一點也能說，這類由自身出發的禁忌，其實間接反映了人類因自身命運未明而不安，需要自己積極地「做些什麼事」或消極地「不做些什麼事」，才能安心。

第三節　小結

　　《周易》中的禁忌及其背後的思維模式，就其「不變」而延續至今的部分，可以總結如下：

　　第一，部分禁忌由於人們對某些生命歷程的不確定感依舊，因而保存在民間的生命風俗之中。在婚姻方面，世世代代的人們都擔心選錯配偶導致婚姻不諧，需要設下某些禁忌來預先排除這種狀況，《周易》中的合婚禁忌與婚齡差距禁忌也因此保存在民間的合八字與開年齡條件等議婚禁忌裡面。而在死亡方面，不分時代的人們都恐懼死亡，害怕死亡會傳播擴散，是以《周易》中針對死者及其家屬的禁忌，例如將活人與死者隔離、避免接觸非正常死者、限制死者家屬居喪期間的行為等等，全都保存在民間的喪葬禁忌裡面。

　　第二，部分禁忌由於背後的信仰基礎仍在，且能切合民眾占問自身命運的需要，因而保存在民間的術數雜占之中。例如鳥類對環境的感知能力與飛行能力均非人類所能及，人們便將鳥類神化，對鳥類預告的凶險不敢小覷，因此《周易》中的鳥類禁忌便保存在鳥占或鳥卦裡面，差別只在依地域不同而更換鳥的種類。又如人類對自身精神、魂魄的信仰依然存在，相信身體徵

兆、夢境內容均有深遠的暗示，因此《周易》中的自身禁忌便保存在身占與夢占裡面，並發展成兼具預知、禁忌與禳解的完整禁忌體系。

　　整體而言，《周易》禁忌思維中「不變」的部分，集中在婚姻、喪葬、預測個人命運等私人領域，儘管禁忌的操作細節會隨著時代、地域不同而有差異，但其背後的基本精神仍保持一致，包括對個人未來的不確定感，以及對超越人類理性及力量的事物抱持崇拜。雖然隨著時代進步，現代人的生活水準比古代人高，但是人類對自身前途不明的恐懼依舊存在，而這種恐懼不僅是讓禁忌誕生的溫床，也是讓禁忌持續生長的園地。在無法完全用理性控制一切變數的私人領域，《周易》所蘊藏的禁忌思維，仍然有它的運作空間。

第七章 結 論

　　本論文先橫向分析、歸納了《周易》文本中的禁忌及其思維，再由歷史與民俗的角度來觀察它在後世的縱向發展，以回應緒論中所提出的問題：

　　第一，《周易》文本中包含有哪些禁忌？而在這些禁忌背後又是以何種思維模式在運作？

　　第二，這些思維模式在後世如何發展？對當代社會有何影響？

　　這兩方面的問題，都能再細分為兩部分，前者可分為「《周易》中的自然與人事禁忌」、「《周易》禁忌思維中的天人互動關係」，後者則可分為「《周易》禁忌思維在後世的轉變」、「《周易》禁忌思維在後世的傳承」，以下便將這四個部分依序說明答覆。

一、《周易》中的自然與人事禁忌

　　《周易》文本中的禁忌，可分為自然與人事兩個方面：

　　在自然方面，在宇宙之間，以天文現象而言，有冬至閉關不得遠行、太陽變色須敲擊土鼓哀歌、日食發生不宜做大事等太陽禁忌，滿月前一天禁止出征的月相禁忌，雷電發生時禁止作戰跟結婚的雷電禁忌，降雨後女子不宜出行的雨水禁忌。以地理法則而言，有利西南、不利東北的方位禁忌，不能隨意進入山林幽谷的山林禁忌，不宜在水邊沙灘、泥灘久待的土地禁忌。

　　在生物之間，以動物而言，有遇龍行動反常或二龍相鬥時要小心謹慎、行事不能違背龜卜結果、自家有魚便不宜外出作人賓客、祭祀不可無魚等水族禁忌，出外旅行與病患不宜見到明夷、鴻雁棲息於高地預示家庭離散、祭祀用雞高飛上天為凶、聽到飛鳥鳴叫時不宜向上活動、見到飛鳥誤觸羅網須提防災禍發生等鳥類禁忌，馬匹行動遲疑為凶象、牽走施行過嫁禍巫術的牛

隻會帶來災禍、庶民日常不能用豬、病患或旅人不宜見到繩索繫豬、公羊頂撞籬笆受困是不利之象等走獸禁忌。以植物而言，則有利用桑樹代替人類受死的植物禁忌。

而在人事方面，在私人領域，以人類身體而言，有以人體各部位的感應兆示吉凶、要求特定部位人體保持靜止、遠走高飛躲避血光之災、腳趾受傷不可作戰、顴骨受傷將有凶禍、夢見身體撞到牀受傷為凶等自身禁忌，貴族不可接觸庶民、罪犯須與無辜大眾隔離、病患須與健康者隔離、活人必須遠離死者、禁止接觸非正常死者、死者家屬不能參加宴飲等他人禁忌。以性別婚姻而言，有兒子不可繼承母業、女性不能輕易離家、家中婦女必須接受管教等性別禁忌，合婚不吉必須終止議婚、夫妻年齡差距過大不宜婚配等婚姻禁忌。

在公眾領域，以祭祀而言，有主祭者具備足夠身分地位才能祭祀較高位階神祇的祭者禁忌，祭祀時敬意不足便不受鬼神庇佑的祭儀禁忌。以軍事而言，有作戰前卜筮不吉便不宜出師的占問用兵禁忌，行軍吹律候驗吉凶的行師征戰禁忌，以及戰勝者必須哀悼安撫或擊鼓驅逐戰敗者亡魂的征戰歸來禁忌。

如對照任騁的中國民間禁忌體系，所有禁忌均可分別歸入事先占斷吉凶的預知系統，直接陳述禁忌內容的禁忌系統，以及觸犯禁忌後實施的禳解系統，《周易》文本中的禁忌在這方面可以說是三者皆備，但以預知系統佔絕大多數，這是由《周易》為卜筮之書的性質所決定的，即〈繫辭下〉所謂「仰則觀象於天，俯則觀法於地，觀鳥獸之文，與地之宜，近取諸身，遠取諸物」，從人類自身到天地萬物，都能取為卦象，用以預測未來吉凶禍福，指出禁忌所在。

二、《周易》禁忌思維中的天人互動關係

在各種《周易》禁忌背後運作的思維模式，包含以下數端：

第一，試圖藉由實施禁忌來降低風險。無論是在舉行結婚、祭祀、用兵等重大事務之前特意占問吉凶，或是從自然現象中分析人事禍福預兆，其動機均相同，即人們基於對未來不確定的心理，試圖從自然現象或人為卜筮來辨識出潛在的危險因子，並努力避開這些危險因子，以降低禍害發生的可能性，節省自己所付出的成本。

　　第二，將並非常態的人、事、物，預設為禁忌對象。人們應對外在人、事、物的方式，通常是根據經驗累積而來，一旦遇到特殊、罕見的對象，由於缺乏足夠的應對經驗，最保險的方式便是先入為主地認定它具有危險性，列為禁忌，例如太陽顏色改變、雞高飛上天、有人跨越階級或性別界線，都會被視為凶禍的徵兆或根源，必須盡量躲避，不能避開時便需要設法禳解災禍。

　　第三，從《周易》的宇宙觀來說，每個人與每種自然事物，都不是各自獨立的，可以藉由某些途徑彼此互通，而這之中便包含了對超自然力量的想像與信仰。在《周易》禁忌思維中，任何一種自然現象，都能預告人類的吉凶禍福；而任何一種人事活動，也都隱藏著不可見的力量，能夠撼動整個自然世界。這種思維用思想史的術語來說就是「天人感應」，世間萬物同為一體，因而可以相互影響。

　　第四，從《周易》的人際觀來說，它特別標舉出「誠信」，無論是對活人、神祇或亡靈，只要以誠信相待，便能逢凶化吉，毫無阻礙。即使在無意間打破了禁忌，也能透過講信修德的方式化解災難，進而改變命運。這種思維在卦爻辭中即已出現，到了《易傳》更將這種觀念發揚光大，不但減少禁忌本身帶來的行為束縛，也減輕人們內心對觸犯禁忌的恐懼。

　　從以上四點可知，在《周易》禁忌思維中，代表自然的「天」，和人的距離並不遙遠，人際相處的秩序與原則，也可適用於天人之間，人們所實施的禁忌、巫術與德行，不僅通行於人間，也通行於自然世界，人類的活動與自然世界同步。值得注意的是，《周易》本身並不只是單純教人遵守禁忌，它也是從巫術邁向人文的轉捩點，在陳述各種禁忌之餘，也點出人有改變命運的能力，賦予人主動地位，不再完全受制於禁忌。

三、《周易》禁忌思維在後世的轉變

　　《周易》禁忌思維在後世的發展，可以依照其核心概念保持與否，分為轉變與傳承兩個方面。在轉變的方面，首先是部分禁忌隨著人類知識提升及社會環境改變而衰退，甚至消失。例如人文思想興起，使人們對龜卜的信仰動搖，在軍國大事方面對卜筮的依從也大為降低；春秋戰國時期因各國競爭激烈，需才孔急，在選官用人方面不再限制出身，阻礙庶民百姓步上仕途的「小人勿用」禁忌便宣告消失。

其次是部分禁忌往人文需求發展，核心概念被置換成道德或社會秩序，轉化為禮儀。例如主祭者須有君王身分才能祭祀天地的禁忌，由秦漢以後的皇帝所繼承，但其思維核心從君王能與天地神祇溝通，置換成尊崇皇帝治理天下、維持社會秩序的貢獻，使禁忌轉化成郊祀禮儀；由軍隊呼聲與律管音階共鳴來預測戰事吉凶的吹律聽聲，一方面由單音發展成曲調，另一方面則逐漸強化其作為指揮信號及鼓舞士氣的功能，形成了軍樂。

再次是部分禁忌完全被當成維護社會秩序的工具，以明文規定公布，並附加罰則，轉化為法律。例如至日閉關諸事不宜，被納入西漢末年的《月令詔條》；山林由虞人管理，不得隨意進入捕獵，被納入秦漢的〈田律〉；由男性主導家庭秩序，管教女性、兒童的性別角色禁忌，被納入秦代的〈法律答問〉，在唐代的《唐律疏議》更進一步強化。

最後是部分禁忌往原有的超自然因素持續發展，並據此建立神學理論，轉化為宗教。例如「利西南，不利東北」的方位禁忌，不吉利的東北方被指定為「鬼門」，與之相對的西南方則指定為「人門」，其餘的西北方與東南方則劃定為「天門」與「地戶」，形成帶有宗教意涵的宇宙空間圖式，廣泛運用於道教科儀與風水俗信之中。

四、《周易》禁忌思維在後世的傳承

在《周易》禁忌思維傳承不變的方面，首先是部分禁忌由於人們對某些生命歷程的不確定感依舊，因而保存在民間的生命風俗之中。不分世代的人們都擔心選錯配偶使婚姻觸礁，這使《周易》中的合婚禁忌與婚齡差距禁忌，仍舊保存在民間的合八字與開年齡條件等議婚禁忌之中；而人們也始終恐懼死亡，害怕死亡會透過接觸而傳播擴散，這使《周易》中針對死者及其家屬的禁忌，例如將活人與死者隔離、避免接觸非正常死者、限制死者家屬居喪期間的行為等，全都保存在民間的喪葬禁忌之中。

其次是部分禁忌由於背後的信仰基礎仍在，且能切合民眾占問自身命運的需要，因而保存在民間的術數雜占之中。例如鳥類對環境的感知能力與飛行能力均非人類所能及，鳥類便被神化為預告吉凶的信使，《周易》中的鳥類禁忌也因此保存在鳥占或鳥卦之中；又如人類對自身精神、魂魄的信仰依然存在，相信身體徵兆、夢境內容均有深遠的暗示，因此《周易》中的自身禁忌便保存在身占與夢占裡面，並發展成兼具預知、禁忌與禳解的完整禁忌體系。

　　概括來說，《周易》禁忌思維中隨時代而變的部分，主要在於政治、軍事、經濟活動、社會秩序等公眾領域，其神秘性質消退，人文需求提升，與公眾領域相關的禁忌趨於弱化或消失，或者轉化爲禮儀與法律；少數禁忌的神秘性質不減反增，這種禁忌便會朝向系統化的理論發展，並轉化爲宗教。至於《周易》禁忌思維中不隨時代改變的部分，則集中在婚姻、喪葬、預測個人命運等私人領域，儘管這些禁忌的實際操作方式會隨時代、地域而調整，但其核心思維概念仍保持一致，即對個人未來的不確定感，以及崇拜超越人類理性及力量的事物，這些思維模式依然固著於當代社會之中，與人類對未知的恐懼共生。

　　然而，在我們因爲未來渺茫難知而惶恐不安，依循各種禁忌以排除潛在的危險、阻礙時，仍然可以嘗試反思，自己依循的禁忌，是否眞有助於避開潛在的險阻？或者這些禁忌只是爲求心安而已？意圖靠著禁忌迴避危險的自己，是否就像第二章的實驗鴿子一樣，陷入了自以爲能控制一切的錯覺？如果爲了避免所有危險而完全保持靜止不動，毫無作爲，或者一味採取逃避遠離，那就不是《周易》的本旨了。即使是在陳述靜止之道的〈艮〉卦，其〈象傳〉也說：

　　　　艮，止也。時止則止，時行則行，動靜不失其時，其道光明。艮其
　　　　止，止其所也。〔註1〕

艮雖有如山般靜止不動的意象，但此卦的用意是要人該靜止時便靜止，該行動時便行動，無論或動或靜，都視時機而採取相應的對策，才能步上光明大道。艮的靜止之意，只是在適當的地方靜止罷了。我們面對遺留至今的各種禁忌，所應採取的準則，也是「時止則止，時行則行，動靜不失其時」，契合《周易》禁忌思維的精髓，方能進退合宜，步上屬於自己人生的康莊大道。

〔註 1〕　〔魏〕王弼注，〔晉〕韓康伯注，〔唐〕孔穎達正義：《周易正義》（臺北：藝
　　　　文印書館，2015 年），卷 5，頁 116。

參考文獻

壹、古籍（先按經史子集分部，再依時代先後排列）

一、經部

1. 〔漢〕毛亨傳，〔漢〕鄭玄箋，〔唐〕孔穎達正義：《毛詩正義》，臺北：藝文印書館，2007 年。

2. 〔漢〕公羊壽傳，〔漢〕何休解詁，〔唐〕徐彥疏：《春秋公羊傳注疏》，臺北：藝文印書館，2007 年。

3. 舊題〔漢〕孔安國傳，〔唐〕孔穎達正義：《尚書正義》，臺北：藝文印書館，2015 年。

4. 〔漢〕董仲舒：《春秋繁露》，上海：上海古籍出版社，1989 年。

5. 〔漢〕許慎撰，〔清〕段玉裁注：《新添古音說文解字注》，臺北：洪葉文化事業有限公司，2005 年。

6. 〔漢〕劉熙撰，任繼昉纂：《釋名匯校》，濟南：齊魯書社，2006 年。

7. 〔漢〕鄭玄注，〔唐〕賈公彥疏：《周禮注疏》，臺北：藝文印書館，2007 年。

8. 〔漢〕鄭玄注，〔唐〕賈公彥疏：《儀禮注疏》，臺北：藝文印書館，2007 年。

9. 〔漢〕鄭玄注，〔唐〕孔穎達正義：《禮記正義》，臺北：藝文印書館，2007 年。

10. 〔魏〕張揖撰，〔清〕王念孫疏證，鍾宇訊點校：《廣雅疏證》，北京：中華書局，1983 年。

11. 〔魏〕王弼注，〔晉〕韓康伯注，〔唐〕孔穎達正義：《周易正義》，臺北：藝文印書館，2015 年。

12. 〔晉〕杜預注，〔唐〕孔穎達正義：《春秋左傳正義》，臺北：藝文印書館，

2007 年。

13. 〔晉〕郭璞注，〔宋〕邢昺疏：《爾雅注疏》，臺北：藝文印書館，2007年。

14. 〔晉〕范甯集解，〔唐〕楊士勛疏：《春秋穀梁傳注疏》，臺北：藝文印書館，2007 年。

15. 〔唐〕陸德明：《經典釋文》，臺北：藝文印書館，2015 年。

16. 〔唐〕李鼎祚輯：《周易集解》，臺北：臺灣商務印書館股份有限公司，1996 年。

17. 〔宋〕陳彭年等：《新校宋本廣韻》，臺北：洪葉文化事業有限公司，2007年。

18. 〔宋〕程頤：《易程傳》，臺北：文津出版社，1990 年。

19. 〔宋〕朱震：《漢上易傳附卦圖、叢說》，臺北：廣文書局有限公司，1974年。

20. 〔宋〕項安世：《周易玩辭》，濟南：山東友誼書社，1991 年。

21. 〔宋〕朱熹：《周易本義》，《周易二種》，臺北：大安出版社，2006 年。

22. 〔宋〕朱熹：《四書章句集注》，臺北：大安出版社，2007 年。

23. 〔清〕毛奇齡：《仲氏易》，臺北：成文出版社有限公司，1976 年。

24. 〔清〕孫希旦：《禮記集解》，臺北：文史哲出版社，1990 年。

25. 〔清〕桂馥：《說文義證》，臺北：臺灣商務印書館，1975 年。

26. 〔清〕章學誠：《校讎通義》，北京：古籍出版社，1956 年。

27. 〔清〕阮元：《經籍纂詁》，臺北：鴻學出版事業有限公司，1989 年。

28. 〔清〕王引之：《經義述聞》，南京：江蘇古籍出版社，1985 年。

29. 〔清〕趙在翰輯，鍾肇鵬、蕭文郁點校：《七緯（附論語讖）》，北京：中華書局，2012 年。

30. 〔清〕卞斌：《周易通解》，濟南：山東友誼書社，1989 年。

31. 〔清〕李道平撰，潘雨廷點校：《周易集解纂疏》，北京：中華書局，2012年。

32. 〔清〕宋書升：《周易要義》，濟南：山東友誼書社，1989 年。

二、史部

1. 〔漢〕司馬遷撰，〔南朝宋〕裴駰集解，〔唐〕司馬貞索隱，〔唐〕張守節正義：《史記》，臺北：金川出版社，1982 年。

2. 〔漢〕班固撰，〔唐〕顏師古注，〔清〕王先謙補注，〔清〕錢大昕考異：《漢書補注》，臺北：新文豐出版公司，1975 年。

3. 〔三國吳〕韋昭注：《國語韋昭註》，臺北：藝文印書館，1959 年。

4. 〔唐〕房玄齡等:《新校本晉書并附編六種》,臺北:鼎文書局,1976 年。

5. 〔唐〕魏徵等:《新校本隋書附索引》,臺北:鼎文書局,1990 年。

6. 〔唐〕長孫無忌等撰,岳純之點校:《唐律疏議》,上海:上海古籍出版社,2013 年。

7. 〔後晉〕劉昫等:《新校本舊唐書附索引》,臺北:鼎文書局,1989 年。

8. 〔宋〕歐陽脩、宋祁等:《新校本新唐書附索引》,臺北:鼎文書局,1989 年。

9. 〔元〕脫脫等:《新校本宋史并附編三種》,臺北:鼎文書局,1983 年。

10. 〔清〕張廷玉等:《新校本明史并附編六種》,臺北:鼎文書局,1982 年。

11. 〔清〕朱右曾:《逸周書集訓校釋》,臺北:世界書局,1957 年。

三、子部

1. 〔秦〕呂不韋撰,〔漢〕高誘注:《呂氏春秋》,上海:上海古籍出版社,1989 年。

2. 〔秦〕孔鮒撰,〔宋〕宋咸注:《孔叢子》,臺北:臺灣中華書局,1981 年。

3. 〔漢〕劉安等撰,〔漢〕高誘注:《淮南子》,上海:上海古籍出版社,1989 年。

4. 〔漢〕王充撰,蕭登福校注:《新編論衡(下)》,臺北:臺灣古籍出版有限公司,2000 年。

5. 〔漢〕應劭撰,吳樹平校釋:《風俗通義校釋》,天津:天津人民出版社,1980 年。

6. 〔魏〕王弼等:《老子四種》,臺北:大安出版社,2006 年。

7. 〔晉〕郭璞傳,〔清〕郝懿行箋疏:《山海經箋疏》,臺北:漢京文化事業有限公司,1983 年。

8. 〔南朝宋〕劉義慶撰,李自修譯注:《世說新語》,臺北:地球出版社,1994 年。

9. 〔唐〕房玄齡注,〔明〕劉績增注:《管子》,上海:上海古籍出版社,1989 年。

10. 〔唐〕楊倞注,〔清〕王先謙集解:《荀子集解‧考證》,臺北:世界書局,2000 年。

11. 〔宋〕邵雍:《梅花易數》,新竹:竹林書局,1971 年。

12. 〔清〕胡煦:《卜法詳考》,《景印文淵閣四庫全書》子部 114 術數類,臺北:臺灣商務印書館,1986 年。

13. 〔清〕王洪緒撰,〔清〕王道亨編纂,李祥白話釋意:《卜筮正宗》,北京:

中醫古籍出版社，2010 年。

14. 〔清〕王先謙：《莊子集解》，臺北：東大圖書股份有限公司，2006 年。

四、集部

1. 〔漢〕劉向編集，〔漢〕王逸章句：《楚辭》，北京：中華書局，1985 年。
2. 〔梁〕蕭統編，〔唐〕李善注：《文選》，北京：中華書局，1981 年。

貳、今著（按編著者姓氏筆畫排列）

1. 《中華易學大辭典》編輯委員會編：《中華易學大辭典》，上海：上海古籍出版社，2008 年。
2. 于省吾：《雙劍誃易經新證》，臺北：藝文印書館，1959 年。
3. 方向東：《大戴禮記匯校集解》，北京：中華書局，2008 年。
4. 王文科、王智弘：《教育研究法（增訂八版）》，臺北：五南圖書出版股份有限公司，2004 年。
5. 王承略、劉心明主編：《二十五史藝文經籍志考補萃編》，北京：清華大學出版社，2014 年。
6. 王振復：《巫術——《周易》的文化智慧》，杭州：浙江古籍出版社，1990 年。
7. 王貴民：《商周制度考信》，臺北：明文書局，1989 年。
8. 王貴民：《中國禮俗史》，臺北：文津出版社，2001 年。
9. 石奕龍：《中國民俗通志【喪葬志】》，濟南：山東教育出版社，2005 年。
10. 朱伯崑：《易學哲學史（第一卷)》，臺北：藍燈文化事業股份有限公司，1991 年。
11. 朱伯崑：《易學漫步》，臺北：臺灣學生書局，1996 年。
12. 朱紅林：《張家山漢簡《二年律令》集釋》，北京：社會科學文獻出版社，2005 年。
13. 任騁：《中國民間禁忌》，北京：中國社會科學出版社，2004 年。
14. 任騁：《中國民俗通志【禁忌志】》，濟南：山東教育出版社，2005 年。
15. 任騁：《民間圖騰禁忌》，北京：中國社會出版社，2006 年。
16. 杜松柏：《國學治學方法》，臺北：五南圖書出版有限公司，1998 年。
17. 李少君：《圖解黃帝宅經》，西安：陝西師範大學出版社，2008 年。
18. 李零：《中國方術正考》，北京：中華書局，2007 年。
19. 李零：《中國方術續考》，北京：中華書局，2007 年。
20. 李豐楙：《神化與變異：一個「常與非常」的文化思維》，北京：中華書局，2010 年。

21. 李鏡池著，曹礎基整理：《周易通義》，北京：中華書局，2007年。

22. 李鏡池：《周易探源》，北京：中華書局，2007年。

23. 何曉昕、羅雋：《風水史》，上海：上海文藝出版社，1995年。

24. 吳如嵩、黃樸民、任力、柳玲：《中國軍事通史：第三卷　戰國軍事史》，北京：軍事科學出版社，1998年。

25. 吳存浩：《中國民俗通志【婚嫁志】》，濟南：山東教育出版社，2005年。

26. 吳辛丑：《周易講讀（上）》，臺北：龍視界，2014年。

27. 汪中文：《西周冊命金文所見官制研究》，臺北：國立編譯館，1999年。

28. 孟慧英：《中國原始信仰研究》，北京：中國社會科學出版社，2010年。

29. 林明峪：《臺灣民間禁忌》，臺北：聯亞出版社，1983年。

30. 林素英：《喪服制度的文化意義——以《儀禮・喪服》為討論中心》，臺北：文津出版社，2000年。

31. 林素娟：《神聖的教化——先秦兩漢婚姻禮俗中的宇宙觀、倫理觀與政教論述》，臺北：臺灣學生書局有限公司，2011年。

32. 金澤：《禁忌探秘》，臺北：臺灣珠海出版有限公司，1994年。

33. 屈萬里：《書傭論學集》，臺北：聯經出版事業公司，1984年。

34. 屈萬里：《尚書集釋》，臺北：聯經出版事業股份有限公司，2006年。

35. 南宮一：《中華解夢全書》，拉薩：西藏人民出版社，2004年。

36. 侯乃峰：《《周易》文字彙校集釋》，臺北：臺灣古籍出版有限公司，2009年。

37. 胡企平：《中國傳統管律文化通論》，上海：上海音樂出版社，2003年。

38. 胡自逢：《周易鄭氏學》，臺北：文史哲出版社，1990年。

39. 胡厚宣、胡振宇：《殷商史》，上海：上海人民出版社，2003年。

40. 胡樸安：《周易古史觀》，臺北：明文書局，1989年。

41. 俞志慧：《《國語》韋昭注辨正》，北京：中華書局，2009年。

42. 馬承源主編：《上海博物館藏戰國楚竹書（三）》，上海：上海古籍出版社，2003年。

43. 馬振彪遺著，張善文整理：《周易學說》，廣州：花城出版社，2002年。

44. 高亨：《周易古經通說》，臺北：樂天出版社，1972年。

45. 高亨：《周易古經今注》，臺北：樂天出版社，1974年。

46. 高國藩：《中國巫術通史》，南京：鳳凰出版社，2015年。

47. 高銘德：《福祿壽農民曆》，臺南：世一書局，1991年。

48. 徐志銳：《周易大傳新注》，臺北：里仁書局，2003年。

49. 徐芹庭：《易經五行災異說 附六書注》，北京：中國書店，2011 年。

50. 徐富昌：《睡虎地秦簡研究》，臺北：文史哲出版社，1993 年。

51. 容肇祖：《占卜的源流》，北京：海豚出版社，2010 年。

52. 袁樹珊：《述卜筮星相學》，臺北：新文豐出版公司，1985 年。

53. 麻天祥、姚彬彬、沈庭：《中國宗教史》，武漢：武漢大學出版社，2012
年。

54. 陸思賢、李迪：《天文考古通論》，北京：紫禁城出版社，2005 年。

55. 郭靄春：《清史稿藝文志拾遺》，北京：華夏出版社，1999 年。

56. 國立編譯館主編：《圖書館學與資訊科學大辭典》，臺北：漢美圖書有限
公司，1995 年。

57. 國立編譯館主編：《教育大辭書》，臺北：文景書局有限公司，2000 年。

58. 張立文：《周易帛書今注今譯》，臺北：臺灣學生書局，1991 年。

59. 張家山二四七號漢墓竹簡整理小組：《張家山漢墓竹簡〔二四七號墓〕》，
北京：文物出版社，2001 年。

60. 陳來生：《中國禁忌》，臺北：萬象圖書有限公司，1991 年。

61. 馮時：《百年來甲骨文天文曆法研究》，北京：中國社會科學出版社，2011
年。

62. 湯行易：《圖解梅花易數》，新北：西北國際文化有限公司，2015 年。

63. 童忠良、谷杰、周耘、孫曉輝：《中國傳統樂學》，福州：福建教育出版
社，2004 年。

64. 黃人二：《敦煌懸泉置詔書四時月令五十條試析》，臺中：高文出版社，
2002 年。

65. 黃人二：《敦煌懸泉置《四時月令詔條》整理與研究》，武漢：武漢大學
出版社，2010 年。

66. 黃玉順：《易經古歌考釋》，成都：巴蜀書社，1995 年。

67. 黃忠天：《周易程傳註評（第三版）》，高雄：高雄復文圖書出版社，2006
年。

68. 黃慶萱：《魏晉南北朝易學書考佚》，臺北：幼獅文化事業公司，1975 年。

69. 黃樸民：《中國軍事通史：第二卷 春秋軍事史》，北京：軍事科學出版
社，1998 年。

70. 葉乃嘉：《研究方法的第一本書：從知識管理進入研究工作的遊戲規則》，
臺北：五南圖書公司，2008 年。

71. 葉孝信、郭建主編：《中國法律史研究》，上海：學林出版社，2003 年。

72. 董芳苑：《原始宗教》，臺北：久大文化股份有限公司，1991 年。

73. 楊泓：《華燭帳前明——從文物看古人的生活與戰爭》，香港：香港城市大學出版社，2009 年。

74. 萬建中：《禁忌與中國文化》，北京：人民出版社，2001 年。

75. 萬建中：《中國民間禁忌風俗》，北京：中國電影出版社，2005 年。

76. 臺灣宣德堂造曆館：《己亥年農民曆》，臺北：信義房屋仲介股份有限公司，2018 年。

77. 齊秀生：《社會環境與人才》，濟南：齊魯書社，2005 年。

78. 熊禮匯注譯，侯迺慧校閱：《新譯淮南子》，臺北：三民書局股份有限公司，1997 年。

79. 趙爾巽等撰，清史稿校註編纂小組編纂，清史稿校註審查委員會審定：《清史稿校註》，臺北：國史館，1986 年。

80. 睡虎地秦墓竹簡整理小組：《睡虎地秦墓竹簡》，北京：文物出版社，1990 年。

81. 聞一多：《周易義證類纂》，《聞一多全集》，臺北：里仁書局，1996 年。

82. 鄧球柏：《帛書周易校釋》，長沙：湖南人民出版社，2002 年。

83. 劉介民：《比較文學方法論》，臺北：時報文化出版企業有限公司，1990 年。

84. 劉文英：《星占與夢占》，北京：中央編譯出版社，2008 年。

85. 劉長林：《中國系統思維——文化基因探視（修訂本）》，北京：社會科學文獻出版社，2008 年。

86. 劉瑛：《《左傳》、《國語》方術研究》，北京：人民文學出版社，2006 年。

87. 劉燕儷：《唐律中的夫妻關係》，臺北：五南圖書出版股份有限公司，2007 年。

88. 鄭秦：《中國法制史》，臺北：文津出版社，1997 年。

89. 翰蘆圖書編輯部編：《史學研究方法要籍三種》，臺北：翰蘆圖書出版有限公司，2006 年。

90. 戴璉璋：《易傳之形成及其思想》，臺北：文津出版社，1989 年。

91. 韓自強：《阜陽漢簡《周易》研究　附：《儒家者言》章題、《春秋事語》章題及相關竹簡》，上海：上海古籍出版社，2004 年。

92. 韓雲波、郝敬、張莉：《日者觀天錄：《二十四史》中的天象與曆法》，重慶：重慶出版社，2008 年。

93. 謝耀德：《道教風水理論與實踐：《黃帝宅經》探究》，臺北：新文豐出版股份有限公司，2009 年。

94. 藍永蔚、黃樸民、劉慶、鍾少異：《鼓角爭鳴——閱讀中國·軍事史卷》，上海：華東師範大學出版社，2006 年。

95. 羅琨、張永山：《中國軍事通史：第一卷 夏商西周軍事史》，北京：軍事科學出版社，1998 年。

96. 饒宗頤、曾憲通：《隨縣曾侯乙墓鐘磬銘辭研究》，香港：香港中文大學出版社，1985 年。

97. 蘭甲雲：《周易古禮研究》，長沙：湖南大學出版社，2008 年。

參、單篇論文（按作者姓氏筆畫排列）

1. 于國慶：〈〈師〉卦之兵法及其對《孫子兵法》的影響〉，《周易研究》第 77 期，2006 年 6 月，頁 90～96。

2. 于雪棠：〈《周易》鴻鳥原型及相關意象與上古文學〉，《文學前沿》第 4 輯，2001 年 6 月，頁 144～160。

3. 尹榮方：〈談談「鳥占」〉，《華夏文化》2011 年第 4 期，2011 年 12 月，頁 53～54。

4. 王飛峰：〈冬壽墓蓮花紋研究〉，《邊疆考古研究》第 14 輯，2013 年 12 月，頁 135～151。

5. 王建堂：〈《周易》中的牛話語〉，《華夏文化》，2009 年 6 月，頁 44～45。

6. 王政：〈《周易》和《焦氏易林》婚配生殖喻象摭論〉，《周易研究》第 39 期，1999 年 2 月，頁 15～22。

7. 王准：〈論周代戰爭中的巫術〉，《求索》2008 年第 1 期，2008 年 1 月，頁 201～205。

8. 王博文：〈《周易》中的龍意象探析——以「乾」卦爻辭爲例〉，《濮陽職業技術學院學報》第 29 卷第 6 期，2016 年 11 月，頁 1～3。

9. 王福生：〈我國古代的軍樂〉，《樂器》1991 年第 4 期，1991 年 8 月，頁 40～41。

10. 王錕：〈從巫儀文化到實踐理性——以《周易》和「三禮」爲視鏡〉，《人文雜誌》2002 年第 1 期，2002 年 1 月，頁 33～38。

11. 司馬朝軍：〈元亨利貞考——兼論《易經》研究的文化人類學視角〉，《船山學刊》1998 年第 1 期，1998 年 6 月，頁 105～107+104。

12. 江連山：〈試述西周前期中央官制變改〉，《綏化師專學報（社會科學版）》1991 年第 3 期，1991 年 10 月，頁 27～32。

13. 朱方：〈《易‧師》考釋及其他〉，《桂林師範高等專科學校學報》第 15 卷第 3 期（總第 47 期），2001 年 9 月，頁 53～59。

14. 朱麗辰、李永強：〈談《易經》中的婚俗文化〉，《學理論》2012 年第 8 期，2012 年 3 月，頁 140～141。

15. 杜正勝：〈內外與八方——中國傳統居室空間的倫理觀和宇宙觀〉，黃應

貴主編：《空間、力與社會》，臺北：中央研究院民族學研究所，1995 年 12 月，頁 213～268。

16. 李小成：〈《易經》中的方位問題考釋〉，《古籍整理研究學刊》第 5 期，2017 年 9 月，頁 58～63+29。
17. 李丕顯：〈周易占筮底蘊〉，《齊魯學刊》1993 年第 1 期，1993 年 3 月，頁 97～102。
18. 李存智：〈音韻層次與韻部分合〉，《臺大中文學報》第 31 期，2009 年 12 月，頁 47～102。
19. 李明：〈淺論世官制向職官制嬗變的歷史動因〉，《青海師範大學學報（哲學社會科學版）》第 90 期，2001 年 9 月，頁 93～96。
20. 李虎：〈《周易》所見中國古代婚育狀況〉，《殷都學刊》1997 年第 1 期，1997 年 2 月，頁 18～20+32。
21. 李衡眉：〈《周易》歸妹卦所描述的商周媵婚制〉，《山東社會科學》第 24 期，1991 年 5 月，頁 57～58。
22. 李曉英、寧新昌：〈第二性：《易經》中婚姻、婚俗的歷史文化透視〉，《漢中師範學院學報（社會科學）》第 21 卷第 3 期，2003 年 8 月，頁 29～33。
23. 李豐楙：〈道教壇場與科儀空間〉，黃忠天主編：《2006 道文化國際學術研討會論文集（下）》，高雄：昶景文化事業有限公司，2006 年，頁 583～610。
24. 李麗、章也：〈論龍的精神和《周易》哲學思想的「與時偕行」〉，《內蒙古大學學報（哲學社會科學版）》第 47 卷第 1 期，2015 年 1 月，頁 57～60。
25. 沈志權：〈《周易》祭祀與神道設教〉，《求索》2011 年第 3 期，2011 年 3 月，頁 118～119+71。
26. 宋倩倩：〈淺談《周易》師卦中的戰事思想〉，《商業文化（下半月）》，2011 年 4 月，頁 287～288。
27. 吳辛丑：〈《周易》「童牛」之「童」表「去盡」義說商榷——答廖名春先生〉，《周易研究》第 85 期，2007 年 10 月，頁 26～29。
28. 吳秋紅：〈論漢律中的禮法融合〉，《高等函授學報（哲學社會科學版）》第 13 卷第 2 期，2000 年 4 月，頁 24～26。
29. 吳禮明、盧保娣：〈春秋戰國時期社會矛盾的轉移〉，《鄭州航空工業管理學院學報（社會科學版）》第 26 卷第 6 期，2007 年 12 月，頁 52～53。
30. 余天熾：〈重提「世卿世祿制」〉，《華南師院學報（社會科學版）》1982 年第 3 期，1982 年 4 月，頁 108～115+122。
31. 孟奐、李韻熙：〈試論西周中晚期世官制度的破壞及其後果〉，《焦作師範高等專科學校學報》第 27 卷第 1 期，2011 年 3 月，頁 43～47。

32. 林雪鈴：〈原始生命觀的四個面向及其神話〉，《應華學報》第 6 期，2010年 1 月，頁 1～35。

33. 邱崇：〈釋「童牛之牿」〉，《周易研究》第 107 期，2011 年 6 月，頁 24～27。

34. 邱博舜：〈從「天圓地方」的觀點看「八宅」的操作架構〉，黃應貴主編：《空間、力與社會》，臺北：中央研究院民族學研究所，1995 年 12 月，頁 269～315。

35. 屈萬里：〈周易卦爻辭成於周武王時考〉，《臺大文史哲學報》第 1 期，1950年 6 月，頁 81～100。

36. 周文豪：〈阿里山鄒族鳥占的民族動物學探討〉，《臺灣博物館民族誌論壇社通訊》第 1 卷第 4 期，1998 年 10 月，頁 13～20。

37. 周葦風：〈《周易》卦爻辭編制方法芻議——以〈旅〉、〈大壯〉二卦為例〉，《民族藝術》2009 年第 1 期，2009 年 3 月，頁 38～41。

38. 易水：〈漢魏六朝的軍樂——「鼓吹」和「橫吹」〉，《文物》1981 年第 7期，1981 年 7 月，頁 85～89。

39. 范州成：〈從王亥「賓于有易」看商代婚制〉，《涪陵師範學院學報》第 21 卷第 4 期，2005 年 7 月，頁 70～72。

40. 胡仲實：〈易卦卦象與西南少數民族古代婚象之比較〉，《民族藝術》1996年第 1 期，1996 年 3 月，頁 17～30。

41. 洪惠瑜：〈《敦煌懸泉月令詔條》及其相關問題之探討〉，《有鳳初鳴年刊》第 3 期，2007 年 10 月，頁 149～159。

42. 逄禮文：〈《易經·井》卦新解——〈井〉卦與宗教祭祀文化〉，《中華文化論壇》2012 年第 5 期，2012 年 9 月，頁 98～100。

43. 秦國利：〈春秋戰國時期人才價值觀的演變〉，《求索》2009 年第 4 期，2009 年 4 月，頁 221～223。

44. 徐山：〈釋「月幾望」〉，《長春師範學院學報》第 23 卷第 5 期，2004 年 9月，頁 44。

45. 徐秋林：〈《周易》中的「馬」釋〉，《湖南人文科技學院學報》第 6 期，2009 年 12 月，頁 94～96。

46. 徐菲：〈《黃帝宅經》的思想及價值〉，《弘道》2008 年第 1 期（總第 34期），頁 81～85。

47. 孫自誠：〈《周易》論牛和農的關係〉，《農業考古》，1984 年 7 月，頁 346。

48. 孫延波、任懷國：〈秦代人事立法初探（上）〉，《政法論叢》1996 年第 5期，1996 年 9 月，頁 47～49。

49. 孫延波、任懷國：〈秦代人事立法初探（下）〉，《政法論叢》1996 年第 6期，1996 年 11 月，頁 40～43。

50. 孫劍秋：〈易經中的龍〉，《臺北師院語文集刊》第 6 期，2001 年 6 月，頁 39～54。

51. 殷滌非：〈西漢汝陰侯墓出土的占盤和天文儀器〉，《考古》第 158 期，1978 年 9 月，頁 338～343。

52. 連劭名：〈西周甲骨刻辭與《周易》〉，《周易研究》第 40 期，1999 年 5 月，頁 18～20。

53. 梁韋弦：〈坤卦卦辭「西南得朋，東北喪朋」的解釋及相關問題〉，《古籍整理研究學刊》第 4 期，2004 年 7 月，頁 49～51+56。

54. 陸思賢：〈《周易》潛龍、飛龍源流考辨〉，《內蒙古大學學報（哲學社會科學版）》1988 年第 4 期，1988 年 8 月，頁 119～125。

55. 張之傑：〈通書玉匣記周公解夢全書初探〉，《中華科技史同好會會刊》第 1 卷第 1 期，2000 年 1 月，頁 41～45。

56. 張世磊：〈〈旅〉卦：商旅之詩與《周易》的理性意識〉，《唐都學刊》第 34 卷第 2 期，2018 年 3 月，頁 88～94。

57. 張志祥：〈《周易》與巫術文化〉，《重慶與世界》第 28 卷第 2 期，2011 年 2 月，頁 97～99。

58. 張武、梅珍生：〈《周易》與人類婚俗〉，《江漢論壇》1994 年第 12 期，1994 年 12 月，頁 39～43。

59. 張玲：〈先秦兩漢軍樂與歌辭關係初探〉，《閩江職業大學學報》2001 年第 1 期，2001 年 3 月，頁 45～47。

60. 張善文：〈剛強勁健的中國龍——周易乾卦六龍發微〉，《東南學術》2000 年第 1 期，2000 年 1 月，頁 7～12。

61. 張鳳武、雷霆、王瀟：〈《周易》：從巫術宗教神性思維到經驗哲學人性思維——關於《周易》的文化人類學透析〉，《河南理工大學學報（社會科學版）》第 9 卷第 2 期，2008 年 4 月，頁 236～244。

62. 張榮富、唐玉蟬：〈個人結婚年齡與配偶年齡差距的關係〉，《教育與社會研究》第 19 期，2009 年 12 月，頁 111～132。

63. 陳久金：〈《周易·乾卦》六龍與季節的關係〉，《自然科學史研究》第 6 卷第 3 期，1987 年 10 月，頁 206～212。

64. 陳冬：〈從〈小雅〉看西周末期宗親基礎瓦解之先聲〉，《北方論叢》第 195 期，2006 年 1 月，頁 16～20。

65. 陳建梁：〈《左傳》所載〈師卦〉古義探微〉，《周易研究》第 23 期，1995 年 2 月，頁 3～11+71。

66. 陳建國：〈《周易》是上古巫覡文化的產物——《周易》源於巫術探討（一）〉，《西南民族大學學報·人文社科版》第 25 卷第 4 期，2004 年 4 月，頁 396～398。

67. 陳建國：〈《周易》是巫術活動的記錄——《周易》源於巫術探討（二）〉，《西南民族大學學報・人文社科版》第 26 卷，2005 年 11 月，頁 222～226。

68. 陳苑玲：〈論魯莊公迎哀姜之深層意涵〉，《南區第二十一屆中文研究生論文發表會論文集》，2009 年 4 月，頁 195～208。

69. 陳廖安：〈論《易・坤》之「西南得朋東北喪朋」〉，賴貴三等編：《春風煦學集——黃慶萱教授七秩華誕受業論集》，臺北：里仁書局，2001 年 4 月，頁 5～30。

70. 曹旅寧：〈秦漢法律簡牘中的「庶人」身份及法律地位問題〉，《咸陽師範學院學報》第 22 卷第 3 期，2007 年 6 月，頁 12～14。

71. 閆加磊：〈《周易》卦爻辭所體現的婚俗現象〉，《湖北函授大學學報》第 23 卷第 4 期，2010 年 8 月，頁 151～152。

72. 馮麗榮：〈《周易・旅卦》軍事信息探究〉，《湖北經濟學院學報（人文社會科學版）》第 5 卷第 8 期，2008 年 8 月，頁 29～30。

73. 傅榮珂：〈秦律婚姻與親屬、繼承關係研究〉，《嘉義技術學院學報》第 63 期，1999 年 4 月，頁 85～99。

74. 黑帶・巴彥：〈占卜鳥 siliq 的傳說與鳥占〉，《台灣原 YOUNG》第 11 期，2005 年 11 月，頁 19～23。

75. 黃玉順：〈中國最古老的「婚禮進行曲」——《易經》中的幾首婚俗歌謠〉，《文史雜志》1995 年第 1 期，1995 年 2 月，頁 30～31。

76. 黃交軍：〈從《周易》到《說文解字》——論「龍」在中國先民文化中的形象流變〉，《貴陽學院學報（社會科學版）》第 31 期，2013 年 2 月，頁 61～65+69。

77. 黃忠天：〈談卦爻辭中的動物及其象徵意義〉，《中華學苑》第 52 期，1999 年 2 月，頁 75～95。

78. 黃忠天：〈《易經》《詩經》動植物象徵義涵與兩書互動關係比較研究〉，《文與哲》第 23 期，2013 年 12 月，頁 1～40。

79. 黃忠天：〈從「絕地天通」到「天人合一」——周易人文化成的意義及其價值〉，《經學研究集刊》第 17 期，2014 年 11 月，頁 31～46。

80. 黃聖松：〈《左傳》車右考〉，《文與哲》第 9 期，2006 年 12 月，頁 49～82。

81. 黃鳴：〈試論殷周之際由巫到史轉變中《易》的作用〉，《雲南師範大學學報（哲學社會科學版）》第 40 卷第 3 期，2008 年 5 月，頁 93～98。

82. 黃榮武：〈《周易》的戰爭性質觀——師卦初爻新說〉，《中華文化論壇》2002 年第 3 期，2002 年 7 月，頁 137～140。

83. 黃震：〈《周易》與商周時代的婚姻家庭制度〉，《中西法律傳統》2006 年

第 5 卷，2006 年 5 月，頁 270〜282。

84. 葛生華：〈春秋戰國時期官制初探〉，《蘭州學刊》第 78 期，1994 年 6 月，頁 49〜55。

85. 詹康：〈先秦經典中兩種對動物與人的思維：自我知識與社會原理〉，《臺大文史哲學報》第 57 期，2001 年 12 月，頁 1〜42。

86. 楊秀禮：〈《周易》「喪馬」爲「反馬」婚俗考論〉，《鄭州大學學報（哲學社會科學版）》第 51 卷第 2 期，2018 年 3 月，頁 94〜98。

87. 溫廣義：〈西周初期的龜卜與《周易》的成書〉，《內蒙古師大學報（哲學社會科學版）》第 1 期，1985 年 4 月，頁 39〜42+52。

88. 廖名春：〈釋《周易》之「童」〉，《周易研究》第 81 期，2007 年 2 月，頁 20〜23。

89. 廖群：〈「競賽求婚」型故事與《易‧爻》「匪寇，婚媾」新解〉，《民間文學論壇》1998 年第 4 期，1998 年 8 月，頁 62〜65。

90. 廖群：〈《易‧爻》「匪寇婚媾」的民俗文化讀解〉，《民俗研究》第 48 期，1998 年 11 月，頁 68〜70。

91. 齊秀生：〈先秦官吏選拔制度述略〉，《東嶽論叢》第 26 卷第 1 期，2005 年 1 月，頁 136〜140。

92. 翟宛華：〈從出土《秦律》看秦的婚姻家庭制度〉，《社會科學》1988 年第 5 期，1988 年 10 月，頁 72〜76+59。

93. 臧守虎：〈《周易》象喻發微——以〈姤〉爲例〉，《周易研究》第 43 期，2000 年 2 月，頁 28〜32。

94. 潘云勇：〈從秦官制的變革看秦統一的原因〉，《商丘職業技術學院學報》第 7 卷第 3 期，2008 年 6 月，頁 99〜100。

95. 潘毅文、吳建華：〈《周易》與旅遊〉，《蘭臺世界》2014 年第 23 期，2014 年 8 月，頁 44〜45。

96. 樊右偉：〈初探中國軍樂的形成與發展〉，《北方音樂》2009 年第 8 期，2009 年 8 月，頁 30〜31。

97. 樊琪：〈春秋戰國時期軍樂藝術探究〉，《音樂創作》2016 年第 9 期，2016 年 9 月，頁 131〜133。

98. 鄧小偉：〈《周易》的龍文化意蘊——以「乾」卦爲視點之探析〉，《滄桑》2008 年第 1 期，2008 年 2 月，頁 92〜93。

99. 劉太恒：〈《易‧師》與孫武的軍事思想〉，《商丘師範學院學報》第 17 卷第 1 期，2001 年 2 月，頁 15〜17。

100. 劉友林：〈從野蠻走向文明的遺迹——《周易》婚俗掃描之一〉，《中國婦女管理幹部學院學報》1995 年第 2 期，1995 年 6 月，頁 23〜27。

101. 劉幸瑜：〈《尚書・洪範》中的卜筮從逆吉凶問題〉，《弘光人文社會學報》第 21 期，2017 年 12 月，頁 85〜104。

102. 劉芮方：〈春秋時期魯國的官爵關係探析〉，《煙臺大學學報（哲學社會科學版）》第 28 卷第 2 期，2015 年 3 月，頁 116〜124。

103. 劉保貞：〈《周易》鳥占類卦爻辭釋證〉，《周易研究》第 84 期，2007 年 8 月，頁 23〜28+36。

104. 劉保貞：〈《周易・无妄・六三》爻辭與古人的轉移巫術〉，《管子學刊》2008 年第 1 期，2008 年 2 月，頁 92〜95。

105. 劉釗：〈卜辭「師惟律用」新解〉，張永山主編：《胡厚宣先生紀念文集》，北京：科學出版社，1998 年 11 月，頁 140〜143。

106. 劉毓慶：〈《詩經》鳥類興象與上古鳥占巫術〉，《文藝研究》2001 年第 3 期，2001 年 5 月，頁 129〜140。

107. 劉（岑鳥）斐然：〈《易經》的「喪牛于易」與傳統商品經濟的基因異變〉，《時代金融》第 513 期，2013 年 4 月，頁 196〜197。

108. 鄭文：〈駁《漢鏡歌十八曲》都是軍樂說〉，《西北師院學報（社會科學版）》1986 年第 2 期，1986 年 3 月，頁 34〜46。

109. 鄭吉雄：〈論象數詮《易》的效用與限制〉，《中國文哲研究集刊》第 29 期，2006 年 9 月，頁 205〜236。

110. 鄭志明：〈禁忌文化的哲學省思〉，《文明探索》第 40 卷，2005 年 1 月，頁 31〜50。

111. 鄭嵐公：〈淺議《周易・旅》的軍事思想及價值〉，《井岡山大學學報（社會科學版）》第 38 卷第 1 期，2017 年 1 月，頁 64〜69。

112. 蔡瑩瑩：〈《左傳》《易》例重探──兼論先秦《易》說的特色與價值〉，《中國文學研究》第 35 期，2013 年 1 月，頁 1〜58。

113. 歐陽維誠：〈試論《周易》中的隱喻──兼談某些疑難卦爻辭的注釋〉，《長沙水電師院學報（社會科學版）》1990 年第 4 期，1990 年 12 月，頁 103〜108。

114. 賴瀅灩：〈「左」「右」方位與中國文化〉，《中國語文》第 664 期，2012 年 10 月，頁 88〜93。

115. 盧詩青：〈從《周易》經傳印證周代婚姻現象〉，《德明學報》第 39 卷第 2 期，2015 年 12 月，頁 1〜18。

116. 蕭小穗：〈修辭建構的「天意」：《易傳》的擬天手法分析〉，《傳播與社會學刊》第 14 期，2010 年，頁 103〜130。

117. 韓文濤：〈論《周易》方位吉凶對立──以「西南」與「東北」為中心〉，《合肥師範學院學報》第 34 卷第 4 期，2016 年 7 月，頁 34〜38。

118. 韓連琪：〈春秋戰國時代政治的變化〉，《文史哲》1984 年第 2 期，1984

年 3 月，頁 10～20+61。

119. 謝聰輝：〈四隅方位：漢代式盤與道教科儀的運用析論〉，《第二屆儒道國際學術研討會——兩漢論文集》，2005 年 8 月，頁 645～676。

120. 鍾雲鶯：〈身與體：《易經》儒家身體觀所呈現的兩個面向〉，《佛學與科學》第 11 卷第 1 期，2010 年 2 月，頁 21～28。

121. 聶本立：〈談春秋戰國用人標準的發展變化〉，《長沙水電師院學報（社會科學版）》1990 年第 1 期，1990 年 4 月，頁 55～58。

122. 藏生：〈《尚書‧高宗肜日》鳥占考〉，《中文自學指導》1997 年第 4 期，1997 年 8 月，頁 2～7+13。

123. 羅建平：〈論古代解夢的幾種方法及運用〉，《華東理工大學學報（社會科學版）》2000 年第 3 期，2000 年 8 月，頁 6～12。

124. 嚴敦杰：〈關於西漢初期的式盤和占盤〉，《考古》第 158 期，1978 年 9 月，頁 334～337。

125. 顧頡剛：〈周易卦爻辭中的故事〉，《古史辨》第 3 冊，臺北：藍燈文化事業股份有限公司，1993 年，頁 1～44。

肆、學位論文（按發表先後排列）

1. 常朝棟：《中國軍樂發展之研究》，臺北：國立臺灣師範大學音樂研究所碩士論文，指導教授：劉德義，1985 年 6 月。

2. 許芳萍：《漢代樂府之研究》，臺北：國立臺灣師範大學音樂研究所碩士論文，指導教授：陳萬鼐，1988 年 5 月。

3. 張寅成：《戰國秦漢時代的禁忌——以時日禁忌為中心—》，臺北：國立臺灣大學歷史研究所博士論文，指導教授：韓復智，1992 年 1 月。

4. 彭美玲：《古代禮俗左右之辨研究：以三禮為中心》，臺北：國立臺灣大學中國文學研究所博士論文，指導教授：葉國良，1996 年 5 月。

5. 張素美：《中國太陽神話傳說研究——遠古的文化、觀念、信仰與崇拜》，高雄：國立高雄師範大學國文學系碩士論文，指導教授：汪志勇，1996 年 6 月。

6. 顏婉玲：《周易心理思想研究》，臺北：國立臺灣師範大學國文學系教學碩士論文，指導教授：賴貴三，2002 年 8 月。

7. 周惠菁：《由《說文》女部見古代女性的社會地位》，新竹：玄奘大學中國語文研究所碩士論文，指導教授：張建葆，2005 年 7 月。

8. 曾宣靜：《《周易》經傳方位觀念研究》，臺北：國立臺灣大學中國文學研究所碩士論文，指導教授：鄭吉雄，2005 年 7 月。

9. 吳曉筑：《太陽神話的生命意涵研究》，桃園：國立中央大學中國文學研究所碩士論文，指導教授：李國俊，2007 年 6 月。

10. 韓玉明：《《周易》身體觀初探》，宜蘭：佛光大學生命學研究所碩士論文，指導教授：翁玲玲，2008 年 6 月。

11. 陳美慧：《鳥與人變鳥──臺灣原住民口傳故事析論》，臺中：國立中興大學中國文學系在職碩士論文，指導教授：陳器文，2008 年 7 月。

12. 趙曉斌：《春秋官制研究──以宗法禮治社會爲背景》，杭州：浙江大學中國古典文獻學博士論文，指導教授：束景南，2009 年 4 月。

13. 張鈺淨：《漢代婦女地位的研究──以婚姻、家庭及社會活動、法律爲主的考察》，嘉義：國立嘉義大學史地學系碩士論文，指導教授：詹士模，2009 年 7 月。

14. 游美華：《臺灣地區結婚年齡與年齡差距之關係趨勢分析》，臺北：國立臺北教育大學社會與區域發展學系教學碩士論文，指導教授：張榮富，2009 年 10 月。

15. 周美華：《張家山漢簡《二年律令》法律制度研究》，高雄：國立中山大學中國文學系博士論文，指導教授：許錟輝、鮑國順，2009 年 12 月。

16. 秦黎：《選官制度變革視野下的商周至秦漢宗族變遷》，蘇州：蘇州科技學院專門史碩士論文，指導教授：葉文憲，2010 年 5 月。

17. 焦杰：《《易》《禮》《詩》對婦女的定位──西周至兩漢主流婦女觀》，西安：陝西師範大學歷史文獻學博士論文，指導教授：賈二強，2010 年 5 月。

18. 李游坤：《臺灣基隆廣遠壇的傳承與演變研究》，新北：天主教輔仁大學宗教學研究所碩士論文，指導教授：李豐楙，2011 年 6 月。

19. 王新媚：《《周易》婚姻家庭觀研究》，臺北：國立臺灣師範大學國文學系教學碩士班碩士論文，指導教授：賴貴三，2011 年 8 月。

20. 詹今慧：《周秦漢出土法律文獻研究》，臺北：國立政治大學中國文學系博士論文，指導教授：林啓屏、袁國華，2012 年 1 月。

21. 周敏華：《張家山二四七號漢墓出土《奏讞書》研究》，高雄：國立中山大學中國文學系博士論文，指導教授：蔡信發、鮑國順、簡錦松，2012 年 2 月。

22. 蔡景昌：《紀大奎天文易學研究》，高雄：國立高雄師範大學經學研究所碩士論文，指導教授：黃忠天，2012 年 8 月。

23. 鄭玲玲：《先秦人才選拔的全景式考察──以「三維結構」爲視閾》，曲阜：曲阜師範大學教育史碩士論文，指導教授：廣少奎，2013 年 4 月。

24. 陳威瑨：《日本江戶時代儒家《易》學研究》，臺北：國立臺灣師範大學國文學系博士論文，指導教授：賴貴三，2013 年 6 月。

25. 蔡郁焄：《衛禮賢、衛德明父子《易》學研究》，臺北：國立臺灣師範大學國文學系博士論文，指導教授：賴貴三，2014 年 1 月。

26. 彭穗娟：《傳世身占術研究》，臺中：靜宜大學中國文學系在職碩士論文，指導教授：邱德修，2014 年 6 月。

27. 劉幸瑜：《《易經》古禮考論》，臺北：國立臺灣師範大學國文學系碩士論文，指導教授：陳廖安，2014 年 6 月。

28. 于凌霄：《人類學視野下的周公解夢》，蘭州：西北民族大學民族學與社會學學院人類學碩士論文，指導教授：看本加，2015 年 5 月。

29. 洪增宏：《《文心雕龍》反饋《周易》之關係研究》，臺中：逢甲大學中國文學系博士論文，指導教授：李威熊、梁煌儀，2016 年 1 月。

30. 許毓榆：《《左傳》《國語》卜筮研究》，臺北：國立政治大學中國文學系教學碩士論文，指導教授：陳睿宏，2018 年 10 月。

伍、翻譯著作（按國名、作者姓氏筆畫排列）

1. 〔日〕吉野裕子著，汪平譯：《易經與祭祀──對神道的一個視點》，瀋陽：遼寧教育出版社，1990 年。

2. 〔加〕弗萊（Frye, H. N.）著，陳慧、袁憲軍、吳偉仁譯：《批評的解剖》，天津：百花文藝出版社，2008 年。

3. 〔法〕列維─布留爾（Lévy-Brühl, L.）著，丁由譯：《原始思維》，臺北：臺灣商務印書館股份有限公司，2001 年。

4. 〔波蘭〕馬凌諾斯基（Malinowski, B. K.）著，朱岑樓譯：《巫術、科學與宗教》，臺北：協志工業叢書出版股份有限公司，1989 年。

5. 〔英〕弗雷澤（Frazer, J. G.）著，徐育新、汪培基、張澤石譯：《金枝》，北京：中國民間文藝出版社，1987 年。

6. 〔英〕坦普爾（Temple, R. K. G.）著，徐俊培譯：《神諭──東西方《易》卜術揭秘》，上海：上海科技教育出版社，2008 年。

7. 〔英〕拉德克利夫─布朗（Radcliffe-Brown, A. R.）著，金澤譯：〈禁忌〉，史宗主編：《20 世紀西方宗教人類學文選》，上海：生活・讀書・新知上海三聯書店，1995 年。

8. 〔英〕泰勒（Tylor, E. B.）著，連樹聲譯：《原始文化：神話、哲學、宗教、語言、藝術和習俗發展之研究（重譯本）》，桂林：廣西師範大學出版社，2005 年。

9. 〔英〕道格拉斯（Douglas, M.）著，黃劍波、柳博贇、盧忱譯：《潔淨與危險》，北京：民族出版社，2008 年。

10. 〔英〕靄理士（Ellis, H. H.）著，劉宏威、虞珺譯：《禁忌的功能》，北京：中國人民大學出版社，2009 年。

11. 〔瑞士〕榮格（Jung, C. G.）著，鴻鈞譯：《榮格分析心理學──集體無意識》，臺北：結構群文化事業有限公司，1990 年。

12. 〔瑞士〕榮格著，徐德林譯：《原型與集體無意識》，北京：國際文化出版公司，2011 年。

13. 〔奧地利〕佛洛伊德（Freud, S. S.）著，楊庸一譯：《圖騰與禁忌》，臺北：志文出版社，1992 年。

14. 〔德〕卡西勒（Cassirer, E. A.）著，甘陽譯：《人論：人類文化哲學導引》，臺北：桂冠圖書股份有限公司，2005 年。

15. 〔韓〕方仁著，金海鷹譯：〈通過茶山的〈易論〉對卜筮模擬實驗功能的考察〉，黃俊傑編：《東亞視域中的茶山學與朝鮮儒學》，臺北：國立臺灣大學出版中心，2006 年。

陸、外文著作（按作者姓氏字母排列）

1. Jevons, F. B. (1896). *An Introduction to the History of Religion.* London: Methuen & Co.

2. Langer, E. J. (1975). The Illusion of Control. *Journal of Personality and Social Psychology, 32*(2), 311-328.

3. Skinner, B. F. (1948). 'Superstition' in the Pigeon. *Journal of Experimental Psychology, 38*(2), 168-172.

4. 共同通信社、ナリタ・エディトリアル・オフィス編集：《高句麗壁画古墳》，東京都：共同通信社，2005 年。

柒、網頁資料（按作者姓氏筆畫排列）

1. 中央研究院歷史語言研究所漢籍全文資料庫計畫：漢籍電子文獻資料庫，http://hanchi.ihp.sinica.edu.tw/ihp/hanji.htm。查詢時間：2019 年 5 月 21 日 15:17。

2. 莊淇鈞：〈36 法師祈福法會　超渡北捷往生者〉，台灣壹週刊，https://www.nextmag.com.tw/realtimenews/news/3960142，2014 年 5 月 30 日。查詢時間：2019 年 5 月 20 日 17:27。

3. 新北市公墓地圖，Google 地圖，https://www.google.com.tw/maps/search/%E6%96%B0%E5%8C%97%E5%B8%82%E5%85%AC%E5%A2%93%E5%9C%B0%E5%9C%96/@25.0428902,121.1693114,10z?hl=zh-TW。查詢時間：2019 年 8 月 21 日 15:02。